이기적에 영국유학

이기적인 영국유학

초판 1쇄 발행 2021년 04월 16일

지은이 김현호
펴낸이 장현수
펴낸곳 메이킹북스
출판등록 제 2019-000010호

디자인 안영인
편집 안영인
교정 안지은
마케팅 오현경

주소 서울특별시 금천구 가산디지털1로 142, 312호
전화 02-2135-5086
팩스 02-2135-5087
이메일 making_books@naver.com
홈페이지 www.makingbooks.co.kr

ISBN 979-11-91472-35-6(03190)
값 17,000원

ⓒ 김현호 2021 Printed in Korea

잘못된 책은 구입하신 곳에서 바꾸어 드립니다.
이 책의 전부 또는 일부 내용을 재사용하려면 사전에 저작권자와 펴낸곳의 동의를 받아야 합니다.

메이킹북스는 저자님의 소중한 투고 원고를 기다립니다.
출간에 대한 관심이 있으신 분은 making_books@naver.com으로 보내 주세요.

평범한 직장인, 초보 아빠의 나홀로 영국 유학 그 일상의 기록

이기적in
영국유학

김현호 지음

우리가 이어져 있던 시절을 그리며,

10년차 직장인, 초보 아빠의
나홀로 영국 유학 그 일상의 기록

메이킹북스

― 목 차 ―

\# 프롤로그: 이 기적 같은 영국 유학, 그 매일의 기록 / 8
\# 저는 서른여섯 살, 축복이 아빠, 그리고 영국 유학생입니다 / 10

#1 영국에서 만난 보통날들 / 16

#1. 어느덧 1년, 나의 영국 대학교 캠퍼스 이야기 17
#2. 나의 첫 영국, 낯선 도시의 호기심 많은 여행자 27
#3. 레딩으로 이동, 레딩대학교의 오픈데이 34
#4. 영국에서의 첫 번째 일요일 37

#2 나의 영국 영어 분투기 / 40

#1. 영어 아마추어의 영국 영어 입문기 41
#2. 나홀로 영국살이, 잉글랜드의 여름은 생각보다 아름답다 50
#3. 떨어져 있어도 생각나는 사람 72
#4. 기적의 시간, 프리세셔널 과정 마무리하기 77

#3 일상이 여행이 되는, 유럽 도시 기행 / 84

#1. 룩셈부르크, 유럽의 금융 중심지		85
#2. 빅토르 위고의 은신처 비안덴성 그리고 수도 룩셈브르크시티		88
#3. 프랑크푸르트, 마인강이 흐르는 헤센 주 최대의 도시		94
#4. 뮌헨, 바이에른 주의 고풍스러운 유럽 마을		103
#5. 첼암제, 아름다운 호반의 도시		111
#6. 잘츠부르크, 모차르트의 도시		113
#7. 체코 공화국, 슬라브인들의 나라		120
#8. 프라하, 중세 유럽의 아름다움을 간직하고 있는 환상의 도시		122
#9. 스위스, 신이 내려준 선물		128
#10. 음악가의 도시 빈, 그리고 슬로바키아 수도 브라티슬라바		132
#11. 헝가리 공화국, 유럽의 정중앙		140
#12. 부다페스트, 다뉴브강을 품은 동유럽의 파리		144
#13. 폴란드 공화국 바르샤바, 세계 전쟁사의 아픔을 간직한 곳		146

#14. 함부르크, 독일 최대의 항구 도시	153
#15. 오슬로, 바이킹의 도시 속으로	159
#16. 송네 피오르드, 빙하가 만든 절경	161
#17. 베르겐, 북유럽의 보석 같은 항구도시	166
#18. 다시 오슬로로 향하다	171
#19. 스톡홀름, 스칸디나비아 반도의 최대 도시	174
#20. 유럽 산책 그 마지막 밤	176
#21. 다시 영국으로	181

#4 캠퍼스에서의 희로애락, 본학기 시작 / 186

#1. 새 학기, 본격적인 캠퍼스 라이프 시작	187
#2. 잉글랜드의 가을과 겨울, 일상의 단상들	202
#3. 캠퍼스의 희로애락, 첫 학기 마무리하기	218

그렇게 보고 싶던 축복이를 만났습니다 / 224

#5 논문 그리고 글쓰기 / 232
#1. 다시 영국으로, 두 번째 학기의 시작 233
#2. 일주일 일기, 잉글랜드의 봄 그리고 좋은 사람들 240
#3. 새로운 기숙사, 마지막 학기 그리고 논문 244

#6 영국 유학기, 그 이후 / 302
#1. 유학 끝 그리고 한국 303
#2. 짧은 휴식 그리고 또 다른 시작 307

에필로그: 우리가 이어져 있던 시절을 그리며 / 310

프롤로그:
이 기적 같은 영국 유학,
그 매일의 기록

자카르타 폭탄 테러가 있던 날, 인도네시아 출장 중이던 저는 본사로부터 전화 한 통을 받았습니다. 그리고 다섯 달 후, 태어나서 처음으로 영국 땅을 밟았습니다. 그렇게 우여곡절 끝에 '나홀로 영국 유학 생활기'가 시작되었고 그 460여 일의 시간을 글과 사진으로 담아 보았습니다.

돌아보면 한없이 이기적인 선택이었습니다. 회사에서 지명하여 시작된 어쩔 수 없었던 과정이었다고는 하나, 임신한 아내를 한국에 홀로 두고 저 혼자 어릴 적 제 꿈을 이루겠다고 머나먼 땅 영국을 향했던 저의 마음과 선택은 사실 제 가족들의 희생과 배려를 요하는, 저만을 위한 행동이었을지도 모릅니다.

그러나 한편으론 기적과도 같은 시간들이었습니다. 삼십여 년 간의 세월을 어학연수 경험 한 번 없이 토종 한국인으로서 살아왔던 저에게 어릴 적 꿈을 실현시킬 수 있는 영국 유학은 무척이나 설레고 가슴 뛰는 기적같은 일이었습니다. 영화에서나 보아왔던 나와는 다른 피부색과 언어를 가진 친구들과 함께 웃고 울고, 전 세계 다양한 나라에서 모인 열정 넘치는 친구들과 동고동락했던 경험은 평생 잊지 못할 것 같습니다.

유럽에 살며 유럽을 여행했던 경이로운 경험은 먼 훗날 사랑하는 내 아이에게 들려주고 또 물려주고 싶은 소중한 유산이 되었고, 그 가슴 벅차도록 설레던 시간들은 세상 그 어떤 황금과도 바꿀 수 없는 소중한 보물이 되었습니다.

돌이켜 보면, 지난 1년 4개월의 세월은 새로운 세상에 대한 호기심과 두근두근 설레는 마음 그리고 사랑하는 아내와 아이에 대한 한없는 그리움과 미안함이 공존하는 시간이었습니다. 유학기간, 저의 하루하루를 담은 평범하지만 특별했던 일상에 대한 일기를 모아 보았습니다. 이 책은 그렇게 쓰여졌습니다.

'내 아이에게 들려주고 싶은 초보 아빠의 영국 유학 생활과 유럽 이야기'가 담긴 이 책을, 보다 넓은 세계를 꿈꾸며 이 땅을 살아가고 있는 모든 어른들과, 그리고 그들의 소중한 자녀들과 함께 공유하고 싶습니다.

많이 부족했던 남편이자 아빠였던 저를 이해해주고 기다려주었던 사랑하는 제 아내와 우리 아이 축복이에게 고마운 마음을 전하며 이 책을 바칩니다.

저는 서른여섯 살,
축복이 아빠,
그리고
영국 유학생입니다

드디어... 아빠가 되었다. '나홀로 영국 유학' 도중 부랴부랴 한국에 들어왔다. 너무나도 사랑스러운 아이를 만났고, 나의 세상은 하루아침에 뒤바뀌었다. 이 시대를 살아가는 평범한 삼십 대 가장으로서, 큰 기쁨과 함께 커다란 삶의 무게를 느낀다. 마치 인생 제2막이 시작되는 기분이다. 하지만 두근두근 기분 좋은 설렘이다. 조리원에서의 꿈만 같았던 2주간의 시간, 축복이 아빠로 살아가기!

#축복이와 함께하는 첫 번째 새해

대망의 새해가 밝았다. 오전엔 조리원 옆 커피숍에서 에세이를 작성하고, 오후엔 쉬었다. 늘 그랬듯, 시간은 매우 빨리 지나간다. 축복이와 그리고 축복이 엄마와 함께할 수 있는 행복한 시간도 이제 얼마 남지 않았다고 생각하니 문득 슬퍼졌다.

하루하루 더없이 행복하지만, 한편으론 매 순간이 너무도 안타깝고 아쉽고 애틋하다. 하루하루 달라지는 우리 아이의 얼굴을 보며, 앞으로 또 다시 떨어져 있어야만 하는 9개월이라는 시간이 야속하게 느껴진다. 또, 그 시간 동안 계속 자라갈 우리 아이의 모습을 직접 보지 못한다는 사실이 안타까워 마음이 저려온다. 이제 갓 세상의 빛을 본 축복이도 안타깝고, 축복이 엄마도 안쓰럽고, 축복이 아빠 역시 그러하다.

#조리원을 졸업하다!

조리원에 있는 동안 우리 축복이는 건우라는 이름을 얻었다. '세울 건, 클 우', 뜻을 크게 세우고 본인과 나라를 크게 세울 인물이 되길 희망하며. 오늘은 2주간 머물렀던 조리원을 졸업하는 날이다.

드디어 건우와 함께 성복동 집 입성! 이 또한 인생의 감격스러운 한 장면이다. 그저 모든 것에 감사할 뿐이다. 임신에서부터 출산까지 남편 없이도 씩씩하고 의연하게 지내 주었던 아내, 아빠 목소리와 숨결도 많이 들려주지 못하였지만 건강하게 태어나 준 건우, 부족한 나를 대신해 내 가족 곁에 있어 주었던 소중한 이웃들과 친지들에게도 모두 감사했다. 이 세상 살아있는 모든 것에 그저 감사했다. 아마도 태어나 처음 느껴본 벅찬 감동이리라.

나는 오늘 그렇게 벅찬 감동 속에 제법 분주한 하루를 보냈다. 새벽 5시에 일어나 수유를 하고, 아침 식사 후 짐을 차로 실어 날랐다. 이후 조리원 선생님들과 원장님과 작별 인사를 하고 9시 40분경 조리원을 나섰다. 모두 좋은 분들이었고, 우리 건우는 그곳에서 많은 사랑을 받았다. 감사하게도 3.35킬로그램의 몸무게로 건강하게 졸업할 수 있었다. 이렇게 행복할 수가 있을까.

얼마 후 집에 도착하니 엄청난 양의 택배 박스들이 우리를 기다리고 있었는데 모두 아이를 위한 물품인 듯하였다. 그 또한 행복한 일이었다. 세상이 온통 행복으로 가득 찬 느낌이었다. 마음 속으로 몇 번이나 되뇌었다. "나는 행복한 아빠입니다. 나는 행복한 남편입니다. 나는 행복한 사람입니다." 짐을 서둘러 정리하고 곧 입주 이모님을 맞이하였다. 다행히 좋은 분이신 것 같았다. 앞으로 두 달간 무탈하게 건우와 건우 엄마와 잘 조화를 이루어 지내셨으면 좋겠다. 무엇보다 우리 건우가 무럭무럭 행복한 아이로 자라나길 기도 드렸다. 오후엔 소영이네 부부, 저녁엔 장인·장모님, 늦은 저녁엔 처숙부·숙모께서 방문하셨다. 하루 종일 많은 이들이 우리 건우를 보기 위해 찾아 오셨는데, 금요일에 출국하는 나를 위해 미리 오신 듯하다. 감사할 일이다.

하루 종일 큰 기쁨과 행복 안에 머물다 문득 내일이 수요일이라는 사실을 깨달았다. 건우와 함께 지낼 시간이 이제 이틀 남았구나... 어쩌지... 막상 떠날 날이 눈앞에 보이니 너무도 안타깝다. 나도 안타깝고, 건우도 안타깝고, 건우 엄마도 안타깝고 받아들여야겠지, 덤덤히. 하지만, 쉽지가 않다.

#출국 전, 고마운 사람들

건우가 병원을 졸업했다. 아프지 말길, 사랑하는 내 아들아. 저녁엔 친구들이 찾아와 팔달문 인근에서 소주 한잔을 했다. 취하지 않는 밤이다. 집에 돌아오니 이웃인 영은 누나네 부부가 와 있었다. 그새 훌쩍 자란 채훈이를 보며 '건우에 비하면 어른이구나'라는 생각을 했다. 그래도 출국하는 나를 위로(?)해 주겠다고 찾아온 친구들과 이웃들이 그저 고마울 따름이다. 손님들을 보내고 샤워를 하고 나니 어느덧 오늘도 마무리해야 하는 시간이 되었다. 이제 하루 남은 한국 생활, 아내에게 또다시 미안해졌다. 이제 갓 태어난 아이가 눈에 밟혀 어찌 갈 수 있으려나. 사랑하는 건우, 무럭무럭 무탈히 자라나 주길. 사랑하는 아내, 많이 미안하고 고맙고 사랑합니다. 난, 마도로스의 운명인가. 남은 하루, 가족에게 더 큰 사랑을…

#또다시 출국, 이별 그리고 눈물

출국 날이다. 새벽 5시에 기상하여 건우를 안아주며 울고, 눈뜨고 웃는 거 보며 울고, 우는 거 보며 울고, 밥 먹는 거 보며 울고, 그렇게 작별 인사를 했다. 눈물이 왈칵, 나도 모르게 복받치는 감정을 주체하기가 어려웠다. 갓난쟁이 피붙이를 두고 가야 하는 이 상황이 야속하게만 느껴졌다.

세상에 나오자마자 아빠와 이별해야 하는 아이의 모습이 안쓰러워, 혼자 힘들게 긴 출산 준비 기간을 견뎌온 아내에게 또다시 미안해서 그랬나 보다. 첫 만남과 곧이어 마주한 첫 헤어짐. 그 모든 것이 이번 한국 여정 3주 안에 다 일어났다. 아내도 안쓰럽고, 건우도, 나도 안쓰럽다. 그래도 난 아빠니까 괜찮…다. 다만 사랑하는 내 가족에게 하염없이 미안할 뿐. 우리 가족, 다시 만날 땐 다들 조금 더 건강해지고, 조금 더 성장해 있기를. 나부터 그렇게 하자. 나는 아비다. 나는 가장이다. 3주 동안 너무나도 행복했다. 우리 가정에 찾아와주어 너무도 고맙구나, 건우야. 건강한 모습으로 다시 만나자꾸나.

#1

영국에서 만난 보통날들

> 어학연수 한번 경험해 보지 못했던 평범한 삼십 대 직장인의 늦깎이 영국 유학 생존기를 기록해 본다. 어릴 적부터 간직해 온 오랜 꿈을 실현하고자 무작정 영국 땅을 밟았으나… '나홀로 영국 유학' 도중 한국에서는 아이가 태어났다. 아이에게 그리고 아내에게 미안하지 않도록 더욱 열심히 공부하겠노라 다짐을 해보지만 쉽지만은 않았다. 사관학교 생활로 인해 잃어버린 나의 평범한 이십 대 캠퍼스 라이프를 꿈꾸며, 그렇게 시작된 나홀로 영국 생활 이야기. 비록 버겁고 외로운 나날들의 연속이었지만 그래도 조금은 따뜻하고 행복했던 이야기다.

#1. 어느덧 1년, 나의 영국 대학교 캠퍼스 이야기

영국에서 일상 기록하기

영국에 온 지 어느덧 1년째 되는 날이다. 정확히는 작년 이맘때 학교에서 입학 허가를 받고서 Tier 4 비자를 부랴부랴 발급받아 바로 공항으로 향했었다. 임신 초기라 입덧을 막 시작한 아내를 홀로 한국에 둔 채 나는 그렇게 무모하고도 대책 없는 여정을 시작했던 것이다. 사랑하는 건우는 내가 영국 유학을 시작한 작년에 잉태되어 같은 해 12월에 태어났다. 아내가 아이를 갖고 얼마 되지 않은 상황에서 영국에 혼자 유학을 왔다는 이유 하나만으로 주변으로부터 얼마나 많은 원성과 부러움을 동시에 샀었는지... 덕분에 나는 세상 모든 축하와 비난을 동시에 받으며 출국을 했었다. 그간 수없이 다녔던 해외출장이 아닌, 장기간 자리를 비울 수밖에 없는 유학을 위한 출국...

그렇게 내겐 평생 갚아야 할 원죄가 생겼다. 사실 영국 유학이 결정된 것은 아이가 생기기 이전이었지만, 그렇다고 해서 모든 것이 이해될 수 있는 상황은 아니라는 것을 너무도 잘 알고 있다. 그저 앞으로 남은 평생 아내에게 그리고 아이에게 모든 열정과 혼을 다하여 잘해주겠노라, 사랑하겠노라 다짐하는 수밖에.

이 이야기는 그 속죄의 첫 여정이다. 아빠가 그렇게 마냥 철없이 놀고 먹고 한 것만은 아니라는 것을 말해주고 싶었다. 한창 영어로 논문을 써야 하는 시기에, 영어보다 더 어렵다는 한글로 담담히 나의 유학 이야기를 적어 나간다는 게 쉽지만은 않겠지만 말이다.

일상의 기록, 일기. 초등학교에 입학을 하고, 한글을 알게 된 순간부터 줄곧 일기를 써왔다. 오래된 습관이다. 무슨 특별한 이유가 있었던 것은 아니었지만 그 오래된 습관을 바꾸진 않았다. 그리고… 아주 오래전부터 나중에 내 아이가 생긴다면 그동안 아빠가 어떻게 살아왔는지, 철들지 못한 아빠가 이 땅에서 어떻게 살아왔는지를 매우 솔직하게 적어놓은, 아빠의 삶이 담긴 일상의 기록을 선물해 주고 싶었다. 나의 영국 유학 일기는 아마도 그 첫 번째 이야기가 될 것 같다.

평화로운 캠퍼스의 아침 그리고 신비로운 호숫가 산책

아침 6시, 새들의 노랫소리에 눈을 뜬다. 침대에 그대로 누운 채 창밖을 바라본다. 창 너머로, 가슴이 탁 트이고 왠지 기분이 좋아지는 녹색 풍경이 펼쳐져 있다. 〈해리 포터〉 영화에서 보았던 아주 커다란 영국 나무다. 마치 중세 유럽 어느 시골 숲속의 아침과도 같은 느낌이다. 고요하고 신비스럽다.

짧은 기지개를 켜고 스트레칭을 한 후 서둘러 트레이닝복으로 갈아입었다. 해가 더 높이 떠오르기 전, 이슬이 방울방울 맺혀있고 땅 내음이 기분 좋은 새벽 호숫가 산책을 놓치고 싶지 않았다. 나는 완티지홀(Wantage Hall)이라는 이름의 기숙사에 머물고 있다. 해리 포터가 다녔던 마법학교 호그와트와 매우 닮아있는 외관의 완티지 기숙사는 백여 년의 유수한 레딩대학교(University of Reading)의 역사를 고스란히 담고 있는 곳이다. 모두가 아직 잠들어 있는 이른 새벽에 기숙사를 유유히 빠져나와 캠퍼스 안 숲길을 따라 호숫가를 거닐고 있노라면, 19세기 이곳에 살았던 팔머(Palmer) 씨가 아직도 저 먼발치에 서 있는 것만 같은 착각을 불러일으킨다. 나는 어느새 현대판 영국 백작이 되어 호숫가 친구들인 오리와 백조들에게 인사를 건넨다.

매일 같은 시각, 자신의 애견과 같은 지점을 산책 중인 영국인 아주머니를 만나고, 트렌디한 러닝복을 입고 얼굴이 시뻘게지도록 아침 조깅을 하고 있는 영국인 아저씨를 만난다. 거의 1년 동안 매일 보아온 얼굴들이라 무척이나 반갑고, 이제는 정말 이웃 같은 느낌이다. 아름다운 호숫가와 작은 숲을 지나 학교 캠퍼스를 한 바퀴 돌고 난 후 다시 기숙사로 돌아간다. 그 길에선 아침 요가 수업을 들으러 가는 영국 할머니를 만나게 되는데, 이 또한 무척이나 정겨운 일이다. 이분은 레딩대학교 스포츠파크(Sports Park)에서 제공하는 거의 모든 요가 수업에 참여하고 계시는 열혈 요가 전도사이신데, 아사나 요가의 끝판왕이라 불리우는 헤드스탠드(머리를 땅에 대고 두 팔로 지지하여 물구나무서기 하는 동작)를 나보다 더 오래 버티시는 모습을 본 이후 요가 스승님으로 모시고 있다. 사부 할머니께 두 손 모아 합장하고, 한껏 존경심을 담아 '나마스떼'를 외치고 완티지 홀에 들어섰다.

내가 사랑한 레딩대학교, 영국에서 공부한다는 것의 의미

영국에서 공부한다는 것의 의미는 무엇일까. 삼십 대 중반의 평범한 직장인이 어느 순간 갑자기 낯선 이역만리 영국 땅에 홀로 정착하여, 파란 눈 노란 머리 친구들과 같은 기숙사를 쓰고, 도서관 옆자리에 앉아 공부한다는 것은? 과연 어떤 것일까, 어떤 의미일까 생각해 본다.

피시 앤 칩스(Fish and Chips)와 영국 전통 맥주인 에일(Ale)과 함께하는 일상? 영화에서나 나올 법한 그림 같은 자연 속 중세 유럽의 느낌을 간직한 건물 안에서, 매력적인 브리티시 악센트의 윌 교수님께 수업을 듣고, 킹스맨의 엑시 같은 친구들과 아스널 경기를 보며 훌리건이 되어 보는 것?

물론 다 맞는 이야기이지만 내게 있어 영국에서 공부한다는 것은, 한국에 있는 아내에게 모닝콜을 하기 위해 적어도 밤 아홉 시에는 학교 도서관을 나와 기숙사로 출발해야 했음을 의미했고, 그런 아내가 출산 직전까지 만삭의 몸으로 하루 왕복 100킬로 거리를 출퇴근하며 낳은 소중한 우리 아이와 한없이 사랑하는 아내가 보고 싶어 남몰래 눈물을 훔친 나날들이기도 했다. 남보다 늦은 유학길이기에 뒤처지지 않도록 가족과 통화하는 시간을 제외한 모든 시간을 영어를 듣거나 읽거나 말하는 데 사용해왔다. 심지어 운동을 할 때도, 잠을 잘 때도 LBC(Leading Britain's

Conversation) 라디오와 항상 함께했었던 것 같다.

　사실 작년 초반만 해도 내가 정말 영국에서 유학 생활을 하게 될 줄은 몰랐다. 사관생도 시절, 또래들은 낭만적인 캠퍼스 생활을 즐기며 자유롭게 살고 있는 것 같이 보였고, 그래서 나도 '언젠가는 유학을 가 자유로운 캠퍼스 생활을 즐겨 보리라' 하는 생각은 해왔었지만 그 대상이 사실 영국은 아니었다. 하지만 우연한 기회에 이곳에 오게 되었고, 먼 훗날 돌이켜 생각해보면 너무나도 꿈같았던, 고마운 순간이었다고 말하게 되리라. 물론 사랑하는 가족과 함께할 수 있었다면 더욱 소중하고 아름다운 경험이 되었겠지만 말이다.

　나는 영국 레딩에 소재한 레딩대학교에서 작년 6월부터 지내고 있으며 올해 9월 한국으로 돌아갈 예정이다. 사실 졸업은 12월이지만 9월이면 학교 수업과 과제 그리고 무엇보다 중요한 논문이 마무리될 예정이기에, 3개월 미리 회사로 복귀하기로 유학 나오기 전부터 약속되어 있었다. 한국인들에게 레딩은 설기현 선수가 잉글랜드 버크셔 주에 위치한 140여 년 전통의 레딩FC에 몸담으며 활동했었던 곳으로 알려져 있다. 영어로는 'Reading'이라 표기하는데, 왜 리딩이 아닌 레딩으로 읽는지는 아직까지도 의문이다. 레딩에 체류하는 동안 참 많은 현지인들에게 그 이유를 물어봤었는데 그 누구도 뚜렷한 답을 해주진 못하였던 것 같다. 그저 특유의 매력적인 영국식 악센트로 8세기 구렵 템즈강 지류에 위치하여 시작된 것으로 알려진 레딩의 역사와 레드 브릭으로 지은 건물들이 많은 동네인 점 등을 설명해주다 결국엔 '쏘리'라 하고는 웃음을 지어 보이며 얼버무리기 일쑤였다.

레딩은 런던 서부로부터 서쪽으로 약 60km 떨어져 있으며, 기차로는 40분 내외로 오갈 수 있는 작지만 아름다운 타운이다. 런던에 비해 집값도 상대적으로 저렴하고, 런던과의 접근성도 뛰어나 인기있는 베드타운인 한편, 약 2만여 명의 학생이 재학 중인 레딩대학교가 있는 캠퍼스타운이기도 하다. 마치 한국의 수지나 분당을 연상케 하는 곳으로 한국의 그곳 집값이 강남 접근성과 연계하여 교통이 하나씩 좋아질 때마다 가격에 반영되었던 것처럼, 이곳 레딩의 집값도 최근 몇 년간 가파르게 상승하였다. 레딩역에서 런던 서부 중심지 중 하나인 패딩턴역(Paddington station)까지 기차로 40분 내외면 도달할 수가 있고, 몇 년 후엔 런던의 또 다른 동부 중심지와 연결되는 직통열차가 개통 예정에 있기 때문이다. 그래서 런던에 직장이 있는 많은 사람들이 비싼 런던에 숙소를 구하기보단 상대적으로 집값이 저렴한 레딩에 거처를 마련하는 경우가 많다. 참고로 영국의 평균 집값은 최근 약 3억여 원이라고 뉴스에서 본 기억이 있는데, 레딩의 집값 상승률 또한 최근 몇 년 사이 상당히 가파르게 올랐다고 들었다. 수도 접근성이 집값에 미치는 영향력은 이곳이나 한국이나 비슷한 것 같다.

머나먼 땅, 영국의 레딩대학교로 내가 공부하러 온 학문은 석사 학위 과정으로 정식 학과명은 "Construction Cost Management"이다. 건설원가관리학과 정도로 해석할 수 있는데, 한국인들에겐 CM학과(건설경영관리)로 명성이 있는 곳이기도 하다. 영국 왕립 협회 RICS(Royal Institution of Chartered Surveyors)에서 정식 인증해주는 학과 중 커리큘럼과 인지도 등을 고려하여, 또 다른 후보였던 해외건설계약 관련하여 명

망이 있는 스코틀랜드에 위치한 Harriot-watt와 마지막까지 치열한 고민을 했다. 같은 부서에서 근무했던 영국인 폴 부장님의 강력한 추천을 받아들여 결국 레딩으로 선택을 했는데, 늘 그래왔듯 나의 선택을 후회한 적은 한 번도 없었다. 런던에서 비교적 가깝고 아름다운 호수와 푸르른 숲, 중세 영국풍의 아름다운 건물들이 교정 안에 있는 레딩대학교를 나는 사랑한다. 졸업 후에는, 해외건설계약분야 글로벌 최고 권위 멤버십인 MRICS(Member of Royal Institution of Chartered Surveyors) 취득에 도전해볼 생각이다.

한국과는 조금 다른 영국의 캠퍼스, 기숙사에 살어리랏다!

우리 기숙사엔 대략 150명의 학생들이 모여 살고 있다. 거의 대부분이 영국 네이티브 학생들이고 절반은 1학년 신입생, 나머지 절반은 대학원생들로 이루어져 있다. 물론 학부 2, 3학년 친구들도 있지만 소수이다. 정확한 이유는 잘 모르겠지만 그들과 대화를 통해 그 이유를 어렴풋이 짐작할 수 있다. 우선 레딩의 렌트비가 런던에 비해서는 무척이나 저렴한 편이지만, 학부 때부터 대부분 자립하는 영국 학생들이 감당하기엔 교내 기숙사보단 학교 밖 프라이빗 하우스들이 그래도 다소 저렴했다. 또, 2학년 이후부턴 마음 맞는 몇몇 친구들과 외부에 거주하고자 하는 일종의 독립심이 발현되는 것도 그 이유가 되지 않을까 싶다. 실제로 타운에는 1학년 때 친해진 친구들과 함께 거주할 수 있는 상대적으로 다소 저렴한 단독주택, 외부 기숙사들이 많이 있다. 나 또한 1년 더 이곳에 있을 수 있다면 아마 친한 친구 몇몇과 외부 숙소를 잡았으리라.

어찌 되었건 나는 레딩대학교에서 가장 오래된 역사를 자랑하는 기숙사인 완티지 홀에 머물고 있으며 매우 만족하고 있는 중이다. 가끔 알코올 홀릭의 귀여운 신입생들이 만취가 되어 훌리건으로 변신할 때를 제외하곤 말이다. 곧 그것마저 사랑스러운 기억으로 남게 되겠지만. 레딩대학교에는 완티지 홀 외에도 약 8개의 기숙사가 캠퍼스 곳곳에 자리잡고 있다. 각 홀마다 다양한 매력과 개성을 뽐내고 있는데, 내가 가장 좋아하는 호숫가 바로 옆에는 브릿지 홀(Bridge Hall)과 웨섹스 홀(Wessex Hall)이 자리 잡고 있다. 그중 브릿지 홀은 지어진 지 얼마 되지 않았고, 개인 화장실과 샤워실이 방에 딸려 있어 매우 인기가 좋다. 그만큼 다소 비용이 비싸지만 런던에 비하면 뭐.

레딩대학교는 런던 외곽에 위치하고 있어 상대적으로 넓은 부지를 소유한 종합대학의 면모를 보여주고 있는데, 영국의 모든 대학이 다 그런 것은 아닌 것 같다. 특히 런던에 소재한 대학의 경우는 어디가 학교 입구인지 분간하기 어려울 정도로 도심지 빌딩 숲속에 스며들어 있는 경우가 많다. 그나마 킹스칼리지(King's College)는 입구는 찾기 어렵지만 일단 학교 안에 들어가면 나름대로 도심지 캠퍼스 같은 분위기는 느낄 수 있었다. 반면 웨스트민스터(Westminster) 대학의 경우는 런던 소호 일대 몇몇 빌딩을 사용하고 있었고, 그마저도 제법 거리가 떨어져 있어 이곳이 대학 캠퍼스인지 그저 도시의 일부인지 분간하기가 어려웠다. 한국은 서울에 있는 대학들이 흔히 말하는 랭킹도 높은 편이고 그 안에 나름 외부와는 구별된 독자적인 캠퍼스를 소유하고 있는데 영국은 꼭 그렇지만은 않은 것 같다. 소위 명문이라 불리는 옥스퍼드(Oxford)와 케임브리지(Cambridge) 역시 런던에서 한 시간가량 떨어진 외곽에 위치하고 있는 점만 봐도 그러하다.

#2. 나의 첫 영국, 낯선 도시의 호기심 많은 여행자

택시 창 너머 만난 영국의 첫 느낌

　내 생애 처음으로 런던 땅을 밟았다. 그렇다, 영국인 것이다. 그간 무수히도 많은 나라와 도시를 출장과 여행으로 다녀보았지만 이번엔 무언가 달랐다. 런던에 도착하는 순간 내 가슴은 쿵쾅쿵쾅 미친 듯이 뛰었다. 왜인지 잘 모르겠는데 그냥 벅차오르는 가슴을 어찌해야 할지 몰랐다. 이런 걸 보면 '난 참 새로운 세상에 도전하는 것을 좋아하는 프론티어 정신 충만한 대한의 젊은이인가!' 하고 아내에 대한 미안한 감정을 나름 합리화해본다.

　이런저런 생각을 하며 공항에서 호텔까지 이동하려는데 택시비가 다소 비싸 당황스러웠다. 하지만 그럼에도 불구하고 조금은 다른 종류의 흥분(한국과의 다름을 발견하고 이를 극복해보고자 하는 일종의 모험심인 듯했다)을 느끼며, 택시에 올랐다. 브렉시트 국민 투표 이야기가 영국 내 온 뉴스와 라디오에서 나오고 있었고, 택시비 70파운드는 내겐 제법 무거운 요금이었다. 이래저래 흥정을 한 후 결국 46파운드에 절충하여 호텔로 이동하였다. 이 정도면 미래의 전도유망한 커머셜 협상가다. 택시 창밖으로 보이는 영국의 첫 느낌은 날씨가(6월임에도 불구하고) 약간 쌀쌀하다는 것. 그리고 오래되었지만 정돈된 모습의 타운과 화려하진 않지만 품위 있고 깔끔해 보이는 집들의 모습이 내가 그간 알고 지냈던 영국 사람들을 연상케 했다.

레딩으로 향하기 전, 이틀간의 런던 투어

어제 히드로 공항에 도착하여 호텔에 짐을 풀고, 오늘 드디어 런던 투어 1일 차다. 학교가 있는 레딩에 당도하기 전 런던을 이틀 동안 둘러볼 기회를 주신 하느님께 감사드렸다. 그리고 일정을 이리 훌륭하게 잘 잡은 나의 영민함을 칭찬하며, 그리고 기가 막힌 타이밍에 비자를 발급받을 수 있었던 나의 엄청난 행운을 되새기며 계속 걸었다. 걷고 또 걷고... 런던이라는 도시를 온몸으로 느끼며 걷고 또 걸었다. 그리하여 단 하루 만에 발가락에 물집이 잡히고 말았다. 이리도 연약한 발로 어떻게 행군하고 훈련하며 군대 생활을 했었는지. 워털루역(Waterloo station)에 도착하여 런던 브릿지(London Bridge)까지 걸었다.

이렇게 날씨가 좋다니, 그저 감사할 따름이다. 내가 그동안 생각해왔던 런던의 날씨와는 판이하게 다른 모습이었다. 요즘 한국에서는 보기 드문 새파란 하늘과 하얀 뭉게구름, 언제 스모그가 런던의 상징이었냐는 듯 이곳의 날씨는 너무도 화창했다. 이렇게 따스하게 아름다운 날을 볼 수 있는 기회는 여름 며칠을 제외하고 얼마 되지 않겠지만, 어쨌든 행복한 날씨는 여행자로서의 나의 즐거움을 더해 주었다. 그렇게 나는 늦깎이 유학생이 되기 전, 낯선 도시의 호기심 많은 여행자가 되어 런던 중심가를 마구 휘젓고 다녔다. 킹스 칼리지 런던(King's College London), 옥스퍼드 서커스(Oxford Circus), 소호거리(Soho Street) 등 도보로 이동할 수 있는 거리에 웬만한 유명한 명소가 다 몰려 있었다. 시내 한복판에 있는 오래된 대학이 신기하여 캠퍼스 안에 들어가 한참을 구경했다. 내가 곧 공부하게 될 레딩대학교의 모습을 상상하며. 런던 근교 자그마한 타운에 위치한 레딩대학교는 이 모습과는 많이 다르겠지만, 도시를 여행하며 그 도시에 있는 대학을 구경하길 좋아하는 나로서는 참으로 행복한 시간이었다.

런던 투어 둘째 날이 왔다. 맑은 하늘에서 갑자기 비가 쏟아졌다. 많은 사람들이 우산 없이, 그냥 별일 아니라는 듯 비를 맞으며 대로를 활보하고 있었다. 그 모습에 신기해하고 있을 즈음 비가 개고 언제 그랬냐는 듯 어제 보았던 태양이 또다시 모습을 드러냈다. 그리고 잠시 후 또 비가 내렸다. 태양이 비추고 있는데도 말이다. 영국 호랑이가 장가가는 날인가 보다.

오늘은 그토록 가고 싶었던 대영박물관(The British Museum)을 방문했다. 많은 나라에서 대가를 지불하지 않고 모셔온 유물들을 보관해 놓은 곳이여서인지, 입장료는 무료였다.

　나는 이곳에서 무척이나 큰 감명을 받았는데 그 이유는 첫째, 전 세계 유물을 보고자 그 후손들이 모여 있는 모습은 마치 영화 속 한 장면 같았고, 둘째, 살아있는 역사 교육을 직접 체험하는 영국 아이들을 보며 언젠가 우리 아이도 이런 교육을 받았으면 하는 생각이 들었기 때문이다. 그 옛날 이집트 파라오를 빼닮은 한 아이가 이집트에서 건너온 미라를 보며 종이에 무언가 열심히 적고 있는 모습은 참으로 인상적이었다.

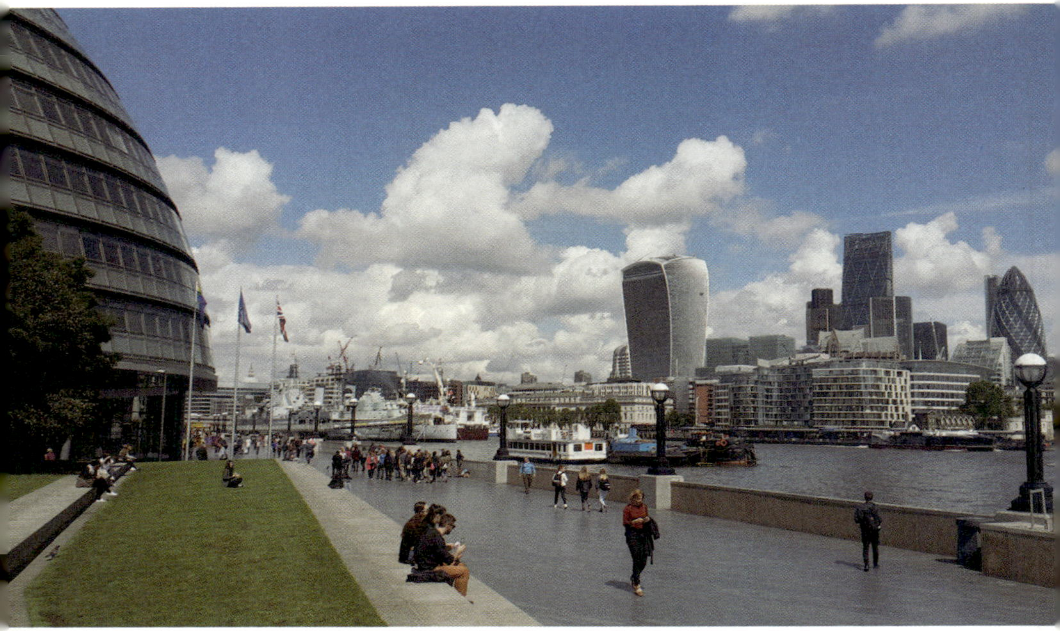

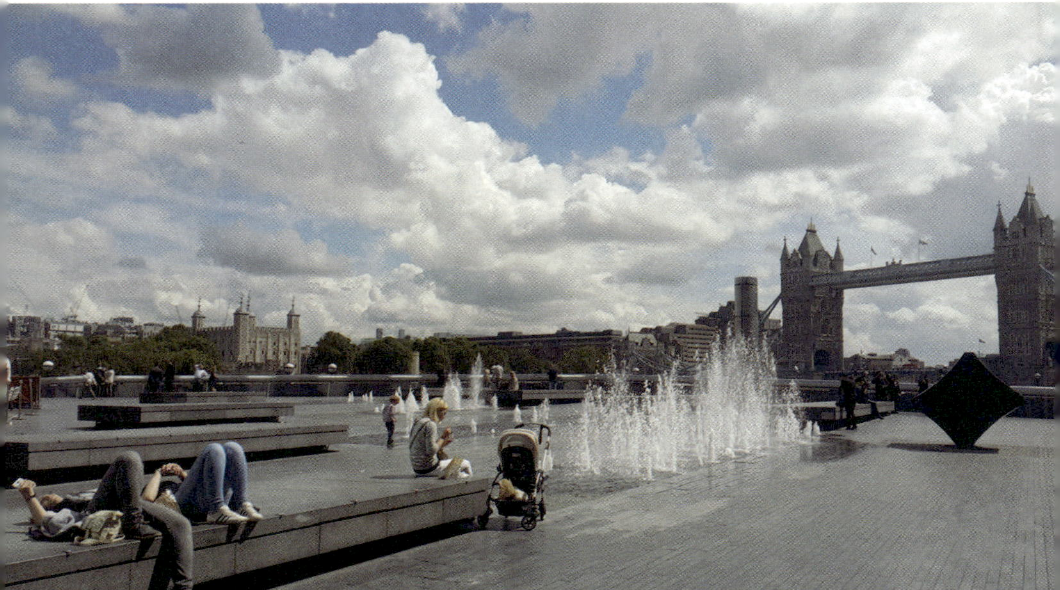

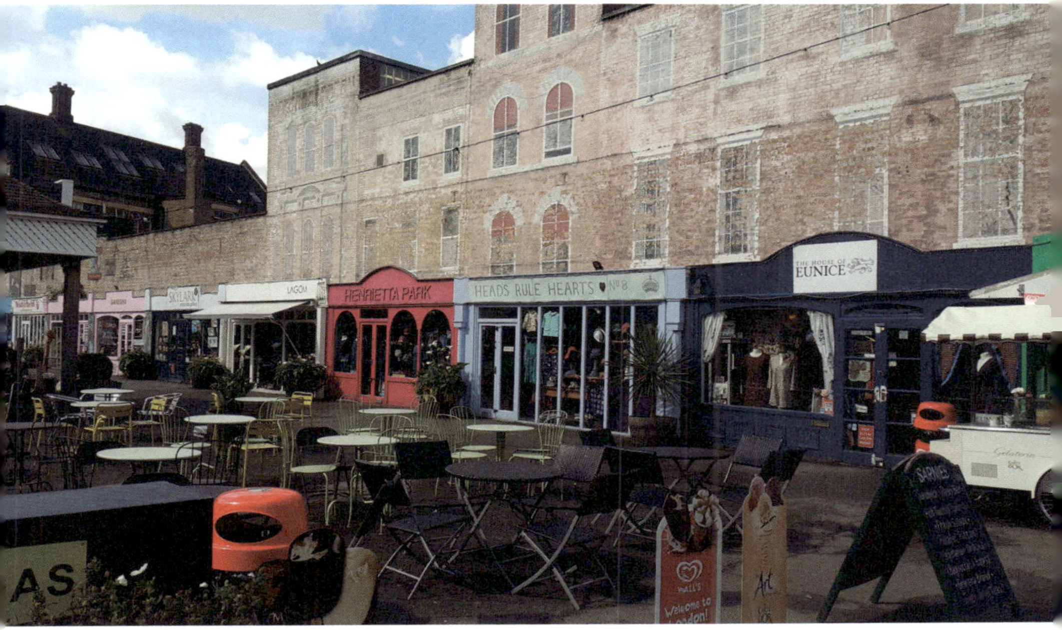
HENRIETTA PARK
HEADS RULE HEARTS No 8
THE HOUSE OF
EUNICE
LAGOM

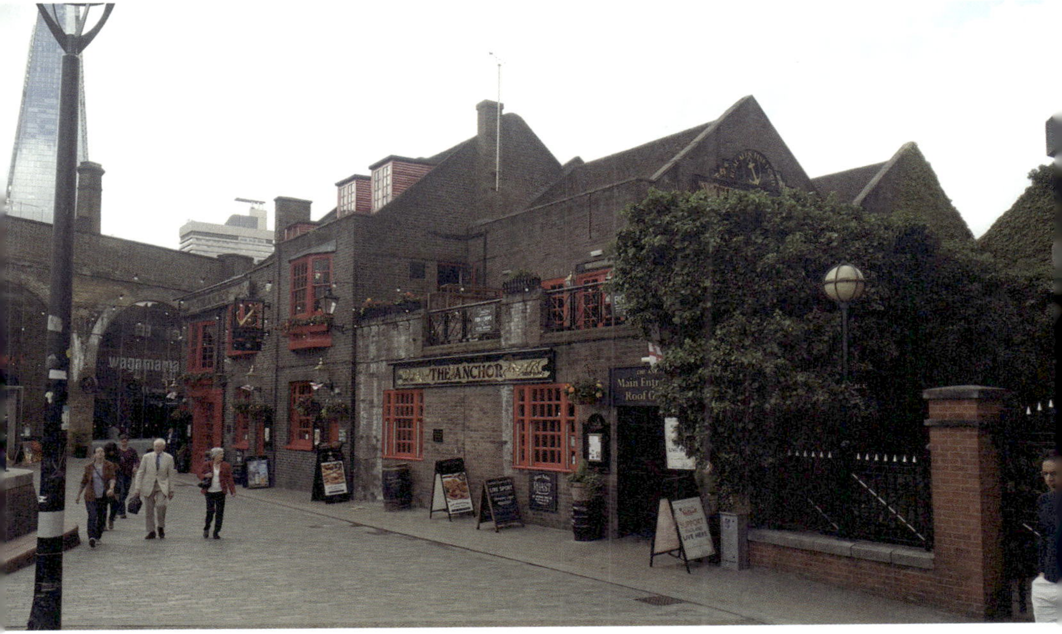
THE ANCHOR
wagamama

#3. 레딩으로 이동, 레딩대학교의 오픈데이

영국에서 첫 이틀을 보낸 런던의 한 외곽 타운 서비튼(Surbiton). 이곳을 떠나 앞으로 1년 4개월간 공부하게 될 레딩타운까지 이동하기 위해 이른 아침 큰 캐리어 3개와 가방 2개를 메고 호텔을 나섰다. 살인적인 택시비를 아끼고자 14파운드의 기차비를 투자하여 짧은 여행을 했다. 불가능은 없다.

기숙사에 들어가는 날이 마침 학교 오픈데이(Open day)여서 마치 축제 같았고, 덕분에 레딩역에서 학교까지 무료로 와이파이가 되는 2층 버스를 타고 이동할 수 있었다. 세인트 제임스 홀(St. James Hall)이라는 이름의 기숙사에 당도하여 만난 한 여성 직원분은 전형적인 영국인답게 정확하지만 다소 차가운 느낌이었다. 하지만 호의를 가지고 지속적인 대화를 시도하자 결국엔 웃음과 따뜻한 관심을 보여주었고, 우린 곧 인간적인 유대 관계를 형성할 수 있었다.

미리 신청한 침구류(Bedding Pack)를 카드로 결제했는데 환율이 100원은 더 비싼 듯했다. 역시 무조건 현금 사용이 진리인가 보다. 유학 초기라 그런 것일 수도 있겠지만 환율 1원에도 매우 민감해진다. 이런저런 결제를 마치고 기숙사에 짐을 한가득 들고 들어오니 문득 18년 전 고등학교 기숙사에 입성하던 때가 생각났다. 참 많은 시간이 흘렀구나.

캠퍼스에는 많은 학부모와 예비 레딩러들이 이곳저곳을 누비고 있었다. 한국에서도 그러하지만, 이곳도 학부모와 고등학생이 함께 대학을

결정하기 위해 학교 소개 코스를 둘러보는 것이 일반적인 듯하다. 오늘도 상당히 많은 영국인 부모와 자녀들이 캠퍼스 내 기숙사와 강의실 등을 둘러보고 있었다.

그 인파 속에 나도 잠시 들어가 내가 공부하게 될 학과를 방문해보았다. 마침 운이 좋게도 'Surveying and Engineering Department'의 커리큘럼 소개가 진행되고 있었고, 나는 자연스럽게 강의실로 입장하여 한 자리 차지하고 설명을 들었다. 브리티시 악센트. 아... 그렇다 영국인 것이다. 실전이구나. 드디어 시작이구나. 그래도 친절한 배려 영어 덕분인지 그렇게 많이 놓치진 않았지만 다시 한번 정신을 바짝 차려야겠다는 생각을 했다.

이윽고 캠퍼스를 빠져나와 레딩타운 이곳저곳을 구경했다. 타운홀(Town Hall)이 위치한 레딩 시내는 학교에서 버스로 10분(도보로 약 30분) 거리에 있었는데 제법 규모가 있었다. 사람들은 이곳을 '타운'이라 부르는 듯하였고, 물론 소도시이긴 하지만 그래도 내 예상보다는 도시다운 모습이었다. 영국 심카드를 월 20파운드 충전식으로 구매하고 한국 폰은 정지를 했다. 그리고 아내께서 계속 말씀하셨던 존 루이스(John Lewis)에서 옷걸이와 이어폰, 디퓨저를 샀다. 이렇게 한 걸음, 한 걸음씩 영국에 다가감을 느낀다.

#4. 영국에서의 첫 번째 일요일

영국에서 맞이하는 첫 번째 일요일이다. 원래 가만히 있는 걸 좋아하지 않는 성격인지라, 아침 일찍 캠퍼스로 돌진했다. 온통 녹색빛이 감도는 캠퍼스는 어제와는 달리 한산했다. 그리고 모든 건물들은 닫혀 있었다. 음... 일요일엔 다 쉬나 보구나.

다시 발길을 돌려 기숙사로 돌아와 〈무한도전〉 시청을 시도하였으나 실패하였다. 사랑하는 '무도'와도 잠시 '안녕'해야겠다. 시청할 수 있는 방법이 분명 있겠지만 굳이 더 찾으려 노력하지 않았다. 당분간은 영국을 오롯이 느껴야지. 시내에 나가 성당에 가볼까도 했지만 다음주부터 하기로 하고 기숙사에서 영국 관련 유튜브를 보며 쉬었다.

#2

나의 영국 영어 분투기

#2

초등학교 시절 '튼튼한 영어'를 시작으로 수십 년간 노력하였으나 결코 가질 수 없었던 '영어'. 그 두 글자. 나는 과연 이곳에서 영어 프로페셔널이 될 수 있을까? 영어의 본고장이라 불리는 이곳 잉글랜드에서 제대로 한번 부딪쳐 보자. 잉글리시의 바다에 나를 한번 푸욱~ 담가 보자. 좌충우돌 토종 한국인의 영국 영어 정복기! 이제 시작합니다.

#1. 영어 아마추어의 영국 영어 입문기

프리세셔널 과정 소개, 웰컴 파티

비가 왔다. 이곳에 온 뒤로 거의 매일 비를 보는 듯하다. 떠나기 전 한국은 이제 막 더워지기 시작했는데, 영국은 비가 자주 내려서 그런지 약간은 서늘한 느낌이다. 캠퍼스에는 예상보다 매우 많은 학생들이 프리세셔널(Pre-sessional) 코스를 위한 오리엔테이션에 참석하고 있었는데, 그 규모에 다소 놀랐다. 기숙사에 첫날 도착했을 땐 중국인들이 너무 많이 보여서 흡사 차이나타운 같은 느낌을 강하게 받았는데, 오늘 보니 꽤 다양한 국가에서 학생들이 왔다는 것을 알 수 있었다.

프리세셔널 코스는 입학 허가의 종류 중 조건부 입학 허가(Conditional offer)를 받았거나, 정식 입학 허가(Unconditional offer)를 받았더라도 등록이 가능한, 에세이 및 논문 작성 방법 등을 다루는 일종의 어학 과정

이다. 오리엔테이션은 약 두 시간가량 진행되었는데 난 다행히 정식 입학 허가를 받고 Combined Visa(대략 18개월 동안 영국에서 공부할 수 있는 Tier 4 Visa)를 받아 일종의 이곳 거주증명서인 BRP(Biometric Residence Permit)를 받고 일찍 나왔다. 약 5백여 명의 학생들 중 Combined Visa를 받은 학생은 나를 포함 약 열 명 정도 되는 것 같았다.

어쨌든 많은 인파 속에서 미리 빠져나올 수 있어 다행이라고 생각하며, 밖으로 나와 캠퍼스 이곳저곳을 구경했다. 나무가 참 많고 드넓은 잔디밭과 정원 그리고 빈티지한 영국풍의 건물들이 함께하는 레딩대학교의 캠퍼스는 정말 매력적이었다. 아마도 나는 이곳을 사랑하게 될 것 같다. 저녁에 있었던 웰컴 파티에선 특별한 건 없었지만 오랜만에 오렌지 주스와 약간의 스낵을 먹을 수 있었다. 한국인은 나 혼자인 듯하였다. 마치 국가대표의 심정으로, 이제 시작이다. 화이팅!

프리세셔널 첫 번째 수업, 다시 사관생도 모드

첫 수업은 들을 만했고, 숙제가 많아 밤 12시까지 책상에 앉아 있었다. 우리 반 담임선생님은 로버트라는 은발의 영국 아저씨였는데, 배려 영어를 구사해 학생들이 첫날부터 큰 좌절감을 느끼지 않도록 해주었다. 로버트 선생님은 평상시에는 주로 그리스에서 생활을 하고 프리세셔널 기간에만 영국으로 돌아온다고 했다.

수업은 오후 네 시경에 끝났고 기숙사로 돌아와 옷을 갈아입고 캠퍼스를 한 바퀴 가볍게 뛰었다. 가볍게 약 사십 분을 뛰었다. 캠퍼스가 참 크다는 것을 실감했다. 샤워를 한 후 저녁을 준비했다. 처음 해보는 자취생

생활의 시작은 역시 요리다! 저녁으로 먹기 시작한 치킨 샐러드(치킨, 토마토, 브로콜리, 하얀 브로콜리, 당근)와 드레싱(매실청, 이름 모를 영국 소스)의 조합이 매우 만족스러웠다. 이곳에 있는 동안 식단 관리를 하며 저녁 운동을 꾸준히 할 계획이다. 건강한 라이프 스타일을 만들어가자.

프리세셔널 두 번째 수업, 친절한 존 교수님

    수요일이라 오전 수업만 진행했다. 이곳도 '수마트 데이'가 있구나. 수마트 데이는 우리 회사에서 시행 중인, 수요일엔 가족과 함께 마트를 가기 위해 다섯 시에 정시 퇴근을 권유하는 제도다. 오후엔 "Sports and Film time"인데 다음 주부터 진행한단다. 그래서 오늘은 학과 사무실에서 처음 만난 존 교수님과 랩실에서 이런저런 대화를 나누고, 도서관으로 가서 책을 읽었다. 근사한 도서관 건물은 무척이나 인상적이었고 마음에 들어 자주 찾게 될 것 같다. 저녁엔 운동을 하고 어제와 동일한 치킨 샐러드를 한 접시 먹은 후, 학교 외부에 있는 빌리지를 구경했다. 영국 특유의 빨간 벽돌집과 녹색 잔디밭 마당이 아늑하고 고급스러운 느낌을 주는 빌리지의 모습이었다. 산책 중 세인트 앤드류(St. Andrew)라는 이름의 성당을 발견했다. 일요일에 놀러 가봐야겠다.

첫번째 Lecture Day

레딩대학교 프리세셔널 과정의 매주 수요일 수업은 일반적으로 진행하는 영어 수업이 아닌, 실제 본 과정 학습을 대비한 Lecture로 진행이 된다. 오늘 강의는 "History of Reading and England"이다. 주제가 친숙해서인지, 아니면 내가 의외로 영어 지니어스여서인지, 다행히 영어로 수업 듣는 게 버겁진 않았다. 강의가 끝나고 조별 토의를 진행하여 Summary를 만들고, 발표를 했다.

1시엔 캠퍼스 안에 있는 산탄데르(Santander) 은행의 계좌 오픈 신청을 하였다. 영국 대학 캠퍼스 안 스페인 은행이라니... 약 5~7일 가량 소요된다고 했다. 다행히 Free Fee Version이 있어 그것으로 신청했다. Pre-paid Debit Card인데, 오히려 예산 관리도 잘되고 괜찮을 듯하다.

2시부턴 스포츠 또는 영화 감상을 선택할 수 있는데, 오늘은 비도 오고 하여 〈로미오와 줄리엣〉을 보며 좀 쉬고자 하는 마음에 험스빌딩(Humms building)에 있는 강의실 G27로 갔다. 하지만 그곳엔 아무도 없었다. 나 홀로 영화 감상이라니! 영화관이 아니고 일반 교실(준강당 수준?)에 사운드가 좀 있고 빔을 쏘는 소규모 연극 홀 같은 느낌의 장소였다. 요즘은 랩탑으로 영화든, 영드든, 미드든 손쉽게 볼 수가 있는데, 이 정도 시설로는 학생들을 유인할 순 없을 거라고 생각하며 맨 앞자리 중앙에 앉아 홀로 영화를 시청했다. 계좌를 만드느라 식사를 놓쳐 영화를 보며 샌드위치를 먹었다. 영화는 상당히 오래된 작품임을 증명하듯 매우 클래식하여 다소 어색하게 느껴졌으나 주인공 로미오와 줄리엣의 모습이 너무도 사랑스럽고 음악이 좋아 끝까지 보았다.

Class Representative가 되다

Class Representative라고, 학급 반장이 되었다. 띠동갑 친구들 사이에서 애써 어린 학생인 척해 보았으나 은연중 드러나는 프로페셔널한 (?) 모습이 우리 예리한 로버트 선생님 눈에도 띄었나 보다. 그렇다! 나는 자랑스러운 대한민국의 믿음직스러운 회사원인 것이다.

수업이 끝나고 돌아와 마음을 가다듬고자 요가를 했다. '즐겁다. 나는 행복하다.' 마인드 컨트롤을 해본다. 요가가 끝난 후 학생 식당에서 5파운드를 주고 토마토 파스타를 사먹었다. 제법 맛이 괜찮았다. 어서 학생 카드에 Top-Up 해서 학생 할인을 받아야겠다. 그리고 마트에서 구입한 채소 꾸러미는 익혀 먹으니 완전 꿀맛이다! 나날이 새로운 간편식을 발견하고 있다. 이만하면... 나 행복한 거지?

운동하고 공부하고 공부하고 운동하고

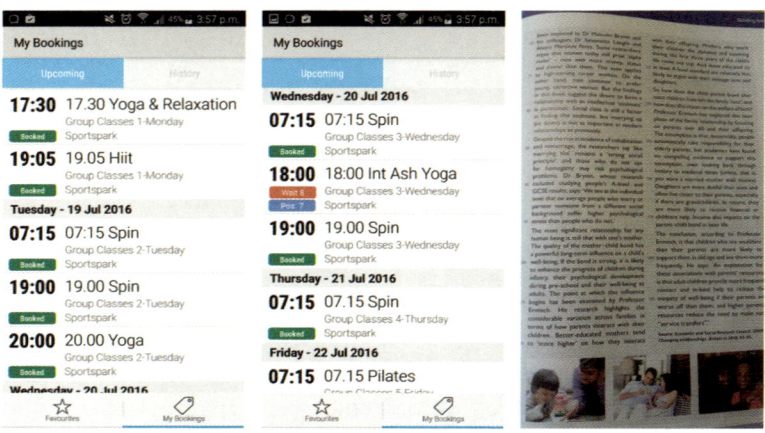

요즈음의 일과는 공부 그리고 운동의 반복이다. 새벽 네 시에 기상하여 영어 소설 다섯 장을 읽고 스포츠파크로 향했다. 오늘은 처음으로 Spinning 프로그램에 참석을 했는데 이른 아침부터 땀을 흘려 무척이나 상쾌하였으나, 저녁에는 상당한 피곤함을 느꼈다. 하지만 이에 굴하지 않고 간단한 저녁식사 후 다시 스포츠파크로 가서 Hitt를 포함하여 2시간 반 동안 운동을 했다. 누가 보면 체육학 전공자인 줄 알겠다. 이 어찌할 수 없는 태릉인의 피… 하지만 처음 해보는 Hitt 수업은 시작 5분 만에 나를 그로기 상태로 만들어 버렸고 의욕 충만했던 나는 체력이 정말 많이 안 좋아졌구나 실감을 했다.

하루하루가 기적같은 요즈음이다. 하루의 시작과 끝을 운동과 함께 할 수 있음에 더욱 감사하다. 운동을 끝내고 돌아와 다시 숙제를 하고 동영상을 보았다. 한국 아이들의 교육 다큐를 보았는데 옛날 생각이 나기도 하고. 여전히 한국의 교육제도 아래 아이들은 힘들어하는구나 생각했다. 초입, 중입, 고입, 대입, 직장, 결혼까지... 힘든 수레바퀴. 그 안에서 나는? 그래도 주변의 많은 도움으로 여기까지 온 것에 또 한번 감사함을 느꼈다.

몸이 매우 고단하다. 스케줄이 아주 힘든 건 아닌데, 아침 Spinning을 이틀 연속 했더니 온몸이 얻어맞은 것처럼 아프다. 저녁 요가 때 틀어 놨던 에어컨의 영향도 있는 듯하다. 그리고 요즘은 왼쪽 손목이 좋지 않아 빈야사(Vinyasa)를 할 때 힘들다. 어여 회복해야 할 텐데.

오늘은 우리 축복이가 17주 차 3일이 되는 날이다. 예정일까지 157일이 남았다. 5달이구나. 우와... 보고 싶다. 우리 아이. 우리 축복이.

하루 종일 공부, 그리고 음악의 힘

오늘은 세인트 조지홀에서 하루 종일 공부를 했다. 영어로 에세이를 쓰는 것은 정말이지 너무도 어렵다. 그래도 계속하다 보면 점점 더 좋아지겠지? 긍정의 힘을 발휘해 보자. 저녁 무렵 갑자기 몰려든 외로움을 쿨 노래를 들으며 치유 중이다. 한 달하고도 10일이 지났다. 시간 참 빠르다. 그러다 순간 '그동안 뭐했지?' 하는 생각이 밀려왔다. 하루하루 그렇게 나는 절박하구나.

쿨의 음악은 늘 내겐 마음의 안식처와도 같았다. 중·고등학교 학창 시절 그리고 사관생도 시절. 그리고 소대장 내무반 동반 근무 시절. 힘겨웠던 순간순간 항상 함께해주어 고마운 음악. 문득 패기 넘쳤던 소대장 시절, 병사들과 함께 쿨 노래를 들으며 잠들던 내무반이 생각이 났다. 그리운 시절이다. 모든 것이 그립다. 과거에 살지 말고 현재를 살아야 하지만, 가끔은 그러한 날들을 추억하는 것만으로 가슴이 따뜻해진다. 그러니 굳이 애써 회피할 일만은 아니라고 생각한다. 그때 그 친구들은 잘살고 있을까. 당시도 참 행복했지만, 지나고 나면 더욱 좋은 기억만 남는다. 그때 힘들었던 것은 결국 아무것도 아니었음을 시간이 흐른 뒤에야 깨닫게 된다. 고등학교 학창 시절엔 명문대 진학이 인생의 전부인 줄 알고 지냈지만, 지금은 결국 그리 중요한 것이 아닌 게 되었듯 말이다. 인생에 있어 정말 중요한 건 소중한 내 사람들과 후회 없이 사랑하며 사는 것. 그것만이 내 가슴속에 영원히 남을 것임을 이제는 안다. 이렇게 살아가다 눈감을 때, 그렇게 사랑하는 사람들과 뜨겁게 사랑하며 행복해했던 추억과 기억만이 남지 않겠는가.

　내일이면 우리 축복이가 18주차에 접어든다. 시간 참 빠르구나. 건강하게 잘 자라주어 고마워. 아빠랑 예쁜 추억 많이 만들자꾸나.

영어의 본고장에서 영어로 시험 보기, 그리고 바쁜 하루하루

　CA(Continuous Assessment)라 불리는 영어 시험을 보았는데, 리딩은 쉬웠고 리스닝은 생소했다. 두산 건설 출신의 한국인을 한 명 더 만나, 이번 주 목요일 즈음 산업은행에서 유학 온 이뱅크 형님 집에서 간단히 식사를 하기로 했다. 한국인끼리 몰려다닐 필요는 없지만, 가끔은 안부 전하며 지내는 것도 괜찮을 것 같다.

　오후에는 프리세셔널의 마지막 프로젝트를 마무리하러 도서관에 갔다. 도서관 4층은 언제나 참 좋다. 마치 아늑한 나만의 아지트 같은 느낌을 주는 그런 곳이다. 도서관을 나와 저녁엔 요가를 했다. 역시 난 바쁘게 움직여야 행복한 사람인가보다. 이런저런 잡념이 들지 않도록. 나는 그렇게 늘 움직이고 무언가를 해야 하나 보다. 이곳에서 득도한 물구나무서기는 내게 정말 말할 수 없는 행복감을 가져다 준다. 피가 거꾸로 솟는 기분이 이런 거구나. 정신이 맑아지는 기분이다. 꾸준히 수련해야지.

저녁에는 요가 대신 Hitt 수업을 했다. 생도 때 얼차려 받던 딱 그 느낌이다. 내가 지금 뭘 하고 있는 거지? 사서 고생하고 있는 내 자신을 보며, 14년 전 레이저 눈빛이 아름다웠던 사관생도 시절로 돌아간 듯한 느낌이 아주 살짝 들었다. 오묘했다. 그리고 체력이 정말 너무도 약해졌구나 생각했다. 이제 몸무게가 73kg이다. 건강한 습관, 좋은 습관의 중요성을 새삼 느꼈다.

#2. 나홀로 영국살이, 잉글랜드의 여름은 생각보다 아름답다

스포츠 파크에 등록하다, 영국생활 루틴 만들기!

하루하루 즐겁다. 비는 거의 매일 본다. 수업은, 역시 영어 작문에 있어 문제를 다수 발견했다. 가장 기본적인 문법부터 다잡아야 한다. 단수/복수, Article 등등. 학교 피트니스센터에 등록을 했다. '스포츠 파크'라는 곳인데 학교 정문 옆에 있는 대운동장 옆에 위치해 있다. 오늘은 필라테스와 요가를 했고 매우 큰 행복감을 느꼈다. 한국에 있을 때 3년 정도 회사 피트니스센터에서 아침마다 요가를 했었는데, 이곳에서 다시 이어갈 수 있게 되어 참 다행이라 생각했다. 학교 숙제가 너무나도 많아 운동 후 기숙사에 복귀하여 10시 50분이 되어서야 가까스로 마칠 수 있었다. 하루하루 바빠지다 보니 역시 일기가 점점 짧아지는구나. 기록할 만한 일들은 점점 많아지는데 그 일상을 기록할 시간이 점점 짧아진다는 것은 아이러니다. 운동하고, 영어하고, 공부하고, 버리는 시간 없이 알차게 지내고 있는 것 같다. 넓게, 멀리 보고 크게 생각하자. 지금은 그럴 수 있는 인생 최고의 시기이다.

첫 번째 Tutorial, 그리고 겸손해지는 영국 파운드화

Grammar, Reading, Listening, Speaking 그리고 오후 Tutorial. 오늘도 그렇게 바쁜 English day를 보냈다. 분명 아침엔 화창하고 맑은 날씨였는데, 갑자기 비가 온다. 그리고 자고 일어나니 세상이 바뀌어 있었다. 브렉시트(Brexit)로 인해, 파운드화는 폭락 중이다. Brexit는 영국이 유럽연합을 떠나겠다는 것을 의미하는데 이것이 악재로 작용하여 영국 화폐인 파운드의 가치가 급락했다. 영국에 온 지 정확히 10일째 되는 날인데 영국 역사에 선명한 한 획을 남길 만한 사건이 일어난 것이다. 사실 이곳에 도착한 이후 TV에선 연일 보수당과 노동당, 그리고 잔류파와 브렉시트파가 각자의 목소리를 내고 있었지만 그게 잘 와닿지는 않았었다. 잔류파가 많았던 잉글랜드 지역 그리고 레딩 역시 많은 사람들이 충격에 휩싸인 모습이었는데, 이 모습을 직접 보게 되니 이 사건이 보통 일이 아니구나 실감했다. 내겐 1파운드가 1720원이냐, 1500원이냐가 생존의 문제인지라 환율 변동만이 그간 유일한 관심사였다. 그런데 좀 더 복잡한 많은 요소들이 브렉시트라는 이름 안에 담겨 있는 듯하다. 차차 더 알게 되겠지. 이곳의 정치, 경제, 문화에도 관심을 가져야겠다.

필드트립 첫 번째 이야기, 포츠머스에 다녀오다

프리세셔널 과정에는 총 네 번의 필드트립 일정이 포함되어 있다. 오늘은 그 중 첫 번째 여정으로 포츠머스(Portsmouth)를 다녀왔다. 새롭게 많은 친구들을 사귈 수 있어 좋았다. 요르단 변호사  요셉, 우리를 인솔해준 영국인 선생님 제임스, 버스 짝꿍 에이다와 버니, 콜롬비아에서 온 로라까지. 레딩에서 아침 일찍 떠나 버스로 두어 시간을 달린 후 도착한 잉글랜드 남부 항구도시인 이곳 역시 비가 오고 있었다. 도착해서는 다행히 해가 나오는가 싶더니 이윽고 다시 비가 내렸다. 비가 오다 해가 나왔다 참으로 변덕스러운 날씨는 어쩔 수 없구나. 그저 하루빨리 적응해 살아갈 수밖에. 포츠머스의 명물인 스피나커 타워(Spinnaker Tower) 스카이라운지에 올라가 시내 전경을 보았다. 포츠머스 시내가 한눈에 들어오니 좋았다. 다시 지상으로 내려와서 커피와 크루아상을 즐겼다. 예전에 인도 출장을 갔을 때 동행하였던 영국 남자 스캇이 크루아상을 콰썸이라 발음해서 도대체 콰썸이 뭐냐고 물어본 적이 있었다. 이제는 또다른 영국 남자 제임스가 발음하는 콰썸을 알아들을 수 있으니 참으로 격세지감이로다. 그렇게 우리는 타워 1층에 위치한 바에 앉아 한참 동안 수다를 떨었다. 다행히 비가 그쳐 시내를 좀 더 돌아보았는데 다양한 배들이 전시된 Historic Dockyard는 포츠머스의 또 다른 명소였다. 요셉과 전시장 곳곳을 구경하고 해가 지기 전 학교 버스를 타고 레딩으로 돌아왔다.

그렇게 하루 종일 즐거운 시간을 보낸 후 친구들과 헤어지고 기숙사로 들어오니 순간 허무해졌다. 사람들과 함께 있을 땐 즐겁고 재밌고 신기하고 참 좋은데, 막상 혼자 있게 되면 순간 적막해진다. 무엇을 해야 할지, 내 가족들은 저 멀리 지구 반대편에서 다른 시간을 살고 있는데 나는 이곳에서 무엇을 하고 있는 것인지 등 많은 상념에 휩싸이게 된다. 문득 오늘이 토요일이라는 것을 자각하고 거의 자동적으로 연관 검색어처럼 무도를 떠올린다. 가족들을 한참 생각하고 있었는데 갑자기 머릿속에 무도가 들어온다. 그리곤 무도가 보고 싶다는 생각을 한다. 참으로 단순한 의식의 흐름이다. 그런데 볼 수가 없다. 원래 한국에 있을 때부터 지난 방송을 볼 수 있는 사이트를 알고는 있었지만 잘 이용하지 못했다. 또, 갖고 있는 랩탑이 회사 랩탑인지라 무얼 하고 싶어도 할 수가 없다. 그래서 그냥 포기하고 개인 랩탑을 어서 구매해야겠노라 다짐을 하며 스포츠 파크로 향한다. 이러다 몸짱이 되겠다.

필드트립 두 번째 이야기, 눈부신 바스에서의 오후

프리세셔널 과정의 두 번째 필드트립으로 떠난 바스(Bath), 그 옛날 로마인들이 이 곳 잉글랜드 땅에 목욕탕을 만들고 즐겨 유명해진 로만바스(Roman Bath)에도 가보고, 영국 속 로마풍의 도시 이곳저곳을 거닐며 여유로운 시간을 보냈다. 따뜻하고 화창한 날씨에, 좋은 친구들과 함께 보내는 좋은 시간에 감사했다. 오늘 나는 내 생애 첫 피시앤칩스를 경험했고, 로마 느낌이 물씬 나는 로만바스 앞 테라스에서 태양을 즐기며 황금빛 에일을 만끽하기도 했다. 너무나 좋았다. 화창한 유럽에서의 낮술. 이것은 언제나 진리다. 처음 먹어본 피시앤칩스는 겉은 바삭했고 안은 정말 부드러웠다. 흔히 영국의 대표 음식으로 알려진 이 튀김옷 입은 대구살 친구를 이제서야 만나다니. 에일과 정말 잘 어울리는 환상의 짝꿍이로구나.

#2. 나의 영국 영어 분투기 55

폭락하는 파운드화 그리고 난세

오늘 오후는 Tutorial. 오예! 튜터인 로버트 선생님과 이런저런 이야기를 나눈 후 도서관으로 향했다. 내가 제일 좋아하는 4층 나만의 공간에 앉아 Essay 2 Draft 1을 서둘러 마쳤다. 즐거운 학교생활. 에세이 실력이 어서 무럭무럭 자라났으면 좋겠다.

파운드는 계속 폭락 중이다. 오... 브렉시트. 이번 주엔 기필코 맥북을 사리라. 내일도 오후에는 Tutorial이 예정되어 있다. 또다시 도서관에 가서 에세이를 완전히 마무리하자. 한국에서 들려온 이 과장 누나 퇴사 소식이 약간 충격이었지만, 지금 본사 분위기가 그러한가 보다. 어지러운 세상이다. 이곳도 그곳도... 난세라는 생각이 맴돈다. 내가 회사에 입사하고 불과 6년 만에 사람도, 분위기도 너무 많은 것이 바뀌었다. 실력을 키우는 것, 그것만이 정답이다.

내일 있을 Class Dinner Party 준비차 친구들과 대형 마트를 방문했다. 약 80파운드가량 장을 보았고, 버스로 왔다 갔다 했다. 반장으로서 띠동갑 친구들과의 파티를 주도적으로 챙기고 있는 나. 이 어쩔 수 없는 책임감. 나는 자랑스러운 한국인이다.

Class Dinner Party, 다국적 음식들

방과 후 Class Dinner Party가 있는 날. 한국인 특유의 막강한 책임감으로 시작된 이 파티를 위해 장소 세팅부터 떡볶이 음식 준비, 친구들이 길을 잃지 않고 세인트 조지홀로 잘 찾아올 수 있도록 장소 안내, 그리고 어제 장본 물품 세팅 등 5시부터 너무도 바쁘게 움직였다. 태어나서 처음 해본 떡볶이는 한국 인스턴트 혁명 덕에 대성공. 내가 먹어봐도 정말 맛있었다. 전 세계에서 온 많은 이들에게 한국형 MSG의 위력을 마음껏 뽐냈다. 파티 역시 나름 대성공! 나보다 10살은 어린 친구들을 데리고 이래저래 어찌어찌 즐거운 시간을 보냈다. 피아노도 치고, 노래도 부르고, 술도 마시고, 각양각색의 세계 음식들도 즐겼다. 이런 게 다양성이구나. 유일한 한국인이었던 나는 한류 덕분인지 아니면 떡볶이 속 MSG 때문인지 친구들의 온갖 관심을 독차지하고 있는 이 느낌적인 느낌... 한류 연예인 분들께 고마움을 느끼게 되는 요즘이다. 그들이 정말 진정한 애국자임을 절감하고 있는 중이다. 젠틀하고 매너 좋은 한국인의 이미지를 만들어 나갈 수 있도록 나도 노력하자. 기억하자! 나는 자랑스러운 대한민국의 민간외교관이다.

세인트 앤드류 교회와 레딩 타운

성당에 가려는 마음으로 밖을 나섰다. 십자가가 보이자, 기쁜 마음에 들어갔는데 알고 보니 장로교회(Presbyterian Church)였다. 들어서자마자 환대해주는 영국 신사 할아버지에 이끌려 87세이신 헬렌 할머니 옆에서 한 시간 동안 미사를 보았다. 아니 예배를 드렸다. 우아한 기품이 느껴지는 헬렌 할머니는 내게 이것저것 친절히 설명도 해주시고, 본인 성가책도 건네주시면서 마치 친손주인 양 정말 잘해주셨다. 우리는 예배를 마치고 커피와 비스킷을 함께하며 이런저런 이야기를 나누었고, 비록 작은 교회지만 정말 좋은 사람들이 함께하고 있는 공동체임을 느낄 수 있었다. 헬렌 할머니는 감사하게도 성당을 찾고 있다고 솔직히 이야기를 한 나를 다시 초청해주셨는데, 다음 주에는 예배 후 조그만 파티가 있으니 꼭 놀러 오라고 하셨다. 미소로 화답하고 아쉽지만 그쯤에서 인사를 드린 후 타운으로 향했다.

회사 보안으로 회사 노트북을 유학 기간 사용하기가 어려울 것으로 판단되어 맥북을 구매하기 위한 사전 답사를 했다. 폭락한 파운드 환율 덕에 저렴하게 살 수 있을 것 같다. 다음 주에 현지 통장을 개설하고 구매해야겠다. 집에 오는 길에 테스코 익스프레스에 들러 치킨팩과 맥주팩을 사고, 기숙사에 들어와 나 홀로 치맥을 즐겼다. 맥주는 한 팩에 네 캔이 들어 있었고 한 캔만 마시려 했는데, 결국 혼자 몽땅 다 마셔버렸다. 이내 취기가 올라왔다. 취하니 고국에 있는 가족과 친구들이 더더욱 보고 싶어졌다. 과음(?)으로 약간 어질어질했지만 오랜만에 느끼는 알코올의 기운이 나쁘지만은 않았다.

영국에서의 불타오르는 금요일

오늘은 세상이 더욱 아름답게 느껴지는 금요일이다. 이곳에서도 금요일은 여전히 설레는구나. '금요일 오후 다섯 시'의 심쿵함을 우리는 그 누구보다 잘 알고 있다. 누군가는 말했다. 대학생의 금요일은 불처럼 활활 타올라야만 한다고. 하지만 안타깝게도 그동안 나는 영국에서의 불금을 즐길 마음의 여유가 없었던 것 같다. 그럼에도 불구하고 오늘 파티에 참석하고자 하는 이유는 '이 또한 유학생활의 한 부분이기에, 경험해 보고 배우려 함이다'라고 자신에게 정당성을 부여해 본다.

이곳 프리세셔널 과정은 정규 학위 과정이 시작되기 전 방학 기간 동안만 운영된다. 따라서 아직 영미권 친구들이 합류하지 않았기에 주로 타이, 카작, 중국 친구들이 주를 이루어 참여를 하고 있다. 영국인 친구들을 만나기 전에 또 다른 국적의 다양한 친구들과 함께하는 이 기간은 마치 선수 학습과도 같다. 어떻게 보면 학업에 큰 부담이 없고 다양한 국가의 친구들과 편하게 네트워킹할 수 있는 지금이 내 유학 기간의 꽃일 수도 있겠다는 생각을 했다. 정규 과정이 시작되면 치열한 학과 공부와 논문 등으로 마음의 여유가 많이 없을 테니 말이다.

  오늘은 수업이 끝나고 인터내셔널 파티를 하기로 한 날이다. 오후 세 시에 이번 주의 모든 수업은 끝났다. 우린 옷을 갈아입고 기숙사 1층에 위치한 펍에 모여 맥주와 보드카를 마음껏 즐겼다. 다들 나보다 열 살씩은 어리지만 나이는 숫자에 불과한 것. 그래... 나는 아직 젊다. 우린 함께 인생의 전반전을 뛰고 있는 거다. 이곳에서 그들과 나는 우리의 젊음을... 그리고 오늘을 마음껏 즐겼다. 다양한 배경을 가진 이들, 그리고 저마다 각기 다른 스토리를 지닌 이들과 친구가 된다는 것. 그들과 삶에 대해 이야기하고 미래에 대해 함께 고민하는 것은 참으로 가슴 뛰는 일이다. 그렇게 나는 오늘도 살아 있음에 감사한 하루를 보냈다. 오늘 하루도 그리고 다가올 내일도... 사랑합니다.

레딩에서의 첫 '잉글리시 브렉퍼스트'

  오늘은 수업 없는 날. 어제 늦게 잔 관계로 9시에 기상하여 학생 식당에서 4파운드를 주고 잉글리시 브렉퍼스트를 먹었다. 여덟 항목만 고르면 되는 줄 알고 베이컨과 소시지 등을 듬뿍 담았다. 거의 3단 플레이팅 수준이었는데 그런 나를 굉장히 신기한 눈으로 바라보시던 한 스태프 아주머니께서, 여덟 가지 '종류'를 무한정 고르는 것이 아니고 여덟 '개'를 고르는 거라며 친절히 짚어 말씀해주셨다. 고마우신 우리 Eat at the Square 아주머니. 나는 3단 플레이팅 접시에 듬뿍 담겨있던 소시지와 베이컨 등을 다시 원래 있던 곳에 하나하나씩 돌려놓았다. 두 볼이 후끈후끈해짐을 느끼며. 그래도 꿋꿋하게 4파운드 식사를 맛있게 잘 먹고 식당을 나섰다.

도서관에선 다음 주 월요일 PT 발표 자료를 최종 마무리하고, LLM 과정 중인 이예비 변호사님과 CM PH.D 말년 차 황예비 박사님을 만나 저녁 식사를 함께했다. 이곳에 와서 처음 식당에서 저녁다운 식사를 한 것 같다. 마치 출장 온 듯한 기분을 느낄 정도였으니. 감사의 표시로 맥주를 사겠다고 제안하며 이리저리 돌아다녀보았으나 시내 펍들은 시끌벅적해 학교로 복귀하여 캠퍼스 안에 있는 영국 전통 스타일 펍인 Park

House에 가서 가볍게 맥주 한잔을 했다. 늦은 나이에 CM 박사과정 중인 황예비 박사님, 그리고 제대 후 법학사부터 이곳 레딩에서 진행해 온 이예비 변호사님과 이런저런 이야기를 많이 나누며 많은 것을 배웠다. 내게 주어진 1년 4개월의 소중한 시간. 한 단계 더 성장할 수 있도록 더욱 치열하게 노력하자.

마음이 더 아픈 Spinning 수업

이번엔 저녁 Spinning 수업에 도전했다. 하지만 굴을 가져오지 않아 강사님께 호되게 서러움을 당했다. 이런. 말도 안 되는. 'Do you have ... drink ... ?' 비슷한 질문이었는데 '너 술 마셨니?'라고 알아들어 당당히 'No!'라고 말하며 자전거에 탔다. 그런데 이 에너지 넘치시는 선생님께서 그냥 대충 알아듣고 지나쳤음 좋았을 텐데 그러지 아니하시고 갑자기 눈에 쌍심지를 켠 후 내게 다가와서는 'Do! You! Have! (anything to) Drink!!!!!' 비슷하게 말한 듯한데 또 못 알아듣고 'No!!!!!' 순간 오만 가지 생각이 들었지만, 생도 시절 레이저 눈빛을 발사해주며 극! 복! 지지 않아~!

이윽고 알게 되었다. 너 물통 가져왔냐는 의미였다는 것을. 다소 터프할 수도 있는 Spinning 운동 특성상 안전을 위해 물통을 구비하는 것이 운동 매너였음을 직감하였다. 휴... 좀 친절하게 설명해주지. 특유의 직설적인 태도에 깜짝 놀라고 말았다. 친절하고 에둘러 표현하는 다른 요가 강사들과의 확연한 차이를 느끼며, 수업이 끝나고 바로 물통을 구입했다.

전사의 후예들과 함께 한 풋볼 게임!

　오랜만의 풋볼, 영국에서의 첫 풋볼은 너무도 가슴 뛰는 경험이었다. 영국의 푸른 잔디밭에서 터키, 카작 친구들과 볼을 차고 있으니, 느낌이 사뭇 남달랐다. 오스만투르크 제국의 후예들 그리고 드넓은 초원의 유목민의 후예들... 다소 거칠지만 의리 있는 친구들. 그런데 저들은 서로 말이 얼추 통하는 듯한데, 언어 교환의 역사가 있었나 보다. 운동 후 세미, 울란, 다니엘 등과 오랜만에 잔디밭에서 맥주 한 캔을 했다. 이보다 좋을 순 없다. 모든 것에 감사합니다.

첫 물구나무서기 성공! 아사나 요가의 끝판왕 헤드스탠드

　CA test, 영어 에세이는 여전히 어렵다. 듣기 평가도 너무 생소해서 망한 듯하다. 영어는 여전히, 어렵다. 계속 영어를 쓰는 환경 속에 스스로를 두고자 노력 중이지만 쉽지가 않다. 하지만 시간이 해결해 주리라 믿는다. 하루하루 꾸준함과 루틴의 힘을 나는 믿는다. 지금처럼 좋은 습관과 열정을 지속하자.

　드디어 물구나무서기에 처음 성공했다! 아사나 요가의 왕이라고 불리는 헤드스탠드! 바로 그것을 내가 해냈다! 야호! 요가 수업이 끝나고 혼자 거울을 보고 시도해 보았는데 나도 모르게 되어버렸다! 오 마이 갓!! 벅찬 감격에 동영상 촬영을 했다. 아직은 피사의 사탑 같지만 계속 수련하다 보면 버즈 칼리파처럼 우뚝 설 수 있으리라.

헨리 8세와 블러디 메리

오늘은 'Lecture day'다. 오후에 도서관을 들러 일찍 기숙사로 돌아와 유튜브로 동영상을 시청했다. 영국 역사와 문화 이야기를 틀었다. 정복자 헨리 8세와 블러디 메리 이야기. 무척이나 흥미롭다. 학교 과제인 에세이 작성도 중요하지만 Spoken English에도 다시 집중을 해야겠다. 듣기는 많이 좋아진 거 같고. 듣는 대로 말하는 연습을 하자. 이미테이션, 언어는 모방이다.

요즘은 잠에 들기 전 유럽 여행 관련 정보를 검색해 보곤 한다. 오늘은 스페인, 포르투갈, 스위스 정보를 검색해 보았다. 가슴이 뛴다. 참으로 좋은 기회다. 유럽에 살면서 유럽에 구경 가기! 언젠가 기회가 생기겠지?

영국 속 한국인 사회

최근에 레딩에서 만난 한국인, 산업은행 이뱅크 형님, 두산 건설 출신 홍건설 아우님, LLM 중인 레딩 토박이 이예비 변호사 아우님. 모두들 나보다 형님같은 느낌이지만, 알고 보면 내가 위에서 두 번째. 오늘은 이 중 가장 큰형인 이뱅크 형님의 초대로 영국 집에 처음 방문했다. 정말 오랜만에 삼겹살과, 소고기, 미역국, 흰쌀밥을 마음껏 즐겼다. 영국 속 작은 한인 사회에서 느끼는 반가움 그리고 고마움. 나는 이곳 영국을 사랑하지만, 그래도 나는 한국인이다. 그걸 새삼 깨닫는다.

금요일엔 수업이 끝나자마자 런던으로 출발했다. 모처럼의 나들이인지라 다소 들뜬 기분으로 25세 이하 1/3 할인이 적용되는 레일카드를 만들어 런던행 왕복표를 17파운드에 구입했다. 회사에서 같이 연수 나온

윤동지 형님이 살고 있는 집은 런던 St. Johns Wood 역 5분 거리에 위치한, 그래도 나름 여유가 느껴지는 곳이었다. 그곳은 녹색 나뭇잎이 기분을 좋게 만들어 주는 아늑한 동네에 위치해 있었다. 삼겹살과 닭다리 그리고 맥주를 사들고 들어가 무려 5시간 동안 그곳에 있는 모든 소주와 맥주를 클리어했다. 김치 맛이 너무나도 일품이어서 행복했고, 오랜만에 먹는 짜파게티는 정말 환상이었다. 역시 나름 학구적인 윤동지 형과의 대화는 자연스레 논문 주제로 이어졌고, 해외 건설계약/클레임의 중요한 화두 중 하나인 "동시 지연(Concurrent Delay)"에 대한 지적 논의를 진행하였다.

그렇게 우린 밤이 늦도록 회사 이야기, 논문 이야기, 학교 생활 이야기에 시간 가는 줄 모르고 수다를 떨었다. 그리곤 언제 잠들었는지 기억도 없이 다음 날이 되었고, 형은 오랜 자취 생활에서 자연스럽게 나오는 '나 혼자 살기' 달인의 면모를 마음껏 보여주었다. 일어나 보니 집이 정말 깔끔하게 치워져 있었고, 난 이불 위에서 잘 자고 있었다. 라면으로 해장을 한 뒤 도미닉 부부를 만나러 집을 나섰다. 다음엔 레딩에서 시골쥐가 런던쥐에게 맛난 걸 대접하기로.

도미닉 부부와 런던 1박 2일

너무 반가웠다. 우린 런던 브릿지 역에서 우여곡절 끝에 조우했고, 감격의 포옹을 나눴다. 도미닉은 런던의 가장 핫한 지역 중 하나인 런던 브릿지 중심가의 호텔을 나에게 선물했다. 조식은 말할 나위 없이 너무도 훌륭했다. 우린 해가 지는 리버템즈를 바라보며 블론드 에일을 함께

하였고, 코벤트 가든(Covent Garden)을 비롯하여 매우 분주했던 런던 중심가를 거닐다 어느 펍에 들어가 저녁을 함께했다.

길거리를 빼곡히 채웠던 수많은 인파는 너무도 인상적이었고, 우린 사람들을 피해 'City of London'이라는 어느 멋들어진 영국 전통 스타일의 펍에서 밤이 깊어지도록 다시 맥주를 마셨다. 즐거운 분위기에 시간 가는 줄 몰랐다. 밤늦게 펍을 나와 호텔까지 걸어가며 우리는 함께 수다를 떨었고 리버템즈의 환상적인 야경을 만끽했다.

일요일인 오늘은 옥스퍼드거리에서 수진이는 쇼핑을, 도미닉과 나는 조금 더 걸어 그린파크 인근에서 Cup of Tea & Coffee, 크루아상을 함께하며 Boy's talk을 즐겼다. 날씨가 너무도 좋았고, 거리는 깨끗하였다. 더할 나위 없이 행복했다. 짐을 같이 들어주며 이제 도미닉의 고향집이 있는 맨체스터(Manchester)로 떠나는 그들을 킹스크로스역(Kings cross station)에서 배웅해주고 헤어지려는 순간, 눈물이 왈칵 쏟아졌다. 뭐랄까, 정말 오랜만에 느껴보는 기분인데 어릴 적 명절이 되면 친척들과 함께 즐거운 시간을 보낸 뒤 헤어질 때 밀려오는 서운함 같은 거였다. 거기에 나만 혼자 또다시 아무도 없는 외딴 타지에 덩그러니 남겨진 것만 같은 기분이 더해져, 얼굴을 보고 작별 인사를 하고 있으면 눈물이 더 나올 것 같아 서둘러 그들을 보냈다. 정 많은 친구 수진이도 눈시울이 붉어지고, 영국 남자 도미닉의 얼굴에도 슬픈 표정이... 이젠 정말 가족 같은 친구들이다. 문득 한국에 있는 안쏘네 부부가 떠올랐다. 고마운 친구들... 사랑합니다.

영국의 여름은 생각보다 아름답다!

화창한 날씨. 날씨 깡패는 이럴 때 사용해야 하는 단어가 아닐는지. 하늘의 구름이 너무도 예뻤다. 선명한 녹색 나뭇잎들과 간간이 불어오는 산들바람이 너무도 좋았다. 오후에는 프로젝트를 마무리하기 위해 계속 도서관에 머물렀다. 어느덧 이곳에 온 지도 두 달이 지났다. 나, 잘 지내고 있는 거지? 문득문득 나에게 묻는다. 나, 괜찮은 거지? 한국은 연이은 폭염이라는데 이곳은 아침저녁으론 서늘하고, 낮엔 따뜻하다. 영국의 여름. 참 좋다. 삼 주 뒤면 이 행복했던 프리세셔널 과정도 끝나는구나. 참으로 좋은 기회였다. 잘 마무리하자.

#2. 나의 영국 영어 분투기

파운드화 환율에 울고 웃고

화창한 날씨의 연속이다. 프리세셔널 과정도 어느덧 막바지에 접어들고 있다. 이제 2주 남짓 남았구나. 프로젝트, 그룹 프레젠테이션, 그룹 세미나, 에세이 작성 등 할 일이 많지만, 슬기롭게 잘 마무리하자. 훗날 이 시절을 돌이켜 생각할 때 아무런 후회나 아쉬움이 남지 않도록 말이다. 오늘 지금 이 순간을 살자. 그렇게 바로 지금 집중하자. 아마 이번 주 토요일이면 대부분 정리가 될 것 같다. 이때 무엇보다 신경 써야 하는 것은 마음과 몸의 건강이다. 너무 달리기만 하면 금방 지칠 테니, 내게 적절히 휴식도 주어가며 페이스 조절을 해야 한다. 그리고 유럽 1차 여행 준비도 슬슬 해야겠다. 오늘은 파운드가 다시 소폭 올랐다. 1461원. 오... 브렉시트!

생일 파티, 내일 뭐 하지?

어제는 링싱유와 앤의 생일 파티가 있었다. 마법의 양념을 구하지 못해서 내가 직접 만든 소스로 떡볶이를 만들었다. 이번엔 너무 달콤하게 만들어 실패. 하지만 마음씨 착한 아이들은 맛있게 남김없이 다 먹어주었다. 확실히 지난번보다는 먹는 속도가 현저히 느렸다. 그래도 내가 만든 음식을 누군가 잘 먹어줄 때 느낄 수 있는 그 행복감. 참 고맙고 착한 친구들 덕분에 처음 느껴보는 감정이었다.

다소 무료함을 느낄 즈음 내가 사랑하는 아름다운 호수와 숲이 있는 레딩캠퍼스로 저녁 산책을 다녀왔다. 말로는 설명하기 어려운, 너무도 아름다운 레딩대학교 캠퍼스. 드넓은 잔디와 웅장하게 솟은 아름드리 나무들. 그리고 백조와 오리들이 한가로이 노니는 신비로운 호수. 영국 특유의 건물들과 아름다운 하늘 그리고 날씨. 모든 것이 사랑스럽고 감사한 일인데. 왜일까. 마음 한편이 허전하여 왠지 모를 외로움이 느껴지는 건. 스튜던트 유니언 뒤편 벤치에 누워 하늘을 한참 바라보며 음악을 듣다 왔다. "The Best Acoustic Covers of Popular Songs!" 맥주를 사올까 한참 고민을 하다 결국은 그냥 돌아왔다.

프리세셔널 과정은 이제 한 주 남았다. 그 후 주어질 2주간의 방학. 그리고 본격적인 석사 과정의 시작이다. 아 배고프다. 방금까지 외로웠는데. 다시금 배고픈 감정으로 바뀌었다. 내일 뭐 하지?

연휴 끝, 여유로운 잉글랜드

긴 연휴 뒤 등교를 했더니 약간 개학하는 느낌이다. 날씨는 화창하고 하늘은 푸르고 높았다. 마지막 주라 이번 주 목요일에 있을 TEEP 준비를 했다. 그래도 여유롭다. 여유로운 세상, 여유로운 영국, 여유로운 레딩. 내 마음이 평온하니 세상이 이렇게도 아름답게 보이는구나. Spoken English 능력을 키워야 한다. 네이티브 스피커의 음성을 모방하여 내가 직접 말해보고 녹음하고 들어보자. 그렇게 조금씩 고쳐나가자. 나는 하루하루의 힘을 믿는다. 하루하루 꾸준함의 힘.

해가 점점 짧아지고 있는 8월 말의 영국

영국의 해가 점점 짧아지고 있다. 해가 지지 않는 나라로 알고 있었는데 다 옛이야기인가 보다. 저녁 요가를 하고 있는데 많이 어둑어둑하다. 물구나무서기를 하고 나면 기분이 너무 좋다. Spinning 이후의 뻐근함도 좋다. 바야흐로 운동 삼매경이다. 얼마만인가, 70kg에 진입하였도다! 생도 시절보다 몸 자체는 더 좋아진 것 같다. 겉으로 보기에는 말이다.

물론 체력은 그렇지 않겠지만. 이렇게 앞으로도 쭉 유지해 보자.

  다음 주 토요일 파리로 떠난다. 시간이 어느덧 이렇게도 흘렀구나. 한 주 잘 마무리하고 여행을 준비하자. 오늘 날씨는 정말 매우 좋았다. 8월의 영국은 참으로 아름답고 좋구나. 아침에 일어나면 머리가 좀 아픈 듯한데. 과민성인 듯하다. 남모를 부담감과 조바심이 나도 모르게 내 마음 한쪽에 자리잡고 있는 모양이다. 평화로운 바다처럼 잔잔하게 마음먹어야겠다. 하지만 가슴은 뜨겁게! 가슴엔 조국을, 두 눈은 세계로! 갑자기 모교 구호가 생각이 나네...

#3. 떨어져 있어도 생각나는 사람

결혼기념일, 눈물의 햄버거

결혼기념일인데 한국에 있는 아내와 사소한 일로 다투었다. 꽃다발을 준비 못한 것이 후회되었다. 아내가 안쓰러워 눈물이 났다. 떨어진 지 이제 채 한 달이 되지 않았는데... 보다 큰 마음으로 품어주어야 했거늘... 보다 세심하게 신경써주었어야 했거늘... 나는 아직도 그렇게 한없이 모자라고 부족한 남편인가 보다. 오후엔 타운에 나가 맥도날드에서 눈물을 흘리며 오랜만에 햄버거를 먹었다. 맛이 좋았고, 눈물이 들어갔다. 부족한 남편이다.

카페에 가서 커피를 마시며 공부를 이어갔다. 내가 좋아하는 영국 역사를 유튜브로 맘껏 볼 수 있어 참 좋다. 문명의 이기 덕분에 다행이라는 생각이 들었다. 저녁까지 샌드위치와 스트로베리 크림을 함께하며 9시 반까지 맹렬히 공부를 했다. 어느덧 어둑해져 기숙사까지 왠지 모를 으스스함을 느끼며 10분 만에 속보로 걸어왔다. 오늘은 토요일 밤이었고, 이곳에 온 지 2주가 다 되어간다. 영국에 온 지는 어느덧 3주 차에 접어들고. 나... 잘하고 있는 거겠지?

어머니 생신, 세인트 제임스 성당 방문

일요일이다. Happy Sunny day Morning!! 모처럼 아침부터 해가 나왔다. 그리고 하루 종일 비가 오지 않았다. 하루 중 단 한 번도 비를 보지 않고 지나가는 날은 손에 꼽는다. 성당 신부님도 기분이 좋으셨는지, 오늘의 날씨를 미사의 서두에 언급하셨다. 이 나라 사람들이 왜 날씨에 민감하고, 날씨에 대해 자주 이야기하는지 알 것 같다.

세인트 제임스(St. James) 성당에 모인 많은 인파들은 각양각색 다양한 인종의 사람들이었고, 오랜만에 느낀 성당의 분위기는 외로운 이방인의 마음을 안정되게 그리고 차분하게 만들어 주었다. 미사 영어는 역시나 또 다른 챌린지였지만, 우리나라 성당에서 경험하였던 미사 순서와 거의 같기에 중간중간 신자들이 외우는 기도의 타이밍은 기가 막히게 눈치챌 수 있었다. 뭐라고 뭐라고 하는지는 잘 들리지 않았지만... 계속 접하다 보면 익숙해지겠지... 내게 영국 미사 공부가 필요하단 생각이 들게 해주었고, Bible Study에 참여하고자 하는 동기를 만들어주었다. 미사를 마치고 신부님과 담소를 나눈 후 바로 옆 공원을 거닐었다. 얼마만의 여유인가. 성당 인근의 분위기가 참 차분하고 마음에 들었다.

오후엔 타운 내 다른 카페에서 문법을 두 시간 동안 맹렬히 공부했다. 이러다 카페 VIP가 될 듯. 막스앤 스펜서(Marks&Spenser)에서 유통기한이 무려 다음주 금요일까지인 싱싱한 야채꾸러미 "3 for 2", 값비싸 보이는 닭가슴살 "3 for 2", 그리고 슈퍼마리오처럼 생긴 꼬마 버섯 팩을 사서 기분 좋게 기숙사까지 걸어왔다. 남들은 버스 타고 타운을 오가지만, 나는 충분히 걸을 수 있는 거리로 생활 패턴을 만들었다. 오가며 보는 소박하면서도 정감 있는 레드브릭의 레딩타운이 나는 너무도 좋다.

오늘은 어머니 생신인데, 아내가 영은 누나네 가족과 식사를 하며 잘 챙긴 듯하다. 성격은 보통이 아니시지만 참으로 고마운 아내다. 어머니 생신 파티 사진을 보다 문득 차려진 음식이 너무도 간절히 먹고 싶어졌다. 배고픈 유학생은 기승전 배고픔이로구나.

행복한 월요일, 축복이 성별이 나오다!

행복한 월요일이 돌아왔다. 직장인들 대부분이 갖고 있다는 월요병. 한때 나도 겪었던 걸로 기억하는데 정말 놀랍게도 깔끔하게 치유되었다. 월요일이 어떻게 이렇게 행복할 수 있지? 이 행복이 어느덧 일상이 되어 이것이 정말 행복인지 모르고 지나갈 수도 있겠지만, 정말 감사할 일이고 또 감사할 일이다. 내게 주어진 하루하루 그리고 일분일초의 소중한 시간을 더욱 의미 있고 값지게 보내자.

오랜만에 좋은 날씨다. 어느덧 해가 나오면 벤치에 앉아 햇살을 만끽하고 있는 내 모습이 어색하다. 우리 축복이 성별이 나왔다. 너무도 사랑스런 공주님이 우리 곁에 왔다. 행복하다. 정말 예쁘고 건강하고 사랑스런 아이로 키워야겠다는 엄청난 책임감이 갑자기 밀려온다. 삶에 대한 태도가 사뭇 달라짐을 느낀다. 딸아이에게 부끄럽지 않은 아빠가 되기 위해 보다 열심히 살아가자. 범사에 감사하며 떳떳하게, 그렇게 멋지게! 살아가자꾸나.

To. 사랑하는 축복이

　사랑하는 축복아, 아빠는 〈엽기적인 그녀〉 OST를 들으며 일기를 쓰고 있단다. 오늘은 아침에 일어나 축복이와 축복이 엄마와 스카이프를 하고, 계란찜과 콘푸로스트, 토마토를 먹은 후 카페에서 샌드위치와 아메리카노를 사들고 "The Study"라는 호수 옆 작은 도서관으로 가서 하루 종일 공부하려 시도하였단다. 날씨가 너무나 좋고 간간이 서늘한 바람도 불어주어 공부 중간 중간 꿀잠도 잘 수가 있었어. 건물 밖에 드넓게 펼쳐진 잔디밭과 오래된 영국 나무들 그리고 호숫가로 향해 난 오솔길로 오가는 영국 친구들을 바라보고 있노라면, 나도 모르게 한없는 평화로움을 느끼며 깊은 잠에 빠져들 수밖에 없었단다. 사랑하는 내 아이야. 20년 전이나 지금이나 공부할 채비를 단단히 하고 자리에 앉으면 왜 이내 잠이 오는 걸까. 왜 아빠는 20년 전이나 지금이나 한결같이 불면에 시달리지 않는 것일까. 생각해보니 태어나서 불면증을 경험해 본 적이 거의 없는 것 같구나. 우리 축복이도 엄마 배 속에서 부디 숙면을 취하며 무럭무럭 자라나길. 엄마가 가끔 전화기로 공장 사장님들과 터프하게 대화를 하고, 운전하면서 도로 옆 다른 분들과 매섭게 신경전을 하더라도, 그리하여 가끔 된소리로 이루어진 거친 음성을 듣게 되더라도, 우리 축복이는 엄마 배 속에서 한없이 편안한 자세로 숙면도 취하고 꿈도 꾸고 그렇게 행복하게 지내다 나오길, 아빠는 오늘도 간절히 기도한단다. 사랑하는 우리 아기 축복아. 아빠는 우리 축복이를 만날 생각에 오늘도 너무너무 두근두근하고 행복하구나. 사랑한다. 아주 많이.

아버지 기일 15주기

　아버지 기일 15주기인데 나는 영국에 있다. 찾아뵐 수 없음에 가슴이 아려왔다. 시간이 참 빠르구나. 어느덧 15년이란 세월이 흘렀다니. 지난 주말에는 성당에서 주일 미사를 드리며 아버지를 위해 기도 드렸다. 부디 하늘에선 평안하시길. 외롭지 않으시길. 간절히 기도 드렸다. 길지 않았던 부자의 연이 아프다. 프리세셔널 코스도 어느덧 한 달가량 남았다. 어제는 12월에 우리 아내와 축복이를 만나러 가는 왕복 항공권도 예매를 했다. 생각만 해도 떨린다. 막 설레다가도 2주 뒤 혼자 다시 돌아와야 할 생각을 하면 벌써부터 가슴이 먹먹해진다. 내 아이를 어서 만나보고 싶고... 오늘따라 하늘에 계신 내 아버지가 너무도 그리운 밤이다.

뒤바뀐 축복이 성별

　축복이가... 아들이었다. 주변의 많은 사람들이 더 좋아하는 걸 보면 아직까지 한국엔 아들 선호 사상이 남아있는 듯하다. 처음엔 다소 혼란스러움을 느꼈다. 약간의 아쉬움도 느껴졌고, 또 다른 종류의 반가움도 있었다. 잘 모르겠다. 하지만 어쨌든 중요한 건 축복이의 건강이니까. 건강하게 잘 자라주고 있는 축복이에게 고마울 따름이다. 몸무게가 70kg에 진입했다. 이 얼마만의 몸무게인가. 생도 3학년 기파생도(입학식 전 신입생도들의 교육, 훈련, 생활 등을 지도 감독하는 선배 생도) 시절 이후로 72kg 이상을 본의 아니게 유지해 왔었는데. 반갑다! 더욱 건강한 몸으로 거듭나자. 평생 운동, 평생 학습, 평생 행복, 평생 건강. 오늘도 감사합니다.

#4. 기적의 시간, 프리세셔널 과정 마무리하기

프리세셔널 마무리 준비

11주 과정의 프리세셔널 코스가 점점 끝나가고 있다. 작년 커머셜 전문가 과정 입과가 19일이었으니, 벌써 1년이 지났네. 시간이 정말 너무도 빠르구나. 커머셜 과정 입학식 날이 아직도 기억에 생생하다. 다소 후텁지근한 날씨, 전형적인 한국의 여름날로 기억하는데 제법 습도가 높았다. 아침 10시에 맞추어 가야 되는데 회사를 들렀다 가는 바람에 입학식 직전 겨우겨우 도착했었던 기억이 떠올랐다. 캠퍼스 맨 뒤편 꼭대기에 위치한 법학전문대학원은 왜 그리도 멀게만 느껴졌었는지. 우여곡절 끝에 입학식을 무사히 마치고 앞으로 6개월간 공부를 하게 될 로스쿨 건물 투어 후 동기 형님, 누님들과 함께 교수회관에서 점심을 했었던 것 같다. 즐거웠던 기억이다. 공부도, 사람도, 캠퍼스도. 그 고마웠던 시간 덕에 지금의 이 소중한 시간을 추가로 선물받고. 항상 감사하다. 2주 남짓 남은 이 어학과정 또한 잘 마무리하자. 돌이켜 생각해보면, 기적같은 시간이었다.

프로젝트 포트폴리오 제출

오늘은 프로젝트 포트폴리오를 제출하고, 그룹 프레젠테이션 팀과 담소를 나눴다. 그리고 내일 있을 TEEP(Test of English for Educational Purposes) Speaking에 대비해 파트너인 아지아와 전략 수립을 위해 카페에서 이야기를 나눈 후, 타운에 나가 Heircut. J에서 머리를 다듬었다. 헤어샵은 37파운드가 정가인데 10% 할인을 받아 33파운드를 지불했다. 주중에는 오전 아홉 시에서 오후 네 시 사이 예약하면 25% 할인을 받아 약 25파운드(한화 약 4만 원)에 머리를 할 수 있다. 한국의 청담에선 흔한 금액이겠지만, 이곳 레딩에선 최고급 샵인 듯하다. 헤어드레서 이름은 사라인데, 매우 프로페셔널하고 친절해서 좋다. 사라가 참 많구나, 이곳은. 머리를 하고 그냥 기숙사에 다시 돌아가기 허전하여 베스티와 평소 가고 싶었던 펍에 가서 가볍게 맥주를 한잔하고 돌아왔다. 점점 어학과정이 끝나가는 느낌이다. 하지만 여전히 부족한 느낌은 어쩔 수가 없다. 그렇다고 조바심 낼 건 없지만 절대 나태해지진 말자. 늘 정진하자.

TEEP Speaking

하늘이 참 맑다. 가을 느낌. 오늘은 프리세셔널 최종 시험인 TEEP Speaking이 있는 날이다. 파트너인 카작 친구 아지아와는 어제 학교 카페에서 프라푸치노를 함께하며 전략을 짰다. 거창한 전략이라 할 것까지는 없지만. 그냥 서로의 영어를 이해하는 차원에서 가볍게 미팅을 가졌다. 나의 영어를 이해해주는 그녀에게 신의 축복을 빈다. 다음 주 월요일은 Bank holiday, 그리고 오늘은 University closing day이고, 랭귀지 과정도 이제 1주 남아서 제법 연휴 느낌마저 든다. 아직도 나의 발음과 문법 그리고 단어가 너무도 부족함을 느낀다. 이제 정말 시작이란 각오로. 열심히 잘하자.

오후에는 그룹 프레젠테이션 최종 미팅을 했다. 30분 만에 서둘러 끝내고 타운으로 이동했다. 천연샴푸와 고급스러워 보이는 로션을 사고 복귀했다. 환전은 온라인으로 신청하고 내일 찾기로 하였다. 어느덧 정말 막바지구나. 11주가 이렇게나 빨리 지나가다니. 여행 준비를 해야 한다. 여기서 기억해야 할 것. 짐 최소화, 부담 최소화. 그저 행복하고 설레는 마음 하나면 된다.

드디어 TEEP 시험!

　최종시험일이다. 카페에서 아메리카노 톨 사이즈를 테이크아웃하여 시험장으로 향했다. 오늘은 700명이 넘는 PSE 4, 5, 6 학생들이 일제히 최종 시험을 보는 날이다. 그동안 봐온 CA 결과와 각 담당 선생님들의 보정 점수가 들어가긴 하지만, 그래도 많은 친구들이 긴장한 모습이다. 내게도 긴장이 되냐고 묻길래 그냥 즐긴다 했다. 실제로 그랬으니까. 시험은 약 두 시간 반 동안 리딩, 리스닝, 라이팅 순으로 진행되었다. 난 이 시험이 왠지 게임같이 느껴졌고, 그래서 재밌었다. 스피킹 테스트는 지난주에 했고, 그 과정 역시 즐거웠다. 그래도 나름 시험인지라 끝나고 나니 홀가분했다. 다른 친구들의 표정을 보니 같은 마음인 듯하다. 고된 시험 준비와 시험 후 해방감은 만국 공통이로구나!

　화창한 날씨에 환전하러 타운으로 나갔다. 전날 온라인으로, 약 1.52 환율로 파운드를 유로로 바꿔 놨기 때문에 찾기만 하면 되었다. 500유로를 약 433파운드에 샀다. 왠지 돈을 번 기분. 파운드가 많이 약해져서 이 정도인데, 예전에 한참 강세일 땐 영국인들은 환전할 때마다 자국의 힘을 느꼈을 듯하다. 환전 후 몰에 들러 파리 여행용 티셔츠를 하나 사고 다시 돌아와 한국인 몇 명과 1시간 동안 수다를 떨었다. CM 박사

형과 법을 공부하는 동생, 그리고 어제 왔다는 동생 한 명 더. 한미 글로벌을 그만두고 왔다던데. 아직 싱글이고 29살이니까 그런 게 가능하단 생각을 했다. 나도 29세에 정든 군문을 나와 민간 회사에 다시 입소했었지.

기숙사로 다시 돌아와 코스의 끝을 스스로 축하하며 한국 햇반(서울 마트에서 산 한국 햇반은 한국의 그것보다 2배는 비싼 듯하다)과 참치캔, 광천김, 버섯계란찜을 먹었다. 정말이지 너무도 맛있었다. 한국의 흔한 가정식 밥상. 내 몸에도 역시 한국인의 피가 흐르는 모양이다. 평소엔 잊고 그냥 이곳 음식에 적응하며 살지만, 실제로는 한국 밥상이 너무도 그리웠나보다.

저녁 요가 클래스 후엔 두 시간 동안 친구들과 농구를 했다. 마치 고딩 때 모의고사 끝나고 체육관에서 밤 농구를 했듯이 말이다. 즐거웠다. 그렇게 프리세셔널 과정이 저물어 가고 있었다. 내일은 드디어 프리세셔널 과정의 마지막 날이구나. 유종의 미를 거두자. 끝이 아닌 새로운 시작임을 기억하며. 여행을 준비하자. 영국 살면서 파리로 휴가 가는 남자?

프리세셔널 마지막 밤

프리세셔널 코스 마지막 날이다. 그리고 세인트 조지홀에서의 마지막 밤이기도 하다. 맥주와 함께 음악을 듣는다. 왠지 센치해지고 싶은, 그런 날이 있다. 마지막이 아닌 또 다른 시작이지만. 11주가 정말 바람처럼 흘렀다. 기분 좋은, 설레는 그런 바람이었다. 한참 어린 친구들과 함께한 시간이었지만, 참으로 행복했다. 캠퍼스 라이프가 이런 것이구나. 남들은 10여 년 전에 경험한 것을 나는 이제야 느꼈다. 물론 한국의 그것과는 많이 다르겠지만, 그래도 내겐 너무도 행복한 시간이었다. 본 과정이 시작되면 지금처럼 매일 수업을 듣는 것이 아니기에 때론 나태해질 수도 있겠지만, 더욱 즐겁게 이 생활을 만끽하고 알차게 내 것으로 만들자.

내일은 파리행 비행기에 몸을 싣는다. 아침 8시 비행기인데 레딩역에 4시 즈음 갈 생각이다. 설레는가? 비록 내가 지금 이십 대는 아니지만, 그래도 가슴이 두근두근 다시 설레옴을 느낀다. 십 대 시절 남도 무전여행, 이십 대 시절 자전거 국토종단 여행, 그리고 동아시아 탐방기 등 나는 늘 여행을 동경해 오고, 또 가슴 설레했던 것 같다. 여행은 늘 새롭다. 늘 가슴 뛰는 즐거움이다. 새로운 세상을 경험하고, 그곳을 느끼고, 그곳의 사람들과 이야기를 나누고 문화를 경험하는 것은 인생의 축복이다. 이 모든 것에 감사하며, 프리세셔널 코스의 마지막 밤은… 그렇게 깊어 간다.

#3

일상이 여행이 되는,
유럽 도시 기행

#3

유럽에 살면서 유럽으로 여행 떠나기. 학생 신분의 나는 유럽의 여러 나라를 기차로 여행할 수 있는 인터레일 티켓을 아주 오래 전에 예약을 했다. 그리고 지금 나는 이루 말할 수 없는 두근거림으로 글을 쓴다. 살아 있는 여행 이야기, 나의 감정과 느낌 하나하나 빠짐없이 글로 적어보자. 지난 방학 파리, 브뤼셀, 암스테르담 여행을 기록하지 못했던 아쉬움이 남지 않도록. 두 번 다시 오지 않을 소중한 나의 이야기를 적어 보자. 삶은 기록이다. 일상이 여행이 되는, 매력적인 유럽의 여름을 산책하다!

#1. 룩셈부르크, 유럽의 금융 중심지

드디어 여행 1일 차 아침이 밝았다. 서둘러 회사 정보 보안 관련 교육 동영상을 마저 시청한 후 아침을 먹었다. 닭고기 패키지를 제외하고 모든 음식을 소진하였다. 닭고기 패키지는 다녀와서 먹을 수 있으므로 소중히 냉동실에 모셔두고 레딩역으로 출발했다. 다행히 비는 오지 않았다. 오래 전부터 계획해 온 여행이었지만 최근 이틀 사이 많은 우여곡절이 있었다. 역시 여행의 묘미는 돌발 상황과 이를 극복하기 위한 아이디어 그리고 그 실행이 아닐는지. 모든 것은 예약 티켓을 미리 확인하지 못한 나의 불찰에서 시작되었다. 인터레일(Interrail) 티켓 신청은 두 달 전에 했음에도 불구하고 예약 후 결제 여부를 바로 확인하지 못했다. 그 덕에 차질이 생긴 일정을 메우고자 100유로에 비행기 티켓을 급히 구입하여 룩셈부르크 여행을 기획했다.

당초 계획보다 이틀 빠른 출발이다. 처음으로 에어비앤비를 활용하여 숙소도 예약하였는데, 룩셈부르크 물가가 워낙에 비싼지라 호스텔조차 마땅한 가격의 물건을 찾기 어려웠기 때문이다. 어쨌든, 모든 준비를 마치고 오늘 출발한다. 나는 지금 게트윅(Gatwick) 공항으로 가는 기차 안에 있다. 한 달간의 설레고 행복한 그리고 매우 소중한 세상 구경의 기회가 될 유럽 기차 여행은 이렇게, 드디어 시작되었다. 그래, 가보자! 새로운 곳을 가보고, 그 나라의 사람들을 만나고, 그 나라를 여행하고 있는 또 다른 나라에서 온 이들을 만나 대화하고, 기차를 타고, 글을 쓰고, 생각을 하고, 사진을 찍고, 다시 글을 쓰고, 그 나라의 음식을 먹어보고, 그 나라의 역사와 문화를 공부하고. 그렇게 한 달을 지내보자.

한 달 여행자치고는 짐이 너무도 조촐한 듯하여 주변 여행자들을 쳐다보고 있노라니, 다들 '나는 여행자예요!' 하고 보여주는 커다란 배낭을 메고 다닌다. 괜찮다. 괜찮을 것이다. 이 조그만 가방 하나로도 나는 충분히 유럽을 한 달간 여행할 수 있다. 작은 공간에 짐을 넣다 보니 정말 중요한 것이 아니면 배제하게 되었다. 인생도 이리 담백하게 살아야 할

텐데. 정말 소중한 것을 먼저 채워놓고 그 나머지는 비워둘 수 있는 그런 삶의 지혜가 있기를. 그리하여 여유롭고 간편하게 사는 인생이 되기를. 남은 여백은 다른 소중한 것들로 채워 나갈 수 있기를. 사람, 여유, 건강, 문화, 여행 그리고 추억들로. 문득, 고등학교 시절 좋아했던 문구가 생각이 난다. '하얀 종이 위에 새 한 마리 그려 넣으면 여백은 모두 하늘이어라.'

첫날 밤이다. 룩셈부르크 공항에 내리자마자 쏟아져 내리고 있는 장대비가 아찔하였다. 공항은 도착 전용이어서 그런지는 몰라도 작고 아담했다. 16번 버스를 타고 약 20분간 달려 시내에 당도하였고, 다시 21번 버스를 갈아탄 후 내 생애 최초 에어비앤비로 예약한 집에 도착했다. 이곳은 룩셈부르크 시티 도심에서 버스로 약 20분 거리에 위치한 Rue de Muhlenbach 57번 플랫이다. 호스트는 이란 출신의 엘헴이라는 중년 여성이고, 한 살 때 부모님과 이곳 룩셈부르크로 이민을 왔다고 했다. 집은 아담하고 아늑하다. 엘헴의 말처럼 발코니가 없는 것이 다소 아쉽긴 하지만 그래도 괜찮다. 내일은 다행히 비가 오지 않는다고 한다. 이번 여행은 힘을 빼어 둘러보고, 구경하고, 알아보고, 만나고, 이야기하고, 글 쓰고 그렇게 지내보자.

#2. 빅토르 위고의 은신처 비안덴성 그리고 수도 룩셈부르크시티

여행 2일 차. 오늘은 비안덴성(Vianden Castle)과 룩셈부르크시티(Luxembourg City) 투어를 했다. 날씨도 좋았고 알찼다. 적당히 걷고, 적당히 먹고, 적당히 보았다. 아침 7시에 기상하여 샤워를 하고 호스트인 엘헴이 내어준 커피를 마셨다. 바로 시내로 향하여 관광안내소에 가보니 9시 오픈 시간까지 아직 시간이 있어 시내를 조금 둘러보았다. 어제 비가 많이 내린 여파로 쌀쌀한 기운이 감돌았으나 맨투맨티를 입고 있어 괜찮았다. 영국에서 가져온 두 벌 중 한 벌이다. 땀 많이 흘리지 않고 잘

입을 수 있겠지? 어느 나라를 가건 대부분의 사진에 비슷한 의상이 등장하는 것은 다소 아쉽겠지만 그래도 괜찮다. 이윽고 시간이 되어 관광 안내소에 들렀다. 안내소에서는 하루 여행이라면 시내만 둘러보는 것을 추천하였지만 나는 유럽의 소도시들, 그리고 그 안에 있는 고성이 보고 싶어 무작정 역으로 향했다. 다행히 바로 기차를 탈 수 있었고, 약 20분을 달린 후 에델부르크(Edelburg)라는 곳에 당도하여 570번 버스를 타고 다시 25분을 여행했다. 그렇게 하여 그 유명한, 비안턴성에 도착했다.

정말 놀랍도록 아름다운 광경이 펼쳐졌다. 집도, 강도, 길도, 성도 마치 동화 속 한 장면 같았다. 늘 생각해왔던 고성이 있는 유럽 작은 도시의 모습이다. 리프트카를 타고 정상에 올랐고 산자락을 타고 내려와 성에 당도하였다. 성 안은 내일부터 시작되는 페스티벌 준비로 매우 분주한 모습이었고, 관광객들은 특히 가족 단위로 많이 온 듯하였다. 투어를 마치고 내려오니 제법 피곤하기도 하고 한국에 있는 아내에게 스카이프를 해야 할 시간이 되어 한 노천카페에 들어갔다. 한여름 유럽에서 즐기는 시원한 라거는 역시나 진리구나! 나도 충전하고 모바일도 충전하고 스카이프를 연결해서 자고 있는 우리 건우 얼굴도 보았다.

오후엔 룩셈부르크시티로 다시 돌아와 이 나라에서 가장 유명하다고

할 수 있는 천혜의 요새 케이스메이트(Casemate)로 향하였다. 막상 두 눈으로 직접 보니 도저히 지상 병력과 화력만으로는 정복할 수 없는 그런 곳이었는데, 도시 자체가 거대한 계곡을 방어막 삼아 형성된 듯하였다.

저녁엔 야간 시내 투어를 했다. 때마침 금요일만 진행되는 가이드 프로그램이 진행되고 있었는데 아침에 관광 안내소를 통해 알게 되었다. 아름 광장(Place d'Armes)에서 9시가 될 때까지 기다린 후 만남의 장소로 향했다. 투어 가격은 원래 14유로인데 학생은 12유로였다. 아침에 구매한 원데이 룩셈부르크 카드를 보여주며 12유로가 아닌 추가 할인이 있다고 들었다 이야기하니, 마음씨 좋은 독일인 가이드 아저씨는 그냥 괜찮다고 합류하란다. 아직은 살기 좋은 세상이다. 투어팀에는 네덜란드, 영국, 뉴질랜드 등지에서 온 다국적 인원들이 합류했고 코스는 나름 알찼다. 낮에 가보았던 곳도 많이 중복되었는데 전문가의 설명이 추가되니 더욱 좋았고, 야경은 황홀할 만큼 아름다웠다. 시내 곳곳에 설치된 은은한 조명이 동화 속 중세 유럽풍의 건물들을 따뜻하게 비추어주고 있었는데, 마을 전체가 흡사 영화세트장 같았다. 룩셈부르크의 밤은 이렇듯 낮과는 또 다른 큰 감동을 선사해주었다. 투어 막바지에 룩셈부르크인(Luxembergour)들의 언어에 대한 설명이 있었는데,

기본적으로 이곳의 사람들은 4개 국어를 한다고 한다. 어쩌면 역사적으로 강대국이었던 프랑스와 독일 사이에 위치한 작은 국가의 생존 방법이었는지도 모르겠다. 4살 때 의무교육으로 학교에 들어가 2년간 룩셈부르크 언어를 기본어로 배우며, 6살 때 프라이머리스쿨에서 독일어, 프랑스어를 차례로 배운 후 중급 과정에서 영어를 배우게 되어 4개 국어가 완성이 된다. 여기에 포르투갈어, 스페인어 중 1개 정도 더 추가하여 배우는 경우도 있는데 이렇게 되면 5개 국어다. 다른 언어 하나를 배우는 것만도 힘든 일인데 5개 국어라니 신의 영역이다. 신들이 사는 곳이구나, 이곳은. 룩셈부르크시티에 150여 개가 넘는 은행 지점들이 개설되어 있고 전 세계에서 GDP 1, 2위를 다투는 등 수준 높은 삶이 가능한 이유를 그들의 엄청난 언어 역량에서도 찾을 수 있을 것 같다. 비록 인구수는 많지 않을지라도, 세계 무대에서 국민 한 명 한 명이 일당백을 할 수 있는 바탕에는 그들의 이러한 유용한 생존 기술이 있었다. 어릴 적부터 다양한 언어를 배우고 이를 마음껏 사용할 수 있는 이곳의 국제적 환경이 부럽다. 그리고 이런 이야기를 들을 때마다 건우가 생각나는 걸 보니 나도 이젠 어쩔 수 없는 아이 아빠인가 보다.

금요일 밤은 역시 이곳도 매우 활기 넘쳤고, 시내 곳곳에 위치한 바에서 불금을 즐기는 룩셈부르크 젊은이들의 모습을 볼 수 있었다. 그 자리에 동양인은 거의 찾아볼 수 없었는데, 이는 한편으로 그들의 언어 스위치에 아직 동양의 어떤 언어도 합류하지 못한 현실과도 겹쳐 보였다. 여행객들이 적지 않음에도 불구하고 로컬화된 동양인은 아직 많지 않음을 보여주는 듯하다. 비단 이 도시만이 아니고 유럽 어느 곳을 가보아도 아직은 그러하다.

#3. 프랑크푸르트, 마인강이 흐르는 헤센 주 최대의 도시

아침 4시 30분에 기상하여 씻고 5시 21분에 이틀간 묵은 엘헴의 집을 나와 21번 버스를 타고 기차역으로 향하였다. 정확히 5시 38분에 도착하여 6시 10분 기차 시간까진 아직 여유가 있었다. 커피와 크루아상 그리고 물을 사서 기차에 올랐다. 프랑크푸르트(Frankfurt)로 향한다. 드디어 인터레일패스를 개시하는구나. 원래 계획하였던 일정은 오늘 레딩에서 런던으로, 런던에서 브뤼셀(Brussels)로, 브뤼셀에서 프랑크푸르트로 이동할 예정이었는데, 역시 계획은 계획일 뿐이다. 그래도 큰 틀에서 가이드라인, 즉 일정의 큰 줄거리는 지켜져야 하므로 계획은 반드시 필요하다. 어찌 되었든, 오늘 영국 섬나라에서 유럽 대륙으로 이동할 수 있는 유로스타 기차를 탈 수 없게 되어 이틀 전 급히 룩셈부르크행 비행기를 예약하였고, 그 덕분에 너무나도 아름다운 룩셈부르크 시티와 비안덴성을 여행할 수 있게 되었으니 비싼 비행기 표는 전혀 아깝지 않다. 이번에 오지 않았다면 언제 또 올 수 있었겠는가. 아마 쉽지 않았으리라.

기차가 달린다. 나는 지금 유럽의 심장부를 달리고 있다. 저 멀리 해가 떠오른다. 유럽의 드넓은 벌판이 참으로 평화로워 보인다. 2유로짜리 한 잔의 커피가 행복을 더해주었고, 옆에 앉은 아름다운 스웨덴 소녀가 나의 긴장감을 더해주었다. 한 달 뒤 나는 다시 레딩으로 돌아가 논문 심사를 마무리하고, 1년 4개월간의 유학 생활을 정리하는 시점에 이르겠지만, 지금 이 순간에 최대한 집중하고 즐기고 만끽하자. 모든 것에 감사할 일이다.

룩셈부르크에서 코블렌츠(Koblentz)로 그리고 다시 프랑크푸르트로 가는 길은 무척이나 아름다웠다. 긴 강을 끼고 늘어선 예쁜 집들은 스위스의 그것과는 또 다른 감동을 느끼게 해주었고, 중간중간에 위치한 고성들은 중세 유럽 프로이센 제국의 위용을 모자람 없이 드러내고 있었다. 코블렌츠로 향하던 기차가 갑자기 오랜 시간 정차를 하고 다음 기차로 갈아타면서, 덩달아 프랑크프루트행 기차도 예정되었던 기차의 다음 차를 타게 되었는데 완행이다. 레일플래너에 따르면 기존 기차는 코블렌츠에서 프랑크푸르트까지 두 정거장만 들르고 그 후엔 급행 고속으로 가게 되어 있었다. 지금은 마치 비둘기호처럼 온갖 역에 다 멈춰 선다. 아무렴 어떠한가! 급할 것 없으니 그저 천천히 즐기면 된다. 괜찮다. 넘치는 여유로움에 다시 글을 쓰게 되고, 사람들을 구경하고, 경치를 구경하고. 좋다. 유럽 기차 여행은 때론 힘들 수도 있겠지만, 상황에 따라서는 매우 여유롭게 유럽 대륙을 천천히 즐길 수 있는 최고의 선택일 수도 있겠다는 생각이 들었다.

순간 배가 고프다. 먹은 음식이라고는 룩셈부르크역에서 새벽에 먹은 크루아상과 커피가 전부였는데, 프랑크푸르트에 도착하는 대로 왕 소시지와 독일 맥주를 찾아봐야겠다. 주변에 앉아있는 사람들이 다들 독일 말을 해대니 문득 영어가 그리워지는 신기한 경험을 하게 된다. 점점 영어를 하지 않는 사람들이 있는 곳으로 향하겠지... 이틀 뒤에 오스트리아에서 도미닉 가족을 만나게 되는 것은 또 다른 즐거움이다.

유럽 여행을 할 때마다 또 다른 유럽 언어인 불어, 독일어, 스페인어, 이탈리아어 등에 대한 욕심이 생긴다. 특히 서부, 중부, 베네룩스 등지는 불어가 아직도 대세이며 고급 언어로 여겨지는 듯하다. 무척이나 갖고 싶은 것, 바로 '불어'다. 일단 배워서 말하고 듣고 싶다. 멀리 보면 당연히 중국어를 공부해야겠지만 유럽 언어에 욕심이 생기는 것은 어쩔 수가 없다. 돌아가면 한번 시도를 해볼까. 이제 곧 중국어는 선택이 아닌 필수인 시대가 올 것도 같고... 룩셈부르크인들이 평균 4개국 언어를 구사한다는데 나라고 못할 건 없다. '튼튼한 영어'처럼 다시 차근차근 배우면 되지 않겠는가. 물론 어린 뇌로 언어를 배우는 것과 지금 나의 뇌로 언어를 배우는 것에는 상당한 차이가 있겠지만 뇌 훈련도 할 겸 시도해 보아도 괜찮으리라.

언어는 요가와 마찬가지로 평생 수련하고 공부해야 할 장르가 아닐까 하는 생각이 문득 들었다. 사실 우리들도 고등학교 1학년 때 제2 외국어를 하나씩 선택하여 배웠었고, 영어도 중학교 1학년, 빠르면 초등학교 때부터 배우기 시작하지 않았던가. 그런데 왜 우린 아직도 모노링구얼(Monolingual)인가 고민해보면 주변에 배운 언어를 활용할 만한 기회가 많이 없었기 때문이란 생각이 들었다. 룩셈부르크인들은 어린 나이에 다양한 언어를 배우기도 하지만 그 배움이 단순한 배움으로 끝나지 않고 그 나라에 있는 다양한 국적의 사람들을 대상으로 해당 언어를 직접 활용할 수 있었기에, 그 숙련도와 자연스러움이 우리의 그것과는 천양지차였을 것이다. 역시 언어는 직접 써야 늘고 자연스러워지는 것 같다. 책으로 공부하는 학문이 아닌 것이다.

어느덧 철로 옆 벽에 캘리그래피(Calligraphy)들이 많아지는 것을 보니 독일인가 보다. 올해 초 학교 여행 동아리 친구들과 베를린 여행에서 보았던 무수히 많은 벽화들이 생각이 난다. 유럽 대륙은 참으로 넓구나! 이곳에 오니 영국은 확실히 작은 섬나라였음이 실감 난다. 이곳 독일 사람들이 생각하는 영국인들은 어떤 모습일까. 저 멀리 바다 건너 섬에 사는 사람들인데, 영어를 하고 한때 전 세계를 주름잡았으며 군주제가 아직 존재하는 나라. 세계대전에서는 독일과 적이었지만 처칠로 대변되는 승리를 일궈냈고 커먼웰스(Commonwealth) 공동체를 이뤄낸 국가. 그리고 지금은 유럽연합을 탈퇴하겠다고 나선, 사회성이 결여된 자존심 센 친구 정도이지 않을까.

문득 발에 잡힌 물집이 신경쓰인다. 여행을 하다 보면 으레 발에 물집이 잡힌다. 내 발이 약하기 때문인가, 신발이 오래 걷기에 부적합하기 때문인가, 아니면 내가 그만큼 많이 걸었기 때문인가. 이젠 그냥 그러려니 하지만 여전히 불편한 것은 사실이다. 그냥 무시하고 더 걸어서 터트려 버릴 생각이다. 이런 연약한 발로 어떻게 군 생활을 하고 행군하고 그랬는지.

어제는 58기 중령 진급이 있었다. 나에겐 분대장 기수가 중령으로 진급한 특별한 날이었다. 16년 전 새내기였던 우리들과 함께 웃고 장난치고 뒹굴뒹굴하던 장난꾸러기 선배들이 벌써 중령 아저씨가 되다니. 세월 참 빠르다. 아마 눈 한 번 더 깜짝하면 장군이 되었다고, 그리고 한 번 더 깜짝하면 전역을 한다는 소식들이 전해지겠지. 나도 그렇게 함께 나이 들어갈 테고... 어느덧 서른 중반이다. 실감이 나지 않는다. 지금 티셔츠 한 장 달랑 걸친 채 온 유럽을 휘젓고 돌아다니는 나는 아직도 생도 4학년 여름방학 해외 탐방을 하던 패기 넘치는 사관생도 같은데 말이다.

  한참을 달렸나 보다. 이제 더 이상 그 아름답고 길게 뻗은 강은 보이지 않는다. 너른 들판과 송전탑이 대신 그 자리를 채웠다. 어젯밤 숙소에서 샤워하면서 빤 발목 양말은 샤워기에 그대로 두고 잠을 자서 오전 동안 기차에서 건조 중이지만 아직도 축축하다. 오래 걷기엔 참 불편한 양말인데 그냥 버릴까 잠시 고민을 해 본다. 하지만 가져온 양말이 얼마 되지 않아 일단은 품고 가야만 한다. 어제 보크포대(Casemate du Bock) 근처에서 본 자전거 여행 아저씨의 한 보따리 짐이 문득 떠오른다. 자전거 양옆으로 두툼했던 짐 보따리와 침낭 식기류 등이 참 인상적이었다. '나는 달릴 거야!'라는 의지를 보여주는 듯한 검정 쫄반바지 그리고 드라이핏 상의와, '나는 돈을 아낄 거야!'라는 의지를 드러내주는 듯한 식빵 한 봉지와 딸기잼 그리고 빅사이즈 우유로 벤치에서 식사 중이던 유럽 아저씨. 인상적이었지만 결코 따라하고 싶진 않다. 유럽 자전거 여행은 물론 의미가 있겠지만 거기에 요구되는 엄청난 노력을 알기에. 내 자전거 여행은 생도 1학년 여름방학 국토 종단의 아름다웠던(?) 기억만을 간직하는 걸로... 하지만 또 모를 일이다. 건우가 성장하는 과정에서 함께 자전거 안장에 다시 오를 일이 오게 될지도. 유럽을 걷고 있노라면 '나중에 건우와 함께 꼭 같이 다시 와야지' 내지는 '가보지 못한 어느 곳을 꼭 같이 다녀 봐야지'라는 생각을 자주 하게 된다. 그럴 때마다 가슴이 두근거린다.

이제 10분 뒤면 프랑크푸르트에 도착한다. 많이 들어본 도시 이름인데 무엇이 유명한지 사실 사전 조사조차 제대로 하지 않았다. 여행 책자를 보고 두 달 전에 위시리스트를 적어 놓긴 했는데 반나절 동안 과연 무얼 볼 수 있을까. 역시 힘을 빼고 편안히 즐기는 것이 좋겠다. 도착하자마자 관광 안내소에 들러 추천을

받아야지. 그리고 소시지와 맥주는 빠질 수 없으니 두 눈을 크게 뜨고 둘러보자. 이건 거의 스톱오버를 하는 수준이지만 인생이 어차피 스톱오버 아닌가. 이런저런 의미를 두지 말고 그저 여유로이 세상 구경하자.

프랑크푸르트를 둘러보고 뮌헨(Munich)으로 향하는 길이다. 괴테의 고향인 프랑크푸르트는 독일 제5의 도시답게 그 규모가 대단했다. 독일의 정치 수도는 베를린이지만 경제 수도는 프랑크푸르트라는 말이 있을 정도로 매우 현대화된 모습이었다. 런던과 더불어 유럽 금융의 중심지로 손꼽히는 곳이기도 하다. 역에 도착하자마자 역 앞에 있는 시티 투어 버스를 타고 시내를 한 바퀴 돌았다. 날이 좋아 더할 나위 없이 좋았다. 그

렇게 가이드와 함께 시내를 한 바퀴 둘러본 후 버스에서 내려 무작정 걸었다. 라인강 지류인 마인강 연변에 있는 상업도시 프랑크푸르트. 역 앞의 카이저 거리(Kaiser strasse)를 무작정 걸어 유로타워(Eurotower)를 지나 마인강변을 거닐었다. 투어 버스에서 보았던 마인강 다리에서 모든 관광객들이 그러하듯 셀카를 백만 장 찍고, 프랑크푸르트 대성당이 보이는 뢰머 광장(Romer Square)으로 향했다.

이 모든 일정은 계획 없이 즉흥적으로 이루어졌지만, 잠시 야외 테라스에 앉아 맥주를 한잔하며 구글링을 해보니 이 도시에서 가장 핫플레이스들이었다. 넓고 큰 도시임에는 틀림없으나 직감으로 찾아도 명소를 발견하게 될 만큼 중요한 장소들은 지근거리에 존재하고 있었던 것이다.

왜 수많은 가이드북에서 반나절이면 충분히 시내를 다 돌아볼 수 있다고 했는지 알 수 있었다.

아침을 크루아상과 커피로 때운지라 허기가 졌다. 독일 스타일의 소시지와 맥주를 파는 정통 게르만 스타일의 레스토랑을 찾아 한참을 헤매었다. 그러다 우연히 발견한 뢰머 광장에서 그리 멀지 않은 헤이닝거(Heyninger)라는 곳에 들어가 나도 충전하고 모바일도 충전하고 스카이프도 했다. 그러다 쉐프 아주머니가 권하여 포크요리를 주문했는데 맛이 정말 환상이었다. 1리터짜리 독일 맥주를 함께 주는데도 가격이 7유로가 채 안 된다는 사실은 더욱 감동이었다.

프랑크푸르트는 사과와인이 유명하다 하여, 바로 그곳을 빠져 나와 사람들이 모여 어울리고 있는 광장에서 사과와인을 한잔했다. 음, 이건 그냥 그랬다. 많은 사람들이 왁자지껄 토요일 오후를 만끽하고 있는데 순간 나만 홀로 이방인이라는 생각이 스쳤다. 'I felt like a fish out of water' 이 표현이 딱 어울린다. 하지만 괜찮다. 아랑곳하지 않고 바로 직감을 발휘하여 바로 옆에 숨겨져 있던 로컬 마켓인 클라인마켓텔레(Kleinmarkethalle) 안으로 진입했다. 그리 큰 시장은 아니었으나 많은 사람들이 값싸고 질 좋은 육류와 치즈, 과일 등을 사기 위해 분주한 곳이었다. 사과와인에 곁들일 안주가 필요한 참에 잘되었다 생각되어 치즈가게 아저씨에게 시식을 요청하였다. 이런저런 말을 건네려 했는데 벌써

취했는지 영어가 한 심하게 나왔다. 아직도 수련이 부족한 것임에 틀림없다. 다시 뢰머 광장을 찾아 한가로운 유럽의 오후 그 여유를 즐  기며 또다시 맥주와 커리소시지를 먹었다. 위대한 배낭여행자다.

한국에선 이런 여유를 즐긴 지가 참으로 오래되어 이제는 이런 여유를 즐기는 장소로 오히려 유럽이 더 익숙해졌다고 하면 너무 오버일까. 하지만 분명한 것은 한국은 언제부턴가 데이트를 하고 여유를 즐기는 곳이 아닌, 함께 일을 했거나, 하고 있거나, 앞으로 하게 될 사람들과 술을 마시거나 비즈니스에 대해 이야기하는 진지한(?) 장소가 된 것 같다. 물론 이제 돌아가게 되면 건우와 건우 엄마와 함께 행복한 추억을 만드는 매우 **여유롭고**(육아가 그렇게 여유롭지만은 않으리라는 것을 잘 알고 있다) **사랑스러운** 곳이 되겠지만. 문득 그 행복한 사실이 나를 가슴 뛰게 한다.

이제 한 시간 뒤면 뮌헨에 도착한다. 숙소는 The Tent Munich라는 곳인데 어떤 즐거운 일이 펼쳐질지 정말 기대가 된다. 하지만 늘 조심하고 조심할 일이다. 사고는 익숙해지는 순간 일어난다. 발에 잡힌 물집이 고통스럽구나. 오늘 터뜨리고 자야지.

#4. 뮌헨, 바이에른 주의 고풍스러운 유럽 마을

 The Tent Munich는 생각보다 괜찮았다. 들어서는 순간 또 다른 세상이 펼쳐지는 느낌이었다. 아기자기한 텐트 안에는 세계 각국에서 온 사람들이 찜질방인 양 널브러져 있었고, 내가 예약한 텐트는 2층짜리 야전 침대가 수백 개 놓여 있는 빅 텐트였다. 생전 처음 보는 풍경에 살짝 놀랐지만 거부감이 느껴지진 않았다. 군대 캠프 느낌도 사실 많이 났지만 상당히 자유로운 분위기였다. 리셉션 앞에는 사람들이 옹기종기 모여 캠프파이어를 즐기고 있었는데, 이곳 사람들은 그냥 '파이어'라고 하는 것 같았다. 기타를 치고 노래를 부르고 처음 만난 타국에서 온 친구들과 이야기를 나누고 술을 마셨다. 공간은 곳곳이 매우 다채로웠다.

자전거를 타고 내린 한 중년 부부는 커다란 짐을 자전거에 매달아둔 채 리셉션에서 한참을 독일어로 이야기했고, 리셉션의 두 여자 직원은 자유롭게 영어와 독일어를 스위치하며 사람들을 응대했다. 극한 직업이었다. 새벽 한 시까지 웃고 떠들며 즐기고 있는 것처럼 보였지만 한편으론 고단해 보였다. 모든 전자기기 충전을 인앤아웃하고, 체크인을 도와주고 있었다. 이곳에 머무는 사람이 대략 보아도 2백 명은 더 되어 보이던데, 사업주 입장에서는 제법 수익성 괜찮은 비즈니스겠지만 일하는 직원을 보고 있노라니 이보다 힘겨운 임무가 있을까 싶었다. 물론 세계 각국에서 온 사람들과 다양한 대화를 하고 이런 자유로운 분위기를 즐기는 사람이라면야 상관없겠지만, 그래도 참 쉽지 않아 보였던 것이 사실이다.

모닥불 앞에 옹기종기 모여 앉아 기타 소리를 들으며 하늘을 쳐다본다. 유럽의 밤하늘을 아름답게 수놓은, 무수히 많은 별들이 당장이라도 쏟아질 것만 같다. 연령대도 매우 다양했다. 어린이부터 청년 그리고 이제 갓 대학에 들어간 것처럼 보이는 수많은 젊은이들, 중년의 독일 남성들과 여성들, 백팩을 둘러메고 모닥불 모임에 참여한 노신사까지. 동양인도 간간이 보였으나 많지는 않았다. 한 시가 다 되어 잠에 들었는데 새벽에 한기가 느껴져 몸을 새우 자세로 변경하고선 다시 잠을 청했다.

그래도 추운 건 어쩔 수 없었다. 순간 십여 년 전 이월애 친구들과 함께 설악산 산장에서 자다 동사할 뻔했던 아찔했던 기억이 떠올랐다.

다행히도 무사히 밤이 지나고 아침 7시에 일어났다. 독일식 브렉퍼스트를 먹으며 베를린에서 온 데이빗을 만났는데, 대마초를 온라인으로 판매하고 있는 친구였고, 뮌헨에는 대마초 합법화 캠페인 행사차 왔다고 했다. 어제는 행사장에 경찰들도 왔다고 하는데 이곳은 대마초에 매우 엄격한 곳이라고 말을 했다. 지금은 전 세계적으로 대마초가 불법이지만, 향후 20년 안에는 의료의 한 수단으로 사용되길 고대한다고 이야기하는 데이빗은 기계공학을 전공한 엔지니어였다. 올해 9월부터 베를린의 한 대학에서 석사를 시작할 것이라 했다. 독일인 엔지니어로서의 자부심에 대해서도 의견을 피력하였는데 독일인의 높은 기술력, 장인 정신, 엔지니어로서의 프라이드 등을 독일 국민 스스로도 높게 평가하고 있다는 생각이 들었다.

　식사를 마친 후 트램을 타고 뮌헨 중앙역에 도착했다. 우연히 시내 투어 버스를 보고 바로 탑승했다. 17유로이니 프랑크푸르트보다 다소 비싸다. 24시간 Hop up and hop out 할 수 있는 티켓이니 비슷한 셈인가. 가이드의 영어 설명은 더욱 또렷하여 좋았으나 결국 중요한 지명은 죄다 독일어였기에 다 돌고 나니 기억에 남는 것은 별로 없었다. 그저 뮌헨을 한 바퀴 잘 돌았을 뿐이다. 건물들이 상당히 독일스러웠고, 그중엔 베를린에서 보았던 건축 양식과 상당히 흡사한 것들이 많았다. 특히 마리엔 광장(Marienplatz)에 있는 신시청사 건물이 그러하였다. 낡은 에메랄드 빛의 돔은 베를린의 그것과 많이 닮아 있었다.

유명한 학센바우어(Haxnbauer) 버거를 테이크아웃하여 마리엔 광장 안에 있는 야외 레스토랑에 앉았다. 오스틴에서 온 오스틴킹(실제 이름이 오스틴킹이다)과 이런저런 이야기를 나누었다. 그래도 오스틴에 다녀온 경험이 이렇게 또 도움이 되는구나! 역시 '사람은 많이 경험하고 여행해야 한다'라는 생각을 다시 한번 하게 해주었고, 내 영어가 향상된 건지 아니면 오스틴의 배려가 깊은 것인지는 몰라도 의사소통에 전혀 지장 없이 이런저런 이야기를 나누었다. 에어로스페이스 엔지니어를 전공한 오스틴은 텍사스 대학교 3학년이고, 현재 유럽을 투어 중이라 했다. 8월 11일쯤에 미국으로 돌아가는데 이 여행이 그리워질 것 같다고 말하는 그 청년은, 내가 그 나이 때 그러했던 것처럼 새로운 곳을 여행하고 새로운 사람과 대화를 할 수 있는 여행의 매력에 흠뻑 빠진 듯 보였다.

마리엔 광장에서 역으로 가는 사이에 긴 대로가 끝없이 펼쳐져 있는데, 그곳에서 학센바우어버거를 먹고 지금은 야외 바에 앉아 맥주를 한잔하며 글을 쓰고 있다. 수많은 서양인들이 중앙의 나를 둘러싸고 앉아 한가로이 일요일 오후를 즐기고 있다. 학센 버거의 진한 향기가 아직까지 가시질 않는다. 배가 부르다. 이제 그만 일어나 다시 좀 더 걸어보자. 어디로 갈까. 날씨가 좋으니 강 주변에 가보자.

독일 과학박물관(Deutsches Museum)은 이곳 뮌헨에서 가장 큰 박물관이라고 하는데 이미 정신이 몽롱하여 공부보다는 풍경을 즐기는 시간을 갖기로 했다. 못다 한 과학 공부는 나중에 건우랑 다시 와서 해보는 것으로. 박물관 근처에 있는 강줄기를 따라 한참을 걸었다. 날이 좋으니 더할 나위 없이 감사할 일이다. 먹고 즐기고 느끼고. 그저 좋구나. 하루 여행에 도시의 모든 면면을 들여다 볼 수는 없으니 그저 여유롭게 느끼고 즐기면 될 일이다. 시곗바늘은 어느덧 두 시를 향해 가고 있다. 사람들이 점점 늘어나고 거리의 악사들이 하나둘 활동하기 시작한다.

한참을 돌아 다시 마리엔 광장의 Donisl이라는 레스토랑에 왔다. 맥주를 한잔 시켰다. 오늘만 벌써 석 잔째다. 독일에서는 특히 한국인 관광객들을 많이 보았다. 그래도 한국에서 30여 년 넘게 살아온지라 왠지 한국인 커플 같은 느낌이 오면 십중팔구는 맞힌다. 우리 나라 사람들도 긴 여행에 지치지 않고 조금 더 웃었으면 하는 바람이다. 나 또한 조금 더 웃자. 즐겁지 아니한가.

어느덧 일요일 저녁이다. 오후엔 강변을 거닐었는데 여기저기 비키니를 입고 태닝을 즐기는 이들도 많았다. Concentration Camp나 근처 양조장을 투어할 수도 있었지만 그리하지 않았다. 그저 여유로운 뮌헨에서의 한가로운 일요일 오후를 즐겼다. 간혹 다 성장한 자식과 부모가 함께 여행하는 모습을 보게 되는데, 나에겐 없는 경험인지라 부럽기도 하고 나도 꼭 건우와 함께 여행해야겠다는 생각도 하게 된다. 뮌헨을 다 둘러본 것은 아니었지만 도심지 내부만 버스로 둘러본 바에 의하면 중심 시내 자체는 프랑크푸르트보다는 작은 느낌이다. 도시 외곽에는 커다란 정원과 스타디움, BMW 박물관 등이 있었지만 직접 방문하지 않고 버스 투어로만 둘러보았다. 간간히 들려오는 영어는 아메리칸 악센트가 주를 이루는 것 같다. 가끔 길을 묻다 유창한 영국 악센트로 말하는 사람을 만나게 되면 왠지 모를 반가운 느낌이 든다. 어젯밤 리셉션에서 영국 악센트를 사용하는 남자를 보았을 때도 그런 생각을 했다.

어제 물집을 터뜨려서 오늘은 조금 걸을 만했다. 여전히 많이 아프긴 하지만 그냥 다 터뜨려버리자는 심정으로 무시하며 걸었다. 원래 몸에서 내보내는 신호를 무시하면 안 되는 것인데 어쩔 수 없다. 그렇다고 여행을 포기할 수도 없고, 또 아픔을 피하고자 이상한 걸음걸이로 걷게 되면 몸의 다른 부위에 손상이 가므로. 뚜벅뚜벅 나답게 걸었다. 독일 비어를 세 번 비우고 글도 쓸 만큼 쓰니, 문득 '이 행복한 여정을 함께할 좋은 친구가 지금 곁에 있었다면 얼마나 좋을까' 하고 생각에 잠긴다. 여행 중 만나게 되는 무수히 많은 다양한 인종과 국적의 사람들이 물론 반갑고 고맙지만 잠시 만나고 헤어지다 보면 늘 그런 아쉬움이 남는다. 나를 잘 알고 앞으로도 오랜 시간을 함께할 사랑하는 사람들과 이 시간을 함께하면 얼마나 좋았을까.

뮌헨에서의 마지막 밤이다. The Tent로 돌아가서 여유 있게 맥주 한 잔하며 친구들을 사귀어 볼까, 아니면 시내에 더 있어 볼까. 그냥 뮌헨은 여기 마리엔 광장이 배낭여행자에게는 최고의 장소인 듯하다. 저녁 여섯 시 종이 울린다. 사실 서늘한 유럽을 이제 즐길 시간이기도 한데 이미 도시 곳곳을 거의 다 둘러보고 충분히 즐긴 듯하여 이제 그만 움직이려 한다. 잠이 오는구나.

#5. 첼암제, 아름다운 호반의 도시

여행 5일 차. 뮌헨에서 오스트리아 첼암제(Zell am See)로 넘어가는 기차를 탔다. 이제 약 두 시간 반 뒤에 도미닉 가족을 만나게 된다. 어젯밤 The Tent Munich는 참으로 좋았다. 웨일즈(Wales)에서 온 대학교 1학년생 가브리엘과 프랑스에서 온 25살 아트 선생님 발렌타인, 그리고 그의 친구 26살 라발. 둘 다 아트를 전공하고 그림을 그린다고 했다. 발렌타인은 일주일 전 베를린 여행에서 만난 동성 친구와의 사랑을 이제 막 시작하였다면서 어린아이처럼 좋아했다. 미모의 프렌치 여성 라발의 영어는 서툴렀지만 우린 모닥불 앞에서 친구가 됐다. 웨일즈 청년 가브리엘의 주량은 엄청났다. '나는 영국인이다! 그러므로 나는 마신다!'라는 식의, 애주가 브리티시의 면모를 한껏 뽐냈다. 즐거운 조합이었고, 우린 함께 노래도 부르고 웃고 떠들고 술도 제법 마셨다. 역시나 캠프파이어는 즐겁다. 성인이 되어 즐기는 불놀이는 더더욱 즐겁구나. 어제는 정말 낮부터 밤까지 줄곧 마시고 대화하고 그랬다. 술기운 덕분이었는지 어젯밤은 다행히 크게 춥다는 사실을 인지하지 못하고 잤다. 알람을 맞춰 놨는데 저녁 시간으로 해 놓은 것이었는지 울리지 않았다. 하지만 어제 많이 마셔둔 맥주가 알람이 되어 내 위를 깨워줬고, 그 덕에 늦지 않고 아침 7시 34분 기차를 탈 수 있었다. 숙소에서 기차역까지 가는 트램에서는 뉴질랜드에서 온 한 소녀를 만났는데 두 달째 여행 중이라 했다. 영국, 프랑스, 이탈리아, 체코 등지를 돌다 뮌헨에 왔고, 앞으로 두세 달 돈이 떨어질 때까지 더 여행할 생각이라고 했다. 검게 그을린 피부와 커다란 백팩은 배낭여행객의 상징이기도 한데 그 친구의 모습이 딱 그러하였다. 돈이 떨어질 때까지 여행한다. 멋지다! 젊음이여!

#6. 잘츠부르크, 모차르트의 도시

　오스트리아 첼암제에 와 있다. 스웨덴 쉐프 출신 영국 남자(도미닉)가 해준 잉글리시 브렉퍼스트와 커피를 마셨다. 그러고는 오스트리아의 한가로운 시골 별장의 야외 테라스에 앉아 기분 좋은 아침 공기를 마시며 글을 쓴다. 여름에 듣기 좋은 어쿠스틱 기타의 선율은 덤이다. 이곳은 모든 것이 그림 같다. 말로 다 설명하기 힘든, 더할 나위 없이 좋은 이곳은 그야말로 지상낙원이었다.

　어제 나는 뮌헨에서 스위스로 넘어와 도미닉 가족을 만났고, 첼암제의 아름다운 호숫가를 거닐었고, 기분 좋은 카페에 앉아 시원한 오스트리아 맥주를 만끽했다. 도미닉의 엄마 헬렌은 따뜻한 미소를 지닌 품위 있

는 영국 할머니였다. 영국 총리 테레사 메이를 연상시키는 큰 키와 그레이한 헤어 그리고 안정된 표정의 그런 멋진 여성이었다. 다섯 아이를 키워낸 후 50이 거의 다 되어 맨체스터대학에서 다시 공부를 했을 정도로 지적 호기심이 많은 독립적인 여성이었다. 또한 그녀는 여전히 쿼클(Qwirkle) 게임에서 점수 계산을 담당하고 다양한 주제로 대화하기를 즐기는 너무나도 멋진 영국 할머니다. 도미닉도 그런 어머니를 자랑스러워하는 듯하였다. 물론 둘 다 고집이 세서(도미닉의 표현으로 스터번한, 수진의 표현으로 둘 다 스터번한) 여행을 함께할 때 본인의 의견을 굽히지 않고 대화하는 모습은 또 다른 신기한 광경이었다. 본인의 의견을 자신만의 확실한 논리를 바탕으로 당당히 피력하는 영국인 고유의 특성일 수도 있겠다는 생각이 들었다.

첫날은 첼암제 호수에서 돌아와 마리아암(Maria am)이라는 지역의 아름다운 농촌 별장에 짐을 풀었다. 2층짜리 홀리데이 하우스였는데, 뒤에 병풍처럼 서 있는 오스트리아 산이 일품이었다. 눈으로 보고 있어도 이게 정말 현실인지 믿어지지 않을 정도로 찬란하게 아름다운 한폭의 그림같았다. 저녁에는 야외에서 바비큐 파티를 했는데, 도쉐프의 진가를 확인할 수 있는 시간이었다. 우리 도쉐프는 요리할 때가 제일 섹시한 것 같다. 이 순간만큼은 혜전대 축구장을 혼자서 서성이던 농촌 사람 도씨가 아닌 스톡홀름 레스토랑에서 마음껏 기량을 뽐내던 도쉐프다. 육즙이 살아있는 포크 스테이크와 닭고기 꼬치, 인생 최고의 맛을 보여준 스윗콘 그리고 각종 샐러드와 브래드. 진토닉과 샴페인은 이 환상적인 조합에 풍미를 더했다. 살아 있음에 감사함을 느끼게 해주는 그런 음식과 장소 그리고 사람들이었다. 단언컨대 지금까지의 유럽 여행 중 최고의 시간! 저녁을 함께하며 나누는 이런저런 대화는 더욱 즐거웠다. 한국과 영국의 정치 역사에서부터 우리네들 살아가는 소소한 이야기까지... 밤이 깊어가는 줄 모르고 우리는 대화를 나누었고, 영국 보드게임인 쿼클과 카드게임을 하였다. 매일이 오늘만 같아라. 나는 행복한 사람이다. 행복한 축복이 아빠다.

둘째 날인 화요일엔 도미닉과 뒷산에 아침 하이킹을 다녀왔고, 목표로 했던 산등선 위의 교회를 정복했다. 오스트리아 농촌의 매서운 등에 떼의 공격을 받았지만 도미닉이 옆에 있어 괜찮았다. 곰에 쫓기는 두 친구가 운동화 끈을 묶으며 너보다 느리지만 않으면 살 수 있다고 한 말이 떠올랐다. 유럽 등에들은 역시 유럽 출신 도미닉을 좋아하는구나. 도미닉은 이건 불공평하다고, 등에들은 인종차별주의자라고 불평했다.

산에서 내려와 샤워를 하고 수진, 도미닉과 마을 아래 교회에 다녀왔다. 사실 굳이 가지 않아도 되었지만 헬렌이 어제부터 오늘까지 정말 한 열 번은 이야기를 한 것 같아 도저히 가지 않을 수가 없었다. 하지만 막상 그곳에 가보니 왜 그렇게 권유했는지 이유를 알 수 있었다.

고딕 양식의 교회는 첨탑이 매우 뾰족하게 솟은 유니크한 건축 양식을 지니고 있었고, 내부의 필그림(Pilgrim) 또한 의미가 있었다. 교회를 둘러싼 세미트리(Cemetery)들은 영국의 그것과는 사뭇 달랐다. '맞아, 여기가 오스트리아였지' 하게 되는, 세련된 색채가 가미된 그런 곳이었다. 우리는 교회 앞 레스토랑에서 유럽 돈가스를 먹고 집으로 돌아왔다.

잠시 낮잠을 청한 뒤 한 시간 거리에 있는 곳에 위치한 호숫가에 수영을 다녀왔는데, 무척이나 더운 날씨에 참으로 적절했던 선택이었다. 매우 더운 여름날의 호수 안은 의외로 무척이나 시원했다. 호수를 둘러싸고 있는 오스트리아의 아름다운 산은 그야말로 장관이었다. 많은 사람들이 일광욕과 수영을 즐기고 있었고, 한 시간가량의 수영은 충분히 즐거웠다.

저녁은 도쉐프의 스파게티와 헬렌의 영국식 여름 푸딩

이었는데 정말 환상적이었다. 감탄사를 연발할 수밖에 없는 음식들이었고, 한 캔에 1000원이 채 되지 않는 오스트리아에서 파는 수입 맥주들을 마음껏 즐겼다. 여행을 시작하고 하루도 빼놓지 않고 술을 마시고 있는 것 같다. 개인적으로 여행의 백미는 그 지역의 맛있는 음식과 더불어 그 기쁨을 배가해줄 수 있는 그 나라의 술이라고 생각한다. 그래서 가끔은 나의 간에게 미안하기도 하다. 여행이 경과할수록 마시는 양과 횟수는 줄어들고 음미하는 수준으로 변해 가리라 위안을 해본다.

　모차르트가 태어나고 자란 집과 세례를 받은 성당이 있는 잘츠부르크 (Salzburg)는 돔광장과 커다란 정원이 특히 아름다웠다. 마을 전체가 조망되는 포트리스에 올랐다. 그 안엔 또 다른 작은 마을이 형성되어 있었는데, 마치 〈반지의 제왕〉에서 간달프가 전투에 참여하며 말을 타고 지상에서 탑까지 한참을 달렸던 그러한 성내 마을이 연상되었다.

　첼암제에서의 마지막 날 밤이 깊어 간다. 샴페인을 함께 마시며 우린 밤이 깊도록 대화를 나누었다. 정치 이야기는 역시 동서고금을 막론하고 이야기에 활기를 더해주는 주제인 듯하다. 미국 부시 대통령에 동조하여 이라크전 참전을 결정했던 토니 블레어를 강력히 비판하는 도미닉과 한국 정치의 암울한 이야기 등도 저녁 테이블에 올랐다. 촛불 시위에

이은 정권 교체를 폄훼하는 돔의 의견에 대해서는, 참여한 모든 이가 완벽할 순 없고, 하지만 그래도 외신들도 높이 평가하는 민주주의의 승리인 매우 의미 있는 프로테스팅(Protesting)이었다고 말해주었다. 마지막엔 영국과 한국의 전통놀이 등에 대해 이야기를 했는데 영국은 홀리데이에 온 가족이 함께하는 놀이들이 참 많다는 것을 느꼈다. 한국의 카드놀이는 무엇이 있을까 생각하다 엉겁결에 화투를 소개해주었는데, 우리나라의 것이 아닌데 잘못했다는 생각이 든다. 물론 그것을 우리나라의 전통놀이로 소개한 것은 아니고 포커 게임과 같은 카드게임에 대한 이야기를 주고받다가 나오게 되었지만 말이다. 마지막 날 오스트리아의 밤은 빛났다. 달은 무척이나 휘영청하고, 밤바람은 한없이 시원하였다. 내일 아침 기차 일정을 확인하고 아내와 스카이프를 한 후 잠에 들었다.

#7. 체코 공화국, 슬라브인들의 나라

체코로 향한다. 스위스와 인접한 지역의 오스트리아 식생은 놀라웠고, 체코 쪽으로 향할수록 한국의 자연과 비슷한 모습도 보인다. 아침 8시 15분 기차를 시작으로 두 번의 환승이 포함된 장장 8시간의 장시간 여행이 시작되었다. 나는 기차 여행을 즐긴다. 대부분 철로는 평소 사람이 도보나 차량으로 갈 수 없는 자연에 설치되어 있는 경우가 많기 때문에 그 나라의 아름다운 풍경을 감상하기에 제격이다. 때로는 주변 좌석에 앉은, 나와는 다른 뿌리를 가진 이들과 대화를 할 수도 있고 부족한 잠을 청할 수도 있다. 지금처럼 차분히 생각을 정리할 수도 있고, 오늘 두 번째 탔던 기차처럼 와이파이가 잡히면 이토록 아름다운 여행길에 어울리는 음악을 즐길 수도 있다. 그래서 나는 버스나 자동차 여행보다는 기차 여행을 선호한다. 물론 나중에 가족 여행을 하게 되면 자동차를 이용하는 편이 나을 수도 있겠지만 말이다.

한참을 달리던 기차는 또다시 플랫폼에 들어선다. 기차역에 커다란 배낭을 짊어지고 삼삼오오 대화를 나누고 있는 각양각색의 젊은이들을 보고 있노라면 나의 가슴도 함께 벅차오른다.

"아들아! 대학에 들어가면 매해 여름 배낭을 짊어지고 세상 밖으로 떠나거라. 그곳이 어디가 되었든 배울 게 있을 것이다. 그리고 가능한 많은 이들과 대화하고 보고 듣고 배우라. 그 어떠한 황금으로도 바꿀 수 없는 소중한 자산이 될 것이다."

#8. 프라하, 중세 유럽의 아름다움을 간직하고 있는 환상의 도시

프라하(Plague) 바츨라프 하벨 국제공항에서 아내를 영접하고 호텔에 체크인을 했다. 힐튼 호텔임에도 불구하고 객실 내에서는 와이파이가 되지 않음에 적잖이 당황하였지만 스카이라운지의 놀라운 뷰가 나의 그런 마음을 다독여주었다. 네 달 만에 다시 만난 아내와 함께 프라하의 자랑

필스너를 마시며 아름다운 야경을 바라보고 있노라니 '이게 바로 행복인데' 하는 생각이 들었다. 함께하지 못했던 지난 시간들이 순간 너무도 안타깝게 느껴졌다. 그간 묵묵히 본인의 자리를 지켜준 아내에게 그저 고맙고 미안할 뿐이다. 프라하의 첫날은 그렇게 오랜만의 여유를 함께 즐기는 동안 저물고 있었다.

프라하의 두 번째 날 우린 구시가지 광장으로 걸었다. 프라하는 바츨라프 광장(Wenceslas Square)을 기점으로 구시가지와 신시가지로 나눠졌는데, 어찌어찌 걷다 보니 구시가지 광장에 도착하게 되었다. 매우 커다란 광장엔 세계 각국에서 온 많은 이들이 저마다의 포즈를 취하며 사진을 찍고 있었고, 커다란 비눗방울을 부는 아저씨가 아이들을 끌어모으고 있었다. 광장을 둘러싼 형형색색의 건물들과 고딕 양식의 틴 성모마리아 교회(Church of Our Lady before Tyn)가 매우 인상적이었다. 볼타강을 건너 프라하성(Plague castle)으로 향했다. 날씨가 아주 덥지는 않아 다행이었다. 아내와 함께 천천히 올라가며 프라하의 아침을 만끽했다. 성에 오르니 프라하의 아름다운 시내가 한눈에 다 보였는데, 주황색 톤 지붕의 깔맞춤이 마치 베니스 전망탑에 올라 바라본 시내의 모습을 연상케 하였다.

비투스 대성당(St. Vitus Cathedral)과 성 니콜라스 교회(St. Nicholas' Church) 등을 둘러보고 신시가지로 가기 위해 그 유명한 카를(Charles Bridge) 다리를 건넜다. 정말 많은 이들이 사진을 찍고 있는 카를 다리는 신성 로마 황제 카를 4세에 의해 최초 건설이 시작되어 46년 만인 1402년도에 완성이 되었다 한다. 1841년까지 프라하 올드타운과 연결되는 유일한 다리였다고 하니, 매우 역사적인 다리임과 동시에 프라하라는 도시에는 반드시 필요했던 다리였던 셈이다. 성에서 내려와 아내와 함께 거닐었던 프라하의 구도심은 아름다웠다. 그저 걷고, 또 걷고... 아름다운 유럽 거리의 음악을 들으며 사랑하는 아내와 그렇게 천천히 걸었다. 힘들면 괜찮은 노천카페에 앉아 맥주를 한잔하고 또다시 걸었다. 즐거운 동행, 참으로 행복한 시간이다. 무엇을 굳이 하려 애쓰지 않아도 좋은 사람과 좋은 곳에 함께 있을 수 있는 이 시간 자체가 소중한 여행이자 삶이다.

체코에서의 마지막 밤엔 재즈 카페를 찾았다. 카페에 가기 전 그 유명한 카페 루브르(Café Louvre)에서 저녁을 먹었는데 본인은 영어를 못한다는 직원과 친절함이 결여된 직원의 서빙으로 다소 불쾌함을 느꼈으나 그냥 넓은 마음으로 이해하기로 했다. 하지만 나도 사람인지라 저녁 식사 시간이 그리 유쾌하지만은 않았다. 역시 모든 일은 사람이 하는 것이고, 그렇기에 사람이 가장 중요하다.

카페 루브르 바로 옆에 있던 재즈바인 레듀타(Reduta)는 한국인들 블로그에 많이 소개된 탓인지 한국인들이 제법 많았다. 1부가 끝나고 2부가 시작하기 전에 많이들 떠났지만 말이다. 사실 여기서도 실수가 조금 있었는데 아내가 보내준 사이트인 재즈 리퍼블릭(Republic)이란 곳에 예약을 해 놓고 친구가 추천해준 재즈 레듀타를 찾아간 것이다. 리셉션에선 내 영어를 잘 이해하지 못했는지 Harry라는 이름으로 예약을 했다고 말하니 티켓을 주었다. 알고 있던 가격보다 다소 비쌌으나 괘념치 않고 지불했다. 그런데 곧, 입장하기 전 이곳이 내가 가고자 했던 곳과 다른 재즈바이고 내가 구매한 티켓의 전 타임 공연 중간에 입장하게 된 것임을 알게 되었다. 결론적으론 한 티켓 가격으로 1.5배의 공연을 본 셈이니 나쁠 것은 없었지만 더위 때문인지 꽤나 길게 느껴졌다. 재즈는 와인과 함께해야 된다는 고정관념을 하노이 출장 시에 배워서인지 이곳에서도 와인을 두 잔이나 마셨다.

새벽 한 시가 다 되어 끝이 났는데 야간 트램을 타고 호텔로 돌아가던 중 프라하 젊은이들의 밤을 대하는 자세를 보고 살짝 당황했다. 약 15년 전 신촌 밤거리 정도 생각하면 될 것 같다. 만취한 젊은이들이 이곳저곳에서 호기로운 발성과 괴기스러운 몸동작을 뽐내고 있었고, 도시는 적잖이 안전치 않아 보였다. 그렇게 프라하에서의 마지막 밤은 깊어만 갔다.

비록 2박 3일간의 짧은 여정이었으나 느낀 점이 많았다. 전 세계인이 사랑하는 프라하라는 도시에는 분명 명과 암이 존재하는 것 같았다. 선조들의 눈부신 문화유산을 보존하고 있는 아름다운 도시임에는 분명하나, 그 후손들은 이를 상업화하여 이토록 찬란한 도시를 찾는 전 세계 사람들에게 그에 합당한 밸류를 제공해주지 못하고 있다는 느낌이 들었다. 물론 모든 이들이 그렇지는 않았지만 바츨라프 광장 메인에 있는 레스토랑에서 보여준 그들의 바가지 솜씨는 그곳을 로컬 사람들이 찾지 않는 곳으로 만들었고, 많은 관광객들을 호갱님으로 취급하는 듯한 인상을 주었다. 뭐 우리나라에서도 관광지 바가지는 흔히 찾아볼 수 있으므로 비단 프라하만 탓할 일은 아닐 수도 있겠다.

  시간은 흘러 어느덧 체코에서의 마지막 날이다. 영국에서 가져온 반바지 두 벌을 교체하기 위해 새로 구입한 의상의 택스리펀 스탬프를 받고자 기차 타기 직전까지 동분서주하였다. 하지만 끝내 공항에서만 가능하다는 사실을 깨닫고 그냥 야간 기차에 올랐다. 땀이 조금 날 정도로 프라하 바츨라프 광장의 무수한 인파 속을 휘젓고 다녔다. 그 덕에 국립박물관을 지근거리에서나마 한번 스윽 쳐다보고 떠날 수 있게 되었으니 헛된 노력만은 아니었다.

#9. 스위스, 신이 내려준 선물

프라하에서 야간 기차를 타고 스위스로 넘어온 지 닷새가 훌쩍 지났고, 어느덧 아내가 한국으로 돌아가야 하는 날이 되었다. 아내는 여행을 올 때, 내게 줄 NBA 티셔츠 4장과 프라다 배낭을 샀고, 추가로 프라하

에서 두 장의 반바지를 구매하여 기존의 헐렁했던 반바지 두 장과 교체해 주셨다. 그렇게 그녀는 지난 15년간 한결같이 나에게 해왔던 것처럼 이러저러한 걸 세심히 챙겨주고 떠났다. 헤어짐은 언제나 아쉽고 애잔하다. 한 달 뒤면 이제 다시 만나게 되고 이젠 다시는 헤어지지 않을 것이지만 그래도 마음이 그러했다. 나도 함께 한국에 돌아간다면 참 좋았을 거란 생각을 잠시 했다. 아주 잠시... 했다.

그리곤 다시 한참 페스티벌로 들떠 있던 취리히로 돌아와 비엔나(Vienna)행 야간 기차에 몸을 실었다. 2인실이었고 하룻밤을 함께한 인도 아저씨는 밤새 그렇게도 코를 골아 대셨다. 난 어디서든 잠을 잘 자는 사람이 결코 아니었구나 생각하며 온 밤을 각성 상태로 보내다 새벽 무렵에야 간신히 잠에 들었다. 열차 아저씨가 도착 20분 전이니 준비하라며 문을 열고 친절히 말씀해 주셨고, 나는 인터레일 티켓을 다시 받아 비몽사몽간에 비엔나 역에 내렸다. 비엔나 소시지가 문득 생각이 났다.

합스부르크가(House of Habsburg)의 오랜 역사가 남아 있는 오스트리아 비엔나로 오기 전, 아내와 함께 한 스위스에서의 5일 중 4일은 비가 왔다. 억수로 운이 좋은 여행이 아닐 수 없다. 덕분에 아름다운 천혜의 자연을 자랑하는 스위스에서 잠도 푹 자고 한국의 거의 모든 예능을 섭렵할 수 있었다. 첫날 인터라켄(Interlaken)에 도착하여 호수 앞 노천카페에서 마셨던 맥주가 매우 기억에 남는다. 그날 그리하지 않았더라면 스위스에 대한 기억은 온통 구름 끼고 비가 오는 장마철 대성리 같은 느낌이었으리라.

둘째 날 비가 올 것을 알았음에도 그다음 날 기상은 더 안 좋을 것이라는 매표 도우미 누나의 조언을 받아들여 과감히 융프라우(Jungfrau) VIP 기차 티켓을 끊었다. 우린 스위스패스와 인터레일패스가 있어 할인을 받았음에도 불구하고, 둘이 합쳐 30만 원이 넘는 금액이었으니 가격이 참으로 상당하였다. 철도가 효자인 나라이니까 그러려니 했다. 다행히 산에 올라가는 기차 안에서 우리는 다소 쾌청한 날씨와 생전 처음 보는 지근거리의 쌍무지개를 보며 무한 감탄을 했다. 그렇게 산악 기차를 약 세 번 갈아타며 정상에 오르니 짙은 안개인지, 구름인지 가늠이 되지 않는 우천을 동반한 하얀 장막이 눈앞에 펼쳐져 아무것도 볼 수가 없었지만, 한여름에 한겨울을 느껴보고 싶어 전망대 밖을 나가 보았다. 추웠다. 눈이 내리고 있었다. 다시 건물 안으로 들어와 티켓에 포함된 신라면을 먹고 내려왔다. 정상에서 내려오며 산장 레스토랑에 잠시 들러 스위스식 음식을 먹고 다시 또 한참을 내려왔다. 내려오는 동안 비가 계속 왔으나 운 좋게 그린델발트(Grindelwald)에서는 소강상태여서 마을을 잠시 둘러볼 수 있었다. 그 모습이 참으로 경이로웠다. 작은 분지와도 같은 그린델발트를 사방에서 에워싸고 있는 산은 사람을 그야말로 압도하고 있었고, 산자락에 자리 잡은 스위스풍의 목조 건물들은 영화 속 한 장면 같았다. 마치 거대한 영화세트장 안에 들어와 있는 듯한 느낌이었다.

 셋째 날은 호반의 도시인 몽트뢰(Montreux)에 다녀왔다. 다행히 날이 좋았다. 몽트뢰는 생각했던 것 이상으로 아름답고 깔끔하여 머물러 살고 싶은 곳이었고, 우리는 유람선을 타고 시옹성(Chillon Castle)도 둘러보았다.

#10. 음악가의 도시 빈, 그리고 슬로바키아 수도 브라티슬라바

광복절이다. 대한민국 만세! 아침 5시에 기상하여 짐을 꾸리고 슬로바키아의 수도 브라티슬라바(Bratislava)로 향한다. 오스트리아의 수도 빈과 슬로바키아의 수도 브라티슬라바는 차로 불과 1시간 거리로, 두 나라 간 수도의 거리가 세계에서 가장 짧다. 우리에겐 체코슬로바키아로 친숙한 이름인데, 체코와 슬로바키아로 분리된 후 프라하로 재조명된 체코와는 달리, 슬로바키아는 아직까지도 미지의 세계인 듯한 느낌이다. 하지만 동구권의 또 다른 아름다움을 간직한 도시, 물가가 매우 저렴하여 행복한 도시 등으로 알려져 있어 기대가 된다. 비엔나에서의 이틀은 너무도 행복하였다. 마지막 날엔 호스트인 지나와도 이런저런 이야기를 많이 나누었다.

비엔나에서 태어나고 자란 레알 비엔나인(Viennese)에게 듣는 역사와 도시 이야기는 무척이나 흥미로웠다. 군사적 능력보다는 정략적 혼인에 의해 600여 년간 정권을 유지해왔던 합스부르크가의 이야기에서부터 오스트리아 출신 히틀러 이야기 그리고 현 남북한 분단 현실과 전쟁 가능성, 트럼프와 김정은 이야기까지. 여행을 하며 그 나라 사람의 집에 머물며 그 나라 사람들과 이야기를 나누는 것은 무척이나 즐거운 일이다. 그리고 한때 유럽의 중심이었던 비엔나의 수많은 기념비적인 건축물들과 어디를 가도 음악과 함께할 수 있었던 비엔나만의 특유의 예술가적 분위기는 나로 하여금 다시 이곳을 반드시 방문하리라 하는 생각을 갖게 만들었다.

　　브라티슬라바를 거쳐 헝가리 부다페스트(Budapest)에 도착했다. 얼마 전 벌레에 물린 왼쪽 다리가 많이 부어올랐다. 열도 조금 나고 물린 부위 주변은 살색이 변하면서 딱딱해졌다. 순간 드는 생각은 건강한 건우 아빠여야 하는데, 이러면 안 되는데 하는 생각. 인간이란 참으로 나약하여 순간 상상의 끝으로 가보곤 한다. 나 역시 그러하여 다리가 혹시 잘못되면, 내 생명이 혹시 잘못되면, 우리 건우는 어떡하나, 그러면 안 되는데 하며 선을 넘는 생각이 1초도 안 되는 찰나의 순간 내 머릿속에 떠올랐다. 아프면 모든 부귀영화, 경험, 능력, 지식 다 부질없는 것. 무리하게 욕심 내며 살 일이 아니다. 일단 찬물로 샤워하고 비누의 산성 성분을 발라보았으니 내일 아침 상황을 지켜보자.

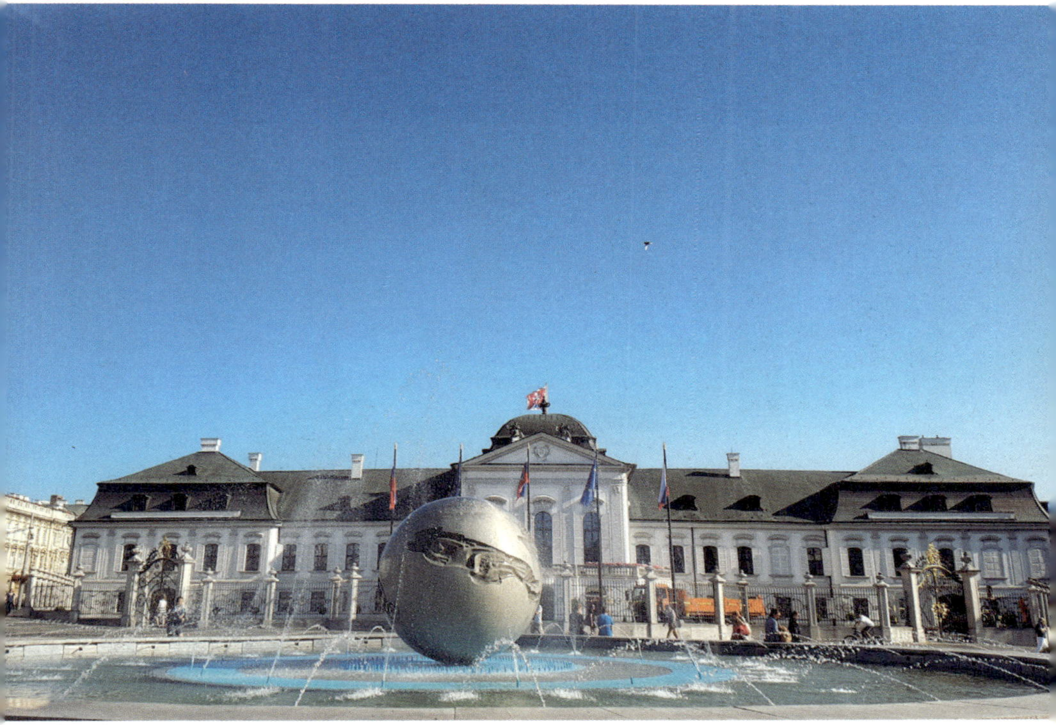

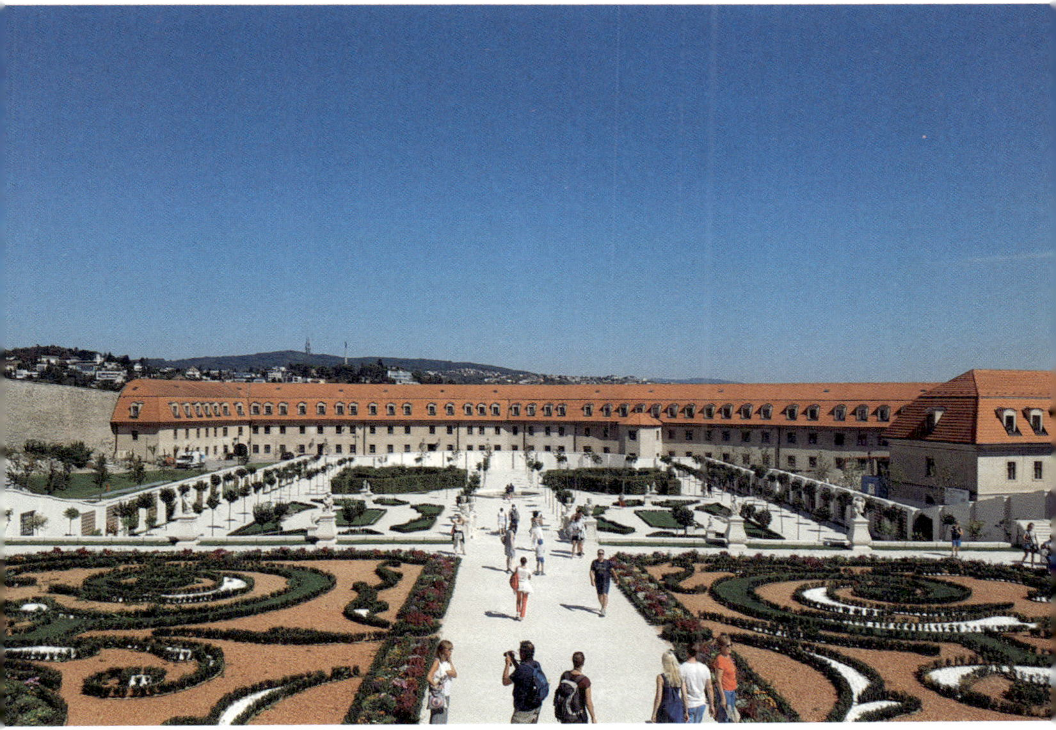

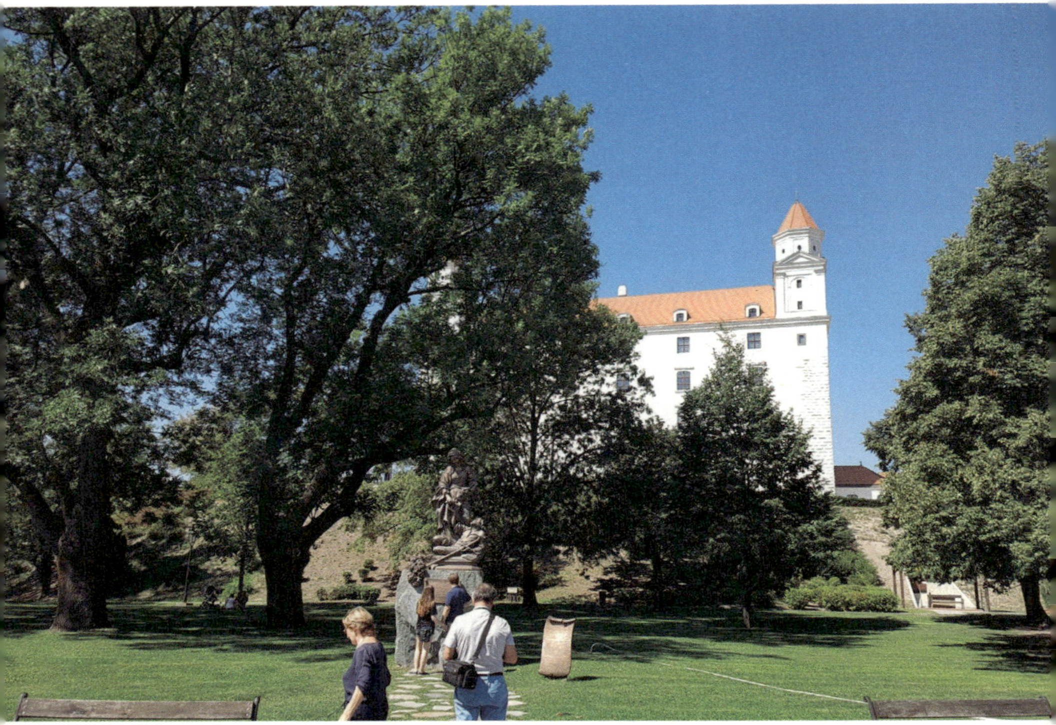

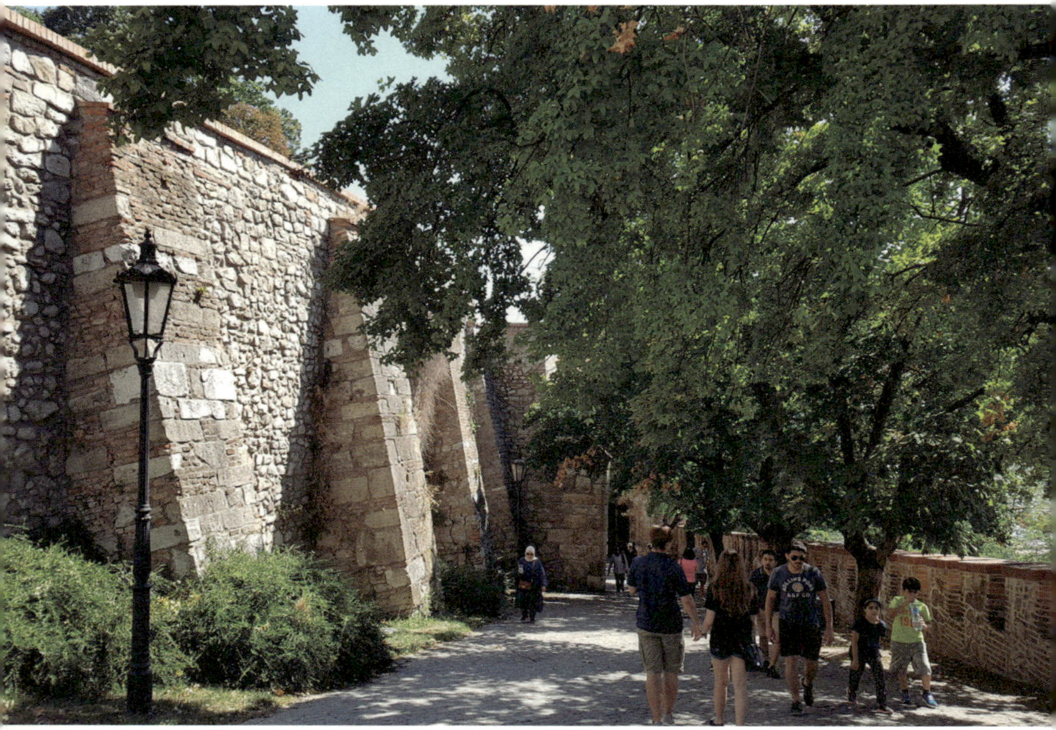

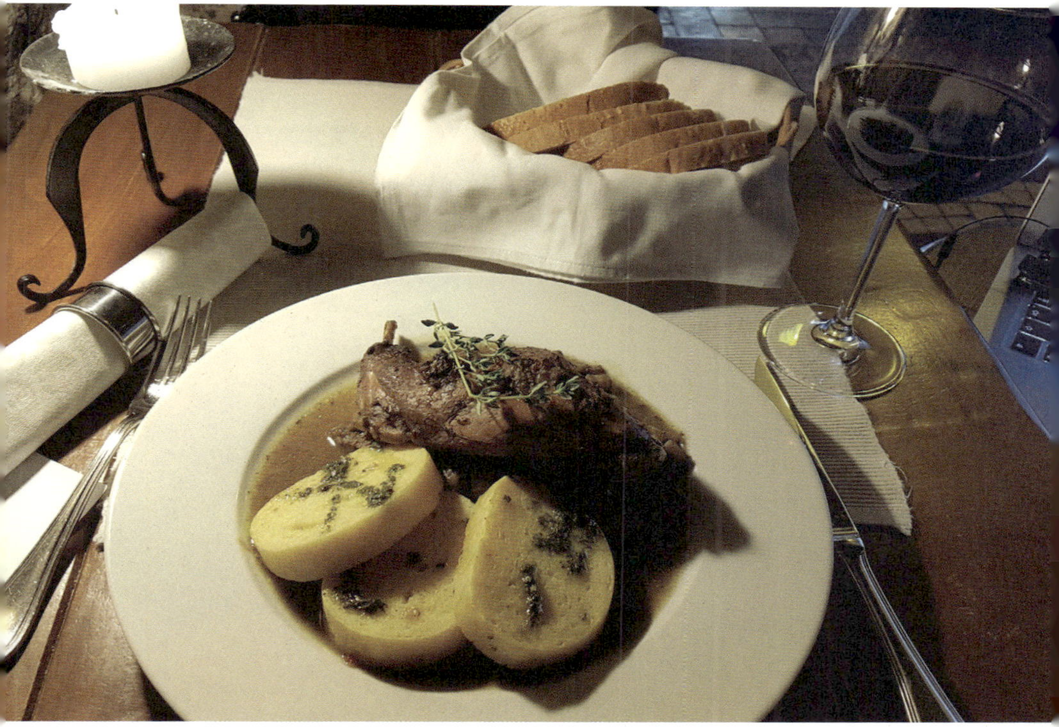

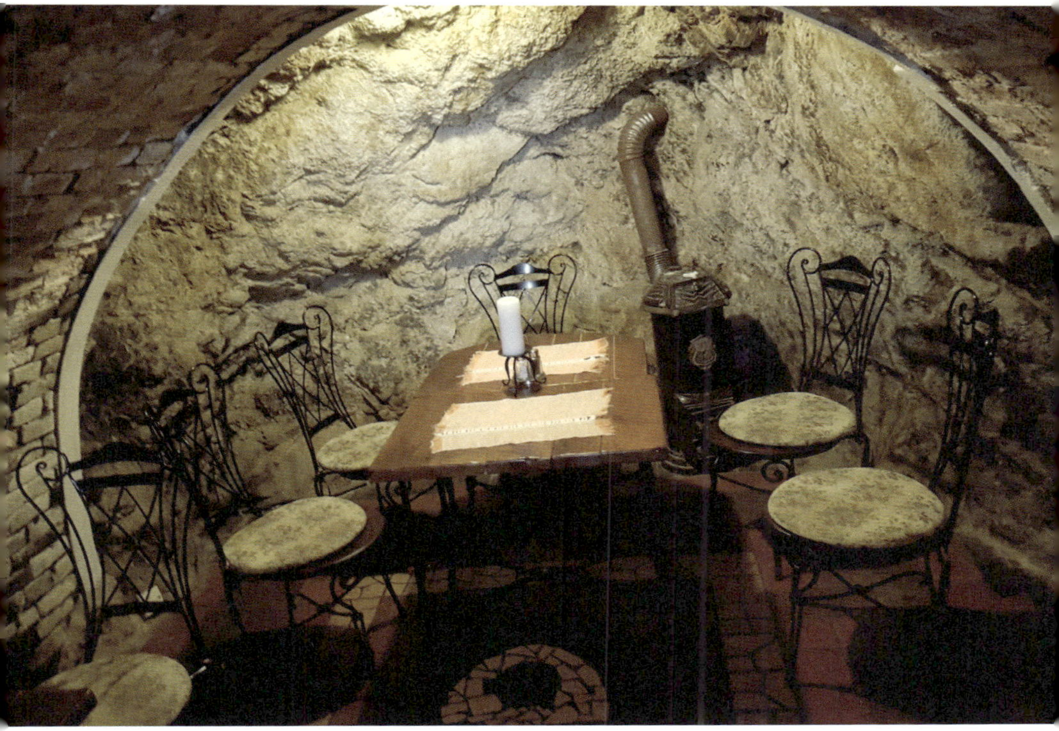

브라티슬라바는 생각 이상으로 아름다운 도시였다. 물론 올드타운이라 불리는 브라티슬라바 성 주변의 구도심만 여행하였지만 충분히 값어치가 있었고, 슬로바키아의 매력을 느끼기에 충분한 시간이었다. 투어에 참여해볼까 하는 욕심도 났지만 체류할 수 있는 시간이 길지 않아 그냥 걷기로 하였다. 천천히 성 내부와 외부를 둘러보고 성 바로 밑에 있는 레스토랑에 들러 슬로바키아 전통 음식을 맛보았는데 정말 최고였다. 역시 훌륭한 음식에 술이 빠질 수 없으므로 레드와인을 함께했는데 더할 나위 없이 좋았다. 타운으로 내려와 조금 걷다 보니 많은 이들이 노천카페 혹은 노천레스토랑에서 음식과 술을 즐기고 있었다. 가격을 보니 매우 착했다. 그냥 지나치면 억울할 것 같아 야외 바에 앉아 맥주를 한잔 했다. 파인트가 2.9유로이니 매우 저렴하다. 런던에선 똑같은 맥주가 5파운드였지. 구도심을 조금 더 둘러보다 다시 역으로 향했다. 가는 도중 관공서와 국회의사당, 공원들을 지나쳐 왔는데 제법 소박하였고, 날씨는 여행을 시작한 이래로 가장 더웠다. 브라티슬라바에서 부다페스트로 가는 기차에서 내내 잠을 청했다.

부다페스트의 첫 모습은 프라하와 다소 비슷하다는 인상을 주었다. 아직 아름다운 야경을 보진 못하였지만, 잘츠부르크나 비엔나와 같은 정돈되고 깔끔한 아름다움은 아니었다. 건물들이 매우 크고 골목골목은 다소 음침하고 지저분한 모습이었다. 부어오른 발목만 아니었어도 벌써 밖으로 나가 부다페스트의 야경을 탐사하고 있었을 텐데 오늘은 그냥 호스텔에서 쉬기로 하였다. 호스텔은 위치도 좋고 시설도 그리 나쁘진 않다. 하루에 18유로인데 이 정도면 매우 만족이다. 아래 침대에는 잘츠부르크에서 온 아저씨가 자리를 잡았는데 영어도 잘하고 괜찮은 메이트가 될 것 같다. 부디 내일 아침 일어났을 때 다리만 제발 괜찮기를. 매우 흥미로운 도시가 될 것 같은 느낌이다. 저녁을 건너뛰었더니 배가 고프지만 9시가 넘었으니 참기로 한다. 공복을 이겨내면 내일 아침 식사가 더 맛있게 느껴지겠지.

#11. 헝가리 공화국, 유럽의 정중앙

아침에 일어나니 다리가 제법 괜찮은 듯하여 일찍 호스텔을 나섰다. 무려 6시 40분이었다. 혹시 아침을 주나 싶어 리셉션에 들러 보았으나 잠겨 있었다. 직원이 24시간 상주하는 호스텔은 아닌가 보다. 이른 아침의 부다페스트는 약간 오래된 서울의 아침 거리를 걷는 듯한 느낌이었다. 부다페스트에 대한 사전 지식이라곤 야경과 사우나뿐인 나였기에 일단 도나우강 쪽으로 걸어가자는 생각에 무작정 걸었다. 다리가 약간 신경 쓰였으나 더워지기 전에 걸어보자는 마음으로 그렇게 걷고 또 걸어 엘리자베스다리(Elisabeth Bridge)에 당도했다.

부다페스트는 '부다' 지역과 '페스트' 지역으로 나뉘어 있다. 부다성(Buda Castle)과 어부의 요새(Fisherman's Bastion) 등 내가 가고자 하는 곳이 모두 세체니 다리(Szechenyi Bridge)를 건너 구 부다 지역에 위치하고 있었으므로 일단 세체니 다리 쪽으로 향하였다. 날이 조금씩 뜨거워지고 있었고, 왼쪽 발목이 오른쪽에 비해 상당히 부어 있음을 발견하여 속도 조절을 했다. 그늘 위주로 걸었고 천천히 걸었다. 리프트를 타고 부다성에 오르니 환상적인 도나우강과 부다페스트 전경이 펼쳐졌다. 아름다웠다. 역시 모든 것은 약간은 멀리 떨어진 곳에서 바라볼 때 더욱 아름다운 것 같다. 저 안의 시내를 걸으며 보았던 쓰레기와 악취 그리고 오물 등은 부다성 위에선 보이지도, 느껴지지도 않았다. 낮에 보는 모습이 이럴진대 야경은 무척이나 대단할 것 같은 생각이 들었다. 아침이라 한적했던 부다성 내부를 거닐다 역사박물관에 당도했다. 오후 뜨거운 날씨에 박물관 내부를 둘러보는 것이 효율적일 테지만 왼쪽 다리를 생각해서 그냥 입장했다. 1000포린트(FT), 우리나라 돈으로 약 4천5백 원이었다. 거의 모든 박물관 및 유적지 입장 시 학생 할인이 적용되는 유럽이 나는 참 좋다.

　박물관은 지하층을 포함하여 총 4층으로 이루어져 있었고, 그곳에서 나는 아시아 문화의 영향을 받은 헝가리의 역사를 만날 수 있었다. 우리의 그것과 비슷한 도자기류와 몽골인들이 썼을 법한 칼. 아시아인과 닮아 있는 그들 선조들의 복원 사진까지. 몽고 및 오스만제국의 침입을 수백 년에 걸쳐 겪어온 그들의 역사에서 우리네의 아픔이 느껴졌다. 헝가리인의 뿌리는 마자르족이라 하는데, 이들이 4, 5세기 유럽을 공포에 떨게 한 훈족의 후예인지는 정확히 밝혀낼 수가 없다고 한다. 다만 한때 주변국들에 대한 대군사적 목적으로 헝가리인 스스로 훈족의 후예라 칭한 적이 있었지만 2차 세계대전 이후로는 더 이상 훈족을 그들의 선조로 이야기하지 않고 있다 한다.

　유럽 여행을 하며 그 나라의 역사를 공부하면서 한 가지 흥미롭고 궁금했던 점은 그들의 뿌리다. 게르만족, 앵글로 색슨족, 슬라브족 등 같은 백인이어도 그 뿌리와 생김새가 약간씩 달랐는데 아시아인 역시 동남아시아계, 동아시아계, 일본계가 모두 다른 이치와 같을 것이다. 민족과 언어의 변천 과정을 살펴보면 참으로 흥미로운 사실들을 많이 발견하게 되는데, 완벽한 단일민족은 지구상 그 어디에도 존재할 수가 없는 것 같다. 수천 년의 인류 역사 동안 빈번한 이동과 전쟁, 침략, 약탈 등을 통해 섞이고 또 섞여왔으니 말이다. 하지만 그럼에도 불구하고 아직까지 백인, 흑인, 아시아인, 라틴계 등 대분류로서의 인류 구분은 가능하니 대륙 간의 뒤섞임은 수천 년의 역사에도 불구하고 어느 정도 제한은 있었나 보다. 모든 색상을 섞어 놓으면 검정색이 되는데 앞으로 수천 년, 수만 년 뒤의 인류는 어떤 모습일까. 하나의 통일된 인종으로 존재하게 될까. 아니면 지금보다 더 다양한 인종으로 분화될 것인가. 문득 궁금해졌다.

　부다 성과 어부의 요새, 마차시 성당(Matthias

Church)까지 둘러보고 커피숍에 앉았다. 햇살이 따갑다. 판노니아(Pannonia) 분지에 위치한 헝가리는 특히나 더 더운 것 같다. 벌겋게 부어오른 왼쪽 발목을 위해 오후는 잠시 쉬어가기로 했다. 너무 욕심내지 말자. 덕분에 쉬어 갈 수 있으니 좋은 일이다. 다만 발 상태가 더 나빠지지 않기를 바랄 뿐이다. 이제 남은 여행은 무

리하지 말고 그저 천천히 둘러보는 것으로 해야겠다. 저녁엔 야경을 보러 씨타델라(Cittadella)로 향할 예정이다. 스파를 했으면 좋겠는데 벌레에 물려 부어오른 발목에 뜨거운 찜질이 그리 도움이 될 것 같진 않아 고민 중이다.

#12. 부다페스트, 다뉴브강을 품은 동유럽의 파리

부다페스트에서의 호스텔 역시 뮌헨에서의 그것처럼 만족스러웠다. 오스트레일리아에서 온 선생님이 직업인 한 친구와 오스트리아에서 농장을 경영하고 있는 중년 남성과 조지아에서 영어-중국어 통역 일을 하는 친구를 만났다. 이런저런 대화를 할 수 있어 좋았고, 부다페스트의 마지막 날 아침은 조지아에서 온 메기라는 친구와 함께했다. 이 정도 가격에 제법 훌륭한 아침 식사를 제공받아서 더욱 기분이 좋았고 오전엔 국립박물관으로 향했다. 지하를 포함하여 총 4층의 건물이었고, 석기시대 유물부터 최근 소비에트 유니언(Soviet Union)으로부터의 독립 역사까지 다양하게 정리가 되어 있었다. 기대했던 만큼의 많은 정보가 있었던 것은 아니었지만 어제 역사박물관을 둘러본 것도 있어서, 학습에 대한 부담은 잠시 내려놓고 전시품을 쭉 훑어보는 식으로 여유를 가지고 돌아보았다.

두 시간 남짓 박물관 견학을 마치고 부다페스트에서 세체니 온천(Szechenyi Bath)과 함께 베스트 스파로 손꼽히는 루다스 온천(Rudas Thermal Bath)에 갔다. 1550년도에 처음 지어진 이 스파는 터키식 온천이고, 중앙에 8개의 구조체 기둥이 건축물을 떠받치고 있었다. 천장의 스테인드글라스에서는 다양한 빛이 들어와 신비로움을 더했고, 온천 내 다수를 차지하고 있었던 백발의 서양 남성들과 함께 탕에 들어앉아 있노라니, 그 옛날 로마제국 원로원 사람들이 즐겼을 스파에 앉아 있는 느낌이 이러했으리라 짐작해보았다. 그렇게 여유롭고 행복한 오후를 보내고 메기와 만나기로 한 뉴욕 커피숍으로 향했다. 내부가 매우 화려

해서 한국인 관광객들에게도 매우 유명한 곳이라는데 나는 이곳에서 라이브 피아노와 바이올린 연주를 들으며 남은 여행 일정을 정리했다. 디저트 케이크와 따뜻한 커피가 기분을 좋게 해주었다. 그렇게 카페에서의 행복했던 두 시간이 훌쩍 흘러 어느덧 야간 열차를 타고 폴란드 바르샤바(Warsaw)로 향할 시간이 다가왔다. 부다페스트에 올 때 처음 기대했던 것은 야경과 스파였는데 모두 기대 이상으로 좋았다. 가까이에서 바라본 도시는 그렇게 깔끔하다고 할 순 없었지만 씨타델라에 올라 바라본 뷰는 매우 훌륭했다. 어떤 것은 멀리서 보아야 아름답다. 너도 그러했다.

#13. 폴란드 공화국 바르샤바, 세계 전쟁사의 아픔을 간직한 곳

우리에겐 바르샤바로 알려진 Warsaw에서의 첫날밤, 음악을 들었다. 판듀 김윤희의 〈휘파람〉과 〈그녀의 웃음소리뿐〉을 들으면 잉글랜드 레딩 대학교 캠퍼스의 겨울이 떠오른다. 폴란드에서 이 노래를 들으니 더 느낌이 새로운 건 왜일까. 불금을 보낼 법한 바르샤바에서의 금요일이지만 호스텔에 머물기로 했다. 여행도 이제 일주일 남짓 남았구나.

시간이 흘러 어느덧 바르샤바에서의 마지막 날이다. 아침 일찍 호스텔을 나와 구시가지를 거닐다 바르샤바 대학 캠퍼스에 앉아 한국에 있는 아내와 스카이프를 하고 인근 커피숍에 들어와 여유를 즐기고 있다. 오늘은 이렇게 여유롭게 지낼 예정이다. 이 행복한 여행도 이제 얼마 남지 않았고, 그렇게 또 시간이 흘러 언젠가 사랑하는 가족을 만나는 날이 오겠지. 무언가 방학이 끝나가는 느낌도 들고, 그리운 가족을 보게 된다는 가슴 설레는 마음까지, 음... 말로 표현하기 어려운 그런 감정이다.

한편으론 회사 내 휴직 할당제 이야기 등 여전히 암울한 사내 소식에, 앞으로의 커리어와 미래에 대한 고민도 함께했다. 음지가 양지 되고, 양지가 음지 되는 것이 세상의 이치인 바 너무 고민하지 말라. 영원히 해가 지지 않는 제국을 건설하면 좋겠지만 영원한 것이 세상에 어디 있겠는가. 나를 지키고, 내 사랑하는 가족을 지키고, 내 주변의 사람들을 지킬 수 있도록 노력할 뿐이다. 많은 욕심은 경계하되 내 스스로 굳건히 설 수 있도록 시스템을 확립해야 된다는 생각을 했다. 좁게는 경제적 의미에서의 자립, 넓게는 생활 전반에서의 확고한 자립이 되겠지만, 일단 내가 없어도 가계에 문제가 되지 않을 경제 시스템 구축과 내 스스로 시장에서 가치 있는 사람이 되기 위한 작업이 이루어져야 한다. 넋 놓고 있는 이에게 아름다운 미래는 보장되지 않는다. 하지만 너무 조바심을 내거나 두려워할 필요는 없다. 다 잘될 것이다. 긍정의 힘!

　바르샤바의 구시가지로 들어가는 입구 광장에 앉아 한 길거리 음악가가 연주하는 음악을 듣는다. 어느새 광장 안을 사람들이 가득 메웠다. 세상을 구경하다 보면 어떤 명소는 사람이 많지 않을 때 마음이 더 즐거운 경우가 있는가 하면, 광장과 같이 각양각색의 사람들로 채워졌을 때 비로소 완성되는 느낌을 받는 곳도 있다. 아침에 바라본 광장과 정오에 다시 찾은 광장은 확연히 다른 모습이다. 비로소 광장다운 모습이다. 이에 더하여 지금 연주하고 있는 고마운 길거리 음악가의 연주가 더해졌을 때 그 여유로움과 낭만은 최고의 조합을 이루어 궁극의 행복함을 선사해준다. 그리하여 이곳을 찾는 여행자가 잠시 머물며 힘겨운 짐을 잠시나마 내려놓을 수 있는 이유가 된다. 많은 사람들이 오고 간다. 거리의 악사들이 각기 다른 악기를 연주하며 아름다운 하모니를 이루어내고 있다. 참으로 행복한 시간이 아닐 수 없다. 배낭을 메고 이곳을 찾은 전 세계의 젊은이들에서부터 아이와 함께 여행을 하며 사진을 찍는 가족들의 모습까지... 그들이 여행하고 살아가는 삶을 구경해 본다. 문득 이러한 것을 지켜보고 있는 '나 홀로 여행자'의 모습 또한 그들에게 어떻게 비추어질지 궁금해진다.

광장에 바람이 세차게 분다. 어제와는 또 다른 모습이다. 아무래도 곧 비가 내릴 듯하다. 가야 하는데 광장에 흐르는 음악이 너무도 좋아 자릴 뜨질 못하겠다. 폴란드 바르샤바는 내게 무척이나 아름다웠던 도시로 기억될 것 같다. 바르샤바 역사 주변의 현대식 건물에서부터 올드 타운의 옛스럽고 아름다운 전형적인 유럽풍의 건물들까지. 무엇보다 거리의 악사들과 친절했던 사람들도. 그리고 음식과 호스텔도. 모든 것이 좋았다. 비록 많은 시간을 머물진 않았고, 많은 곳을 굳이 찾진 않았지만 말이다. 바르샤바, 이곳 역시 역사의 아픔을 간직한 곳이었고, 그러한 아픔들을 거쳐 다민족 도시였던 바르샤바는 90퍼센트 이상이 폴란드인으로 구성된 단일민족화된 도시로 변모하였다. 2차 세계대전 당시 인구의 1/3이 유대인이었던 점은 독일이 최초 공격 목적지로 폴란드를 선택한 이유와 무관치 않으리라. 2차 세계대전의 비극을 희극화하여 표현한 로베르토 베니니 감독의 〈인생은 아름다워〉 OST를 듣는 순간 울컥했다. 영화는 조슈아라는 아이의 아버지가 아이에게 전쟁의 비극적인 상황을 보여주지 않기 위해 목숨을 걸고 노력하는 분투를 희극적으로 그려냈지만, 내게는 그 어떤 상황보다 비극적인 아픔으로 느껴졌었다. 그들 부부의 아들 조슈아를 보며 건우가 떠올랐기 때문이었을까.

이제 오늘 밤이면 북부 유럽으로 향한다. 독일의 함부르크는 그 관문이 될 것이다. 이 역시 힘을 빼고 크게 무리하지 않으며 조용히 그리고 야단스럽지 않게 도시를 느껴보려 한다. 독일 제2의 도시 함부르크인지라 관광을 하려면 매우 분주해지겠지만 어차피 하루 거쳐 가는 곳으로 계획한 도시이므로 방문하는 데 의의를 두자.

바르샤바를 떠나는 야간 기차를 탔다. 창밖엔 폴란드인으로 보이는 한 할아버지가 가족을 배웅하기 위해 플랫폼에 서 있다. 수십 년 전 인류사 비극의 한 장면에서 가족과 생이별해야만 했었던 어느 폴란드인의 모습도 이러했으리라. 바르샤바는 한때 동부의 파리로 불린 적이 있었다고 한다. 물론 서부 유럽 열강의 시각에서 표현한 동부라는 이름일 테고, 지정학적으로 폴란드는 중부 유럽에 속한다. 폴란드인들 스스로도 동부 유럽의 한 나라로 불리는 것을 좋아하지 않는다고 들었다. 어찌 되었든 나는 지금 폴란드를 떠난다. 짧았지만 알찼고 무척이나 인상적인 방문이었다. 사실 기대했던 것 이상의 모습을 보고 가는 느낌이다. 구시가지의 건물들은 매우 아름다웠고, 광장 초입에서 끊임없이 기타를 치며 노래를 부르던 한 음악가의 노래는 평생 잊지 못할 것 같다.

이번 야간 기차도 운이 좋게 혼자 방을 쓰게 되었다. 플랫폼에 들어서는 기차는 상당히 길어 깜짝 놀랐다. 부다페스트에서 보았던 그 기차처럼 설국 열차가 연상되었다. 티켓을 확인한 후 내가 탈 차량으로 이동하며 침대칸이 아닌 좌석 칸에 탑승하여 짐을 풀고 있는 배낭족들을 보았는데, 진정한 버짓 트레블러(Budget Traveler)들에게 침대칸은 호사인가 보다. 오늘 북유럽에서의 남은 4일 치의 호스텔을 예약하며 내 영국 계좌의 잔고를 확인했고, 나 역시 순간 심한 버짓 트레블러로 돌아간 듯한 느낌을 받았다. 제법 상당했던 재정적 압박감이다. 이래서 장기간 세계여행을 하는 많은 이들이 중간에 포도밭에서 포도도 따고 레스토랑에서 접시도 닦는 거구나. 야간 열차를 예약하며 아무렇지 않게 모두 침대칸으로 예약을 했었는데 사실 배낭족으로선 사치였던 것일까? 5장의 예약 티켓 금액이 도합 20만여 원이 되었던 것을 생각해보면 적지 않은 금액이다. 호스텔 1박이 2만 원 정도에 해결되고 있는 점에 비교하여 보면 더욱 그러하다. 하지만 잠을 자는 야간에 도시에서 도시로 이동할 수 있다는 장점을 생각했을 때 분명 현명한 선택이었다고 생각한다. 이십 대 초반 대학생이 아닌 나이에 쉽지 않은 일정을 소화하고 있는데, 나에게 침대칸 정도의 선물은 당연한 것이 아니었을까 하는 자기 정당성을 부여해본다.

  음악을 다운받아 오길 잘했다. 그 덕에 와이파이가 연결되지 않아도 글을 쓸 수가 있다. 좋은 음악을 들으며 글을 쓴다는 것은 무척이나 행복한 일이다. 일정상 남은 스칸디나비아 국가 간 이동은 대부분 밤기차를 이용하여 장거리 여행을 하게 되어 있다. 원래는 코펜하겐(Copenhagen)에서 이틀 정도 머물 예정이었으나 예산에 들어오는 호스텔과 에어비앤비가 이미 동이 나 급히 전략을 수정했다. 노르웨이의 피오르드(Fjord)를 보러 가는 것으로 결정했다. 그 결과 함부르크(Hamburg)

와 코펜하겐은 반나절 둘러보는 것으로 하고 숙박은 하지 않기로 했다. 오슬로(Oslo)에서도 마찬가지. 코펜하겐에서 오슬로로 도착한 당일 하루와 베르겐(Bergen)에서 스톡홀름(Stockholm)을 가기 위해 오슬로에 도착하는 하루 도합 이틀을 예약했다. 나머지 이틀은 노르웨이 제2의 도시이자 노르웨이에서 가장 아름답다고 평가되는 베르겐에 머물게 된다. 베르겐으로 가는 날, 나는 기차와 버스와 페리를 이용하여 전 세계에서 손꼽히는 절경을 자랑하는 송네 피오르드를 보게 될 것이다. 순간 가슴이 벅차올랐다. 그간 유럽 내 어느 정도 비슷비슷한 도시 모습에 마침 지루해질 참이었는데 잘됐다. 마지막 동선을 북유럽으로 하여 웅장하고도 아름다운 북유럽의 자연을 만끽할 수 있는 기차 여행 코스로 잡은 건 다시 생각해 보아도 매우 현명한 선택이었다. 광활하고도 황홀하게 아름다운 그곳의 대자연을 보며 여행의 막바지에 그간의 생각을 글로 정리해 두리라.

  마음 다스림의 중요성. 쉬워 보이지만 사실 그 무엇보다 어려운 것임을 지난 1년여 간의 영국 생활 동안 깨달았다. 다스려지지 않는 마음의 무서움을. 그래서 범사에 내 마음을 들여다보는 습관이 몸에 배어야 한다. 그래야만 너무 늦지 않게 자칫 흔들릴 수 있는 나의 마음을 살피고 다잡을 수가 있다. 또, 그래야만 비로소 평정심을 유지하여 방향을 잃지 않고 걸어갈 수가 있다. 특히나 요즈음과 같은 격랑의 시기에는 더욱 그러하다.

#14. 함부르크, 독일 최대의 항구 도시

헝가리와 독일 국경을 넘어 스트랄순드(Stralsund), 로스토크(Rostock) 역에서 각기 기차를 갈아타고 함부르크로 향하고 있다. 문득 함부르크와 햄버거와의 관계가 궁금해졌으나 미리 다운받아 온 위키피디아 정보에는 나와 있지 않았다. 함부르크에 도착하면 마지막 독일 소시지 버거를 시도해 봐야겠다. 참으로 긴 여정이다. 헝가리 부다페스트에서부터 독일 함부르크까지 장장 15시간 동안 기차를 타야 한다. 웬만한 사람은 꿈도 못 꿀 일이다. 어찌 보면 호스텔에서 1박을 더 하고 오늘 아침에 비행기를 이용하여 함부르크로 이동했어도 될 뻔했다. 비용, 시간 면에서 그게 더 유리할 수 있었으나 괜찮다. 원 없이 기차를 타고 한번 달려 보자. 그래도 북부 독일의 풍광을 바라보며 여행하는 재미가 제법 괜찮다.

이제 삼십 분 뒤면 함부르크에 도착한다. 코펜하겐으로 향하는 밤 기차가 11시에 있으니 함부르크에서 내게 주어진 시간은 약 10시간이다. 여유 있게 도시를 둘러보기엔 충분하다. 다행히 비가 오지 않는다. 바르샤바에서 음악을 다운받아 오길 정말 잘했다. 그동안 어찌 음악도 없이 여행을 했나 싶을 정도로 음악이 함께하는 기차여행은 마음을 더욱 여유롭게 해준다. 창밖 경치를 바라보는 즐거움이 배가 되는 느낌이다.

함부르크에서의 반나절, 정확히 말하면 반나절 더하기 저녁 시간은 기대 이상으로 유익했고 즐거웠다. 베니스(Venice)보다 다리가 더 많다는 함부르크는 정말 크고 작은 다리들이 운하를 사이에 두고 놓여 있었는

데, 딱 독일 버전의 베니스라고 보면 될 것 같다. 이탈리아의 아름다운 수중 도시 베니스처럼 페리도 다니고 운하도 있고 운하를 끼고 건물들이 들어서 있는데, 독일이다.

마침 함부르크 시내에는 국제사이클 대회가 열리고 있어 도시 전체가 온통 사이클 축제의 분위기였다. 오랜 역사를 지니고 있는 도시인데 상당히 현대화된 모습이었고 중간 중간 수백여 년은 됨직한 교회들이 함부르크의 오랜 역사를 고스란히 대변해 주고 있는 것 같았다. 저녁엔 중앙역 버거킹에서 우연히 만난 하난이라는 모나코 친구가 안내해준 지역을 방문했다. 핫플레이스라고 유튜브에서 봤는데, 다행히 떠나기 전에 들를 수가 있었다. 일요일 저녁임에도 불구하고 많은 이들이 춤을 추고 술을 마시며 함부르크에서의 밤을 즐기고 있었다.

기차는 생각보다 빨리 출발했다. 미리 예약해 두었던 시간보다 실제 출발 시간이 빨라 상당히 당황했지만 다행히 놓치진 않았다. 하마터면 아찔한 순간이 연출될 뻔했다. 이래서 여행은 항상 체크에 체크를 해야 하고, 한발 미리 움직이고 확인을 해야 하나 보다. 내일 아침엔 덴마크의 수도 코펜하겐에 도착할 예정이다. 어릴 적 부루마블 게임을 통해 낯익은 코펜하겐이라는 도시를 기차로 입성한다. 이틀 연속 밤 기차는 상당히 피곤한 일이구나. 순간 '내가 이 나이에 여기서 지금 무엇을 하고 있는 거지?'라는 생각이 들었다. 힘들고 외로울 때면 항상 가족이 생각난다. 여기서 가족의 범주는 아직까진 아내다. 그냥 가끔 삶이 힘들거나 외롭다고 느껴질 땐 아내부터 떠오른다.

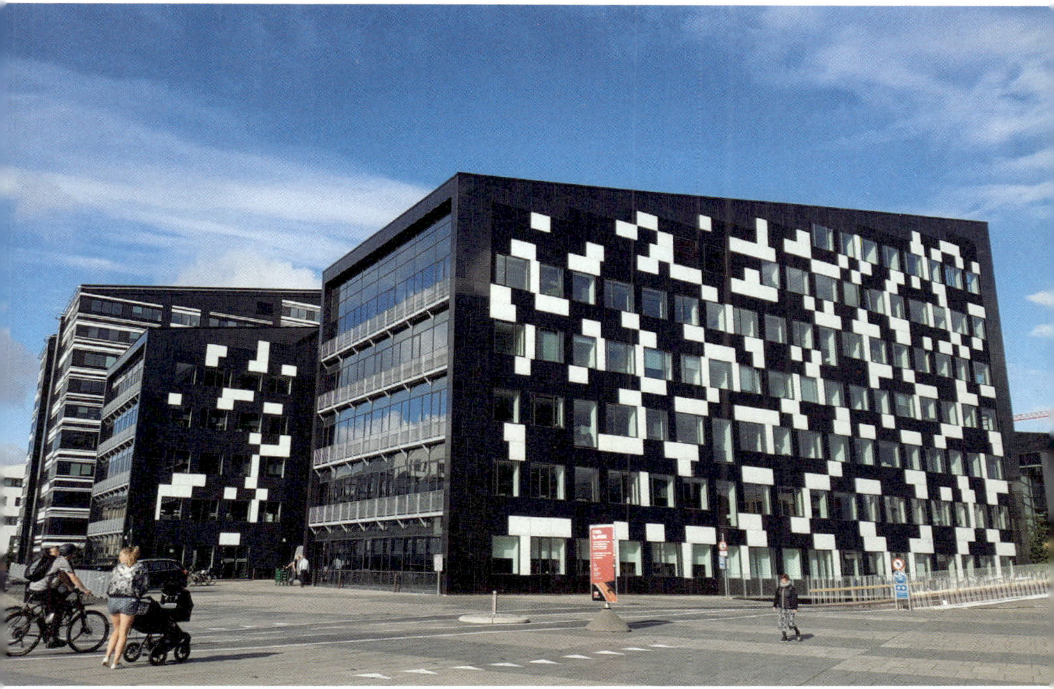

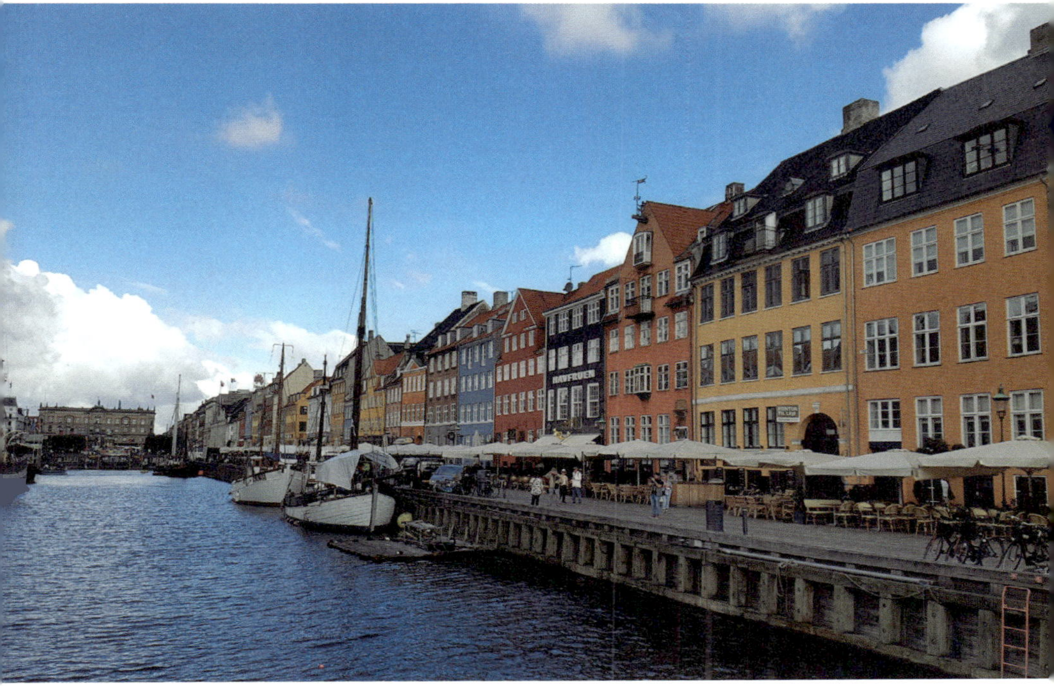
HAVFRUEN

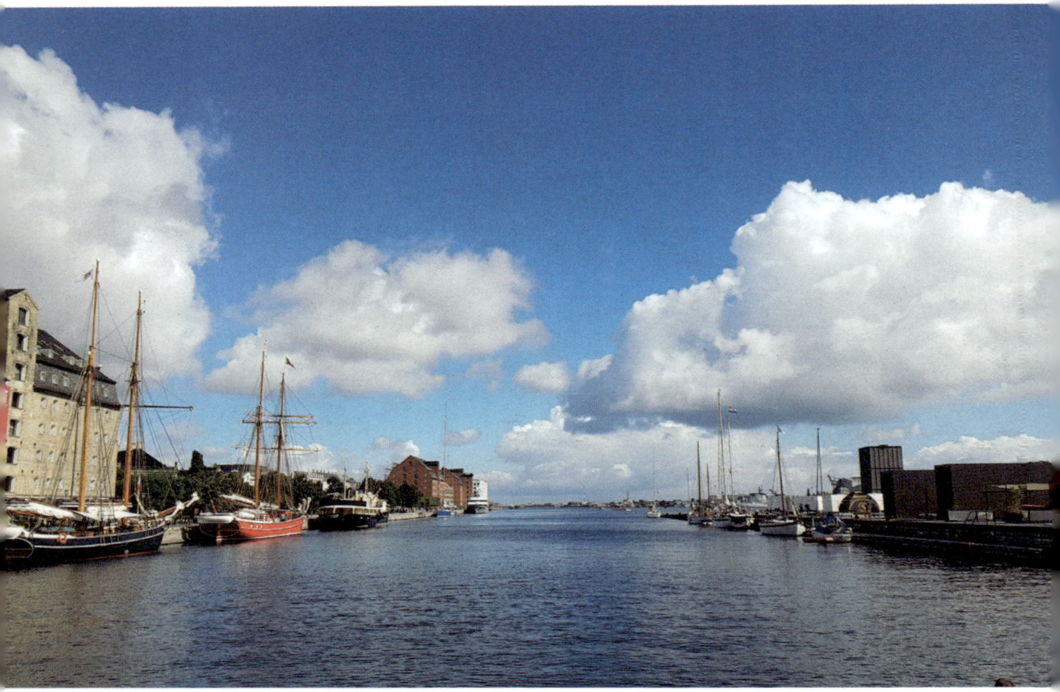

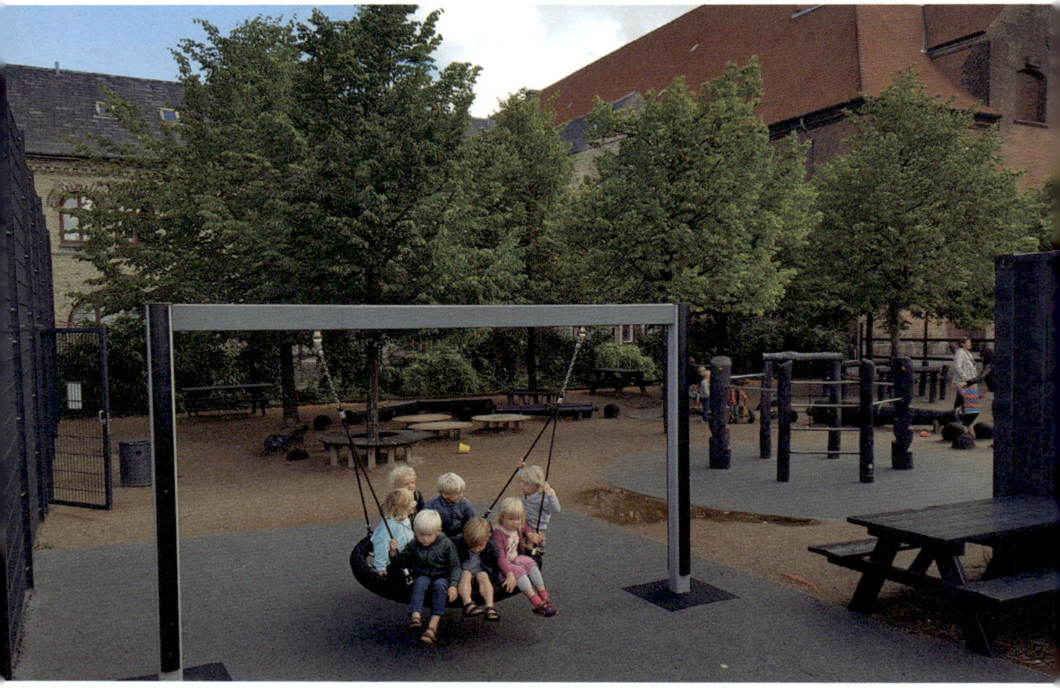

#15. 오슬로, 바이킹의 도시 속으로

오슬로로 향하는 기차 안이다. 스위스의 대자연과는 또 다른 북부 유럽만의 황홀한 자연이 펼쳐진다. 드넓게 펼쳐진 평야와 바다, 그리고 끝이 보이지 않는 길고 긴 철로. 그렇게 북으로, 북
으로 계속 올라가고 있다. 덴마크의 수도 코펜하겐에서 노르웨이의 수도 오슬로로 가기 위해서는 스웨덴의 일부 지역을 지나게 되어 있다. 열차에 탑승하지 얼마 되지 않은 것 같은데 바로 스웨덴이다. 그리고 출발한 지 두 시간을 훌쩍 넘긴 지금까지도 스웨덴의 영토 위를 달리고 있다. 참으로 드넓고 광활하다. 바다와 산과 평야가 조화를 이뤄 북부 유럽만의 독특한 아름다움을 간직하고 있는 모습이다. 전 세계 인구 중 과연 몇 퍼센트의 인류가 이곳을 와 보았을까.

문득 어제 하난이 질문했었던, 북한 사람들은 언제부터 외부로 이동할 수 있는 자유가 제한되었냐는 물음에 가만히 생각해 보았다. 불과 수십 년 전만 해도 우리나라 사람들 또한 빈곤과 사회 기반 서비스의 불충분 등의 이유로 한반도를 벗어날 수 있었던 경우가 그리 흔치는 않았을 것이다. 수백 년 전 과거로 거슬러 올라가보아도 중국 내지는 일본 정도가 나라 밖 세상이었지, 금발 머리와 파란 눈을 가진 이들이 사는 세상은 아마 알지도 못하였으리라. 불과 90년대 초반만 해도 동구권 소비에트 유니언 지방의 나라는 가고 싶어도 갈 수 없는 그런 곳이었으니 말이다. 그렇다면 나는 한민족 역사를 통틀어 선택받은 몇 안 되는, 전 세계를 구경하고 있는 단군의 자손인 것이다. 순간 내가 지금 아무렇지 않게 느끼는 이 여행의 일상이 무척이나 소중하게 느껴졌다. 참으로 감사할 일이다.

#16. 송네 피오르드, 빙하가 만든 절경

　노르웨이의 수도 오슬로에서 그 유명한 송네 피오르드를 보러 가기 위해 열차에 몸을 실었다. 이윽고 북부 유럽 천혜의 자연환경이 눈앞에 펼쳐진다. 과연 노르웨이는 북부 유럽의 스위스라는 말이 옳은 것인가 아니면 스위스를 중부 유럽의 노르웨이라 칭해야 하는 것이 옳은 것일까. 사람마다 이견이 있을 순 있겠지만 적어도 내 눈에 비친 노르웨이 천혜의 자연환경은 가히 인생의 풍광이다.
　현재 시각은 10시 20분, 기온은 13도씨. 출발한 지 두 시간이 지났다. 아직 두 시간을 더 가야 하지만 결코 지루하지가 않다. 다행히 날씨도 매우 좋다. 너무 덥지도, 춥지도 않으며 비가 오지도 않는, 내가 딱 좋아하는 그런 날이다. 게다가 뭉게뭉게 구름이 있고 산들바람이 이따금씩 시원하게 불어주는 기분 좋은 가을 날씨다. 사실 모든 날씨를 받아들임에 있어 추우면 추운 대로, 더우면 더운 대로 그 나름의 고마움을 느껴가며 사랑하는 나지만, 이런 가을 날씨는 특히 어릴 적 시골에서의 추석 명절을 생각나게 한다. 이따금씩 과거를 회상할 때면 그 당시의 장면 장면이 마치 스냅샷처럼 떠오르곤 하는데, 추석에 대한 대표적 스냅샷은 바로 위의 사촌 형인 한석이 형과 넷째 큰아버지와 함께 성묘하러 가서 도마뱀을 잡았던 장면이다. 어릴 적 형제가 없었던 나에겐 명절 때면 볼 수 있는 두 살 터울 한석이 형의 방문이 크나큰 즐거움이었다. 그렇게 신나게 며칠을 같이 놀다 헤어질 때면 어린 마음에 얼마나 아쉬웠던지… 많은 세월이 흘러 이제는 그러한 감정들이 다 무뎌졌지만, 여전히 가끔 만나는 사촌 모임을 나는 가장 좋아한다.

　노르웨이의 아름다운 절경이 계속해서 창밖에 펼쳐진다. 울창한 침엽수림과 바위가 결합된 웅장한 산 사이로 하얀 구름과 은빛 수증기들이 걸려 있고, 그 아랜 레고 상자에서 많이 보아왔던 집이 한두 채 있다. 그 앞에 펼쳐진 푸른 초원엔 양떼들이 한가로이 풀을 뜯고 있고, 조금 더 이동하니 북유럽의 건강한 말 두어 마리가 우월한 기럭지를 뽐내며 서 있다. 이어 드넓은 밀밭이 끝도 없이 펼쳐져 있는데 지금 시기가 여름인데도 불구하고 이토록 찬란하게 아름다운 황금벌판을 보여주고 있으니 신기할 따름이다. 길게 쭉쭉 뻗은 기찻길을 조금 더 달려보니 이내 끝이 보이지 않는 넓은 호수가 하늘에서 내려온 빛을 반사해내며 찬란하게 빛나고 있었다. 이따금씩 나오는 햇살이 이 모든 것에 색채감을 더해 준다.

비로소 파랗고, 노랗고, 빨간 노르웨이의 형형색색 아름다움이 열차에 타고 있는 우리에게 그 모습을 보여준다.

  문득 스위스에서 느꼈던 그것과는 또 다른 경외감이 느껴진다. 대자연의 아름다움과 그것에 어울려 사는 인간의 마을. 조화로워야만 아름답다. 필경 자연과 인간이 사는 영역은 자연스럽게 그 조화를 이루어야만 한다. 무분별한 벌목과 개간 등은 인류 역사에 있어 오래도록 진행되어 온 아픔이지만 이러한 것들은 반드시 통제되어야만 한다. 대자연을 두 눈으로 직접 바라보니 더욱 그 필요성을 실감하겠다. 이 아름다운 지구 마을에서 인류는 자연과 어떻게 어우러져 살아가야 되는지를, 그 중요성을 말이다. 스위스의 산장들도 참 좋았는데 노르웨이의 그것은 더 광활한 면적과 웅장한 산림 안에 산장의 밀도가 높지 않아 더욱 좋다. 아름다운 자연 안에 그것의 일부로 함께하는 아름다운 집 한두 채가 있을 뿐이다. 이곳은 분명 자연이 더욱 우선인 모습을 보여주고 있는 것 같다. 계속되는 자연의 아름다움, 그 끝을 상상할 수가 없다.

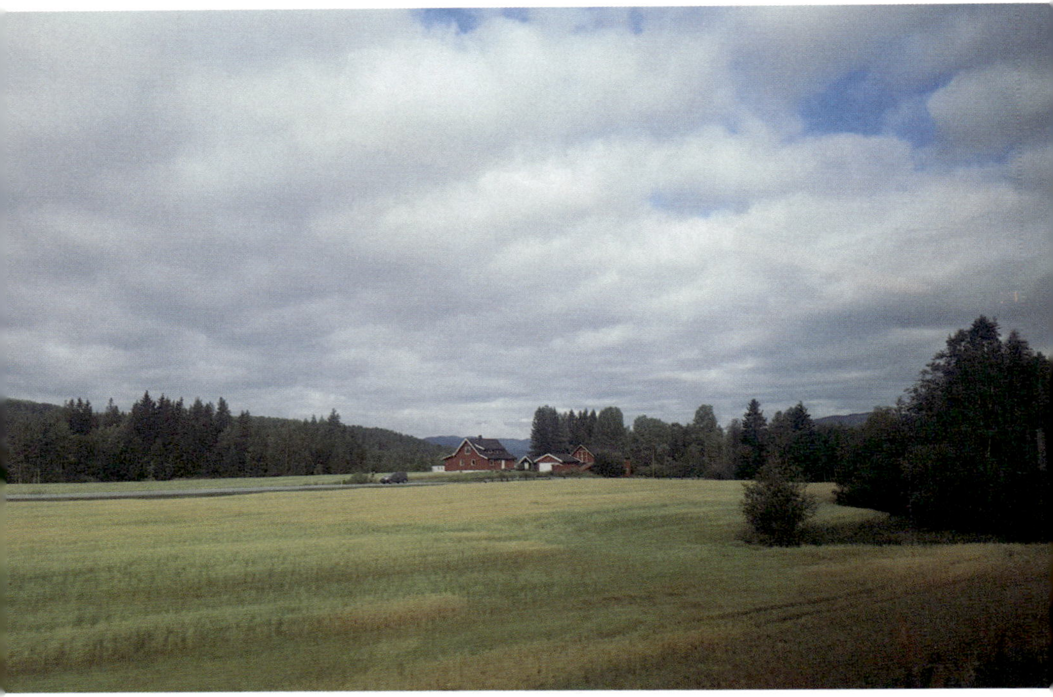

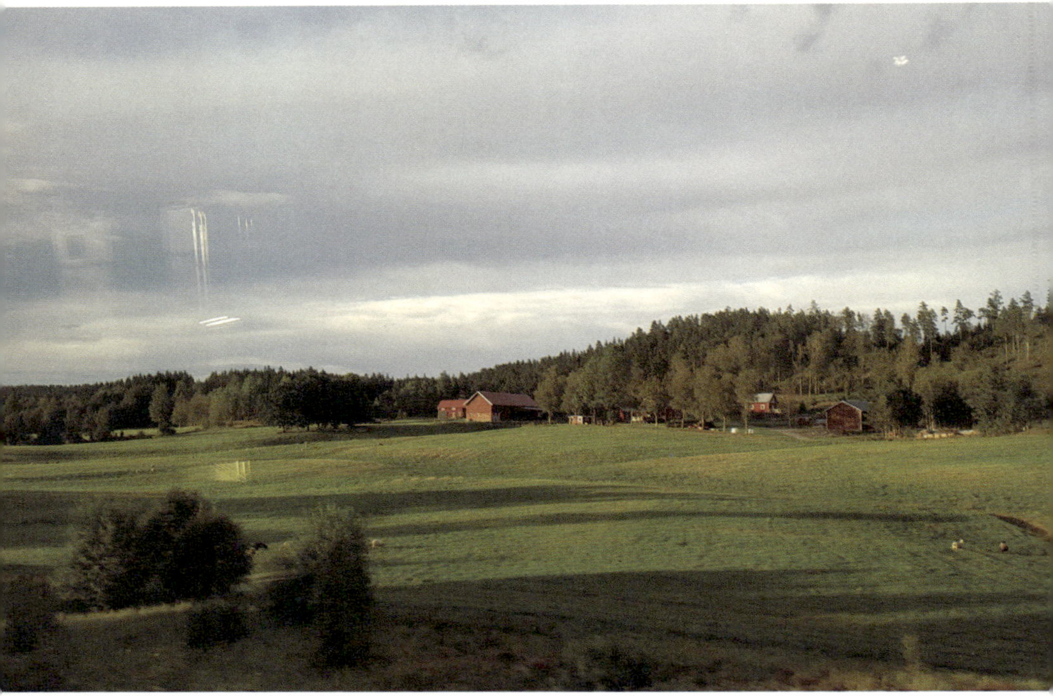

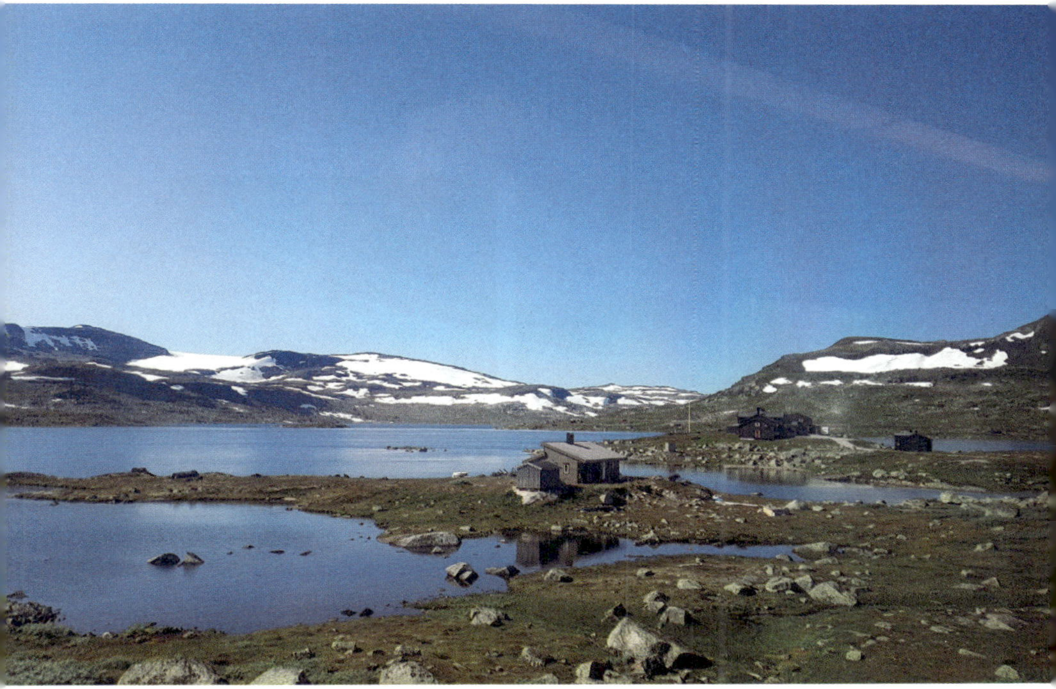
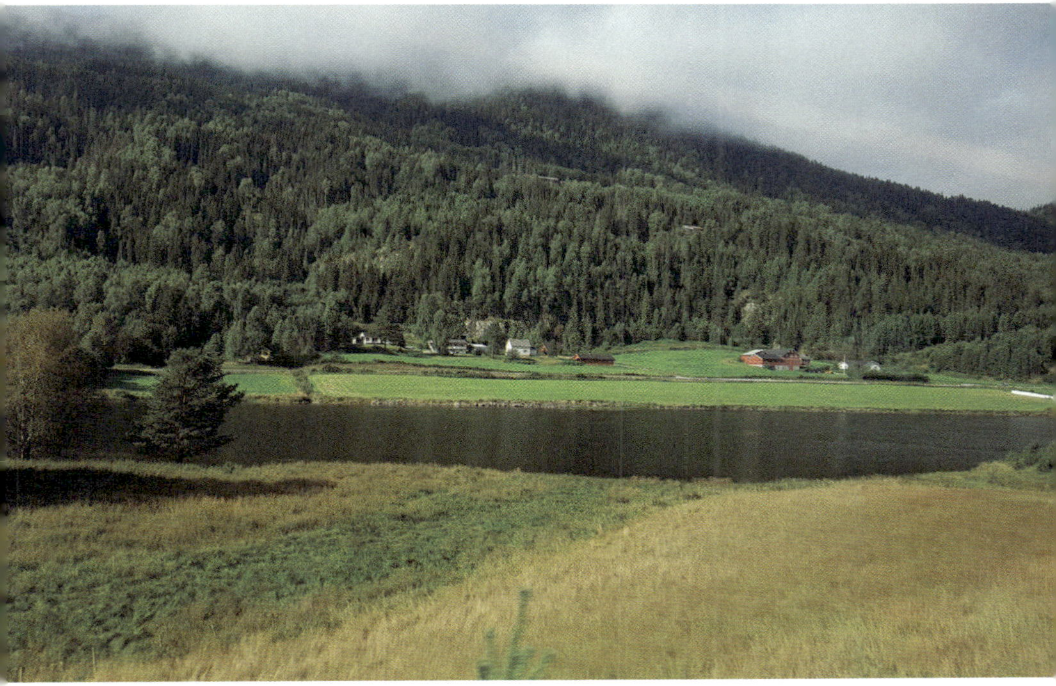

#17. 베르겐, 북유럽의 보석 같은 항구도시

어제 본 피오르드는 단연 최고였다. 빙하가 녹아 생겼다는, 끝도 없이 이어지는 거대한 강줄기를 따라 양쪽에 펼쳐지는 엄청난 피오르드를 바라보며 그렇게 두 시간 반을 여행했다. 피오르드는 빙하가 녹으며 만들어진 좁고 깊은 지형에 바닷물이 들어와 생성된 만을 일컫는다. 학창시절, 피오르드, 리아스식 해안 등을 무작정 암기했던 기억이 누구에게나 있을 것이다. 그렇게 말로만 들어왔던 피오르드를 직접 두 눈으로 바라보니 진한 감동이 느껴졌다.

세계 3대 피오르드 중 하나라 불리는 송네 피오르드(Sognefjord)는 오슬로와 베르겐 사이 북단에 위치해 있다. 아침 일찍 오슬로에서 출발하여 베르겐행 기차를 타고 네 시간 여를 달려 중간 기착지인 뮈르달(Myrdal)에 내렸다. 그곳에서 플롬(Flam)에 가기 위한 산악 열차로 갈아탔고, 산악 열차를 타고 가는 한 시간 동안 산과 폭포의 절경이 펼쳐졌다. 플롬은 그 자체로도 너무 아름다운 마을이었고, 많은 이들이 이곳에서 1박을 했다. 하지만 나는 베르겐에 2박을 예약하여 바로 3시 15분 페리를 타고 구드방겐(Gudvangen)으로 향하였다. 바로 이 페리를 타고 이동하는 두 시간 반 동안의 여정이 이 일정의 하이라이트인데, 흔히들 말하는 송네 피오르드는 이 시간 동안만 만날 수 있게 된다. 날씨가 다행히 무척이나 화창하여 항해하는 내내 2층 갑판에서 노르웨이의 대자연을 만끽할 수가 있었다. 이곳이 왜 죽기 전에 꼭 가봐야 하는 곳으로 불리는지 그 이유를 알 것 같았다. 나중에 아내 그리고 건우와 함께 꼭 다시 와야겠다.

구드방겐에서 보스(Voss)역까지는 버스로 한 시간 동안 이동을 하였고, 다시 보스역에서는 아침에 탔었던 노선의 기차를 타고 베르겐으로 향했다. 베르겐에 도착하니 저녁 9시 반이었고, 아직 여름이어서 백야까진

아니지만 그래도 해가 온전히 저물진 않고 있었다. 베르겐에 잡은 호스텔은 'Hi Bergen Hostel Montana'라는 곳인데, 베르겐 시내가 한눈에 바라다보이는 환상적인 뷰를 지닌 울리켄(Ulriken) 언덕에 자리 잡고 있었다. 시설은 상당히 깔끔하고 리셉션에서도 세계 각국에서 모인 많은 젊은이들이 보드게임 등을 하며 건전하게 여름밤을 즐기고 있었다.

 방에서 바라본 베르겐 시내의 야경은 환상적이었다. 오로라 인근의 밤하늘답게 몽환적이고 동화같은 느낌의 불빛을 뿜어내고 있는 북유럽 해안 도시의 밤은 무척 아름답다는 생각을 했다. 또 감동적이었던 것은 오늘 아침에 먹은 조식이었는데 최근 호스텔에서 경험했던 아침 중 단연 최고였다. 북유럽의 살인적인 물가 덕에 바르샤바 이후로 다소 영양이 부족함을 느끼고 있던 차에 정말 단비와도 같은 식사였다. 유럽의 기본적인 브렉퍼스트 메뉴인 햄, 치즈, 토스트는 물론이며 노르웨이답게 상큼한 맛을 지닌 생선절임과 참치 버무림 토핑과도 같은 메뉴가 있어 정신 놓고 흡입하였다. 버터와 스트로베리, 블루베리 양을 잘못 계산하여 두 개의 토스트를 소화한 후 추가로 두 개의 토스트를 더 먹었다. 음식물 쓰레기 발생을 용납할 수 없는 환경애호가로서의 단호한 조치였으며, 절대 음식을 남겨서는 안 된다는 배낭여행가로서의 철학을 보여주기 위함이었다. 그 덕에 배가 무척이나 불러와 당장 이동이 불가능할 것으로 판단되어 마침 핸드폰 충전도 할 겸 리셉션에서 평화롭고 여유로운 오전을 보내기로 했다. 아늑한 소파 안에 푹 안겨 있으니 그간의 피로가 누적된 탓이었는지 어젯밤에 풀 잠을 잤음에도 불구하고 졸음이 스르르 몰려왔다. 마침 바깥 날씨도 안개가 매우 짙고 스산해서 잠시 잠을 청했다.

  어느 정도 피로가 회복된 듯하여 오전 11시를 조금 넘긴 시간 다시 길을 나섰다. 정오가 될 즈음 시내에 당도하였는데 아직도 많은 구름이 도시 전체를 덮고 있었다. 천천히 그리고 여유롭게 북유럽의 바닷가에서 불어오는 시원한 바람을 즐기며 언덕을 내려왔다. 시내의 호수도 보고, 수산 시장도 구경하고 항구의 아름다운 형형색색의 베르겐 건물들을 둘러보았다. 그렇게 한참을 도시를 탐구하다 보니, 어느덧 시곗바늘은 저녁 여섯 시를 향해 가고 있다. 하루 종일 구름 뒤에 숨어 얼굴을 보여주지 않았던 태양이 살며시 고개를 내밀고 있다. 휴... 이제야 해가 뜨는 거니? 뜨자마자 곧 지겠구나. 그래도 괜찮다. 때론 이런 날도 있는 거지. 그래도 한층 밝아진 베르겐 항구의 분주함은 그 덕에 더욱 활기차 보였다.

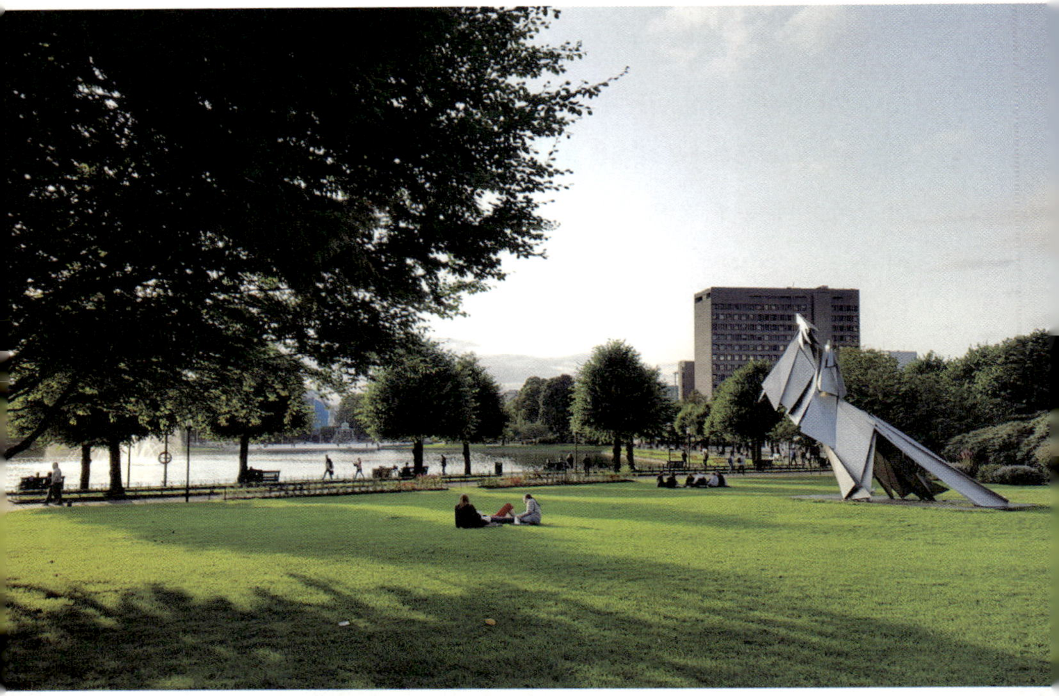

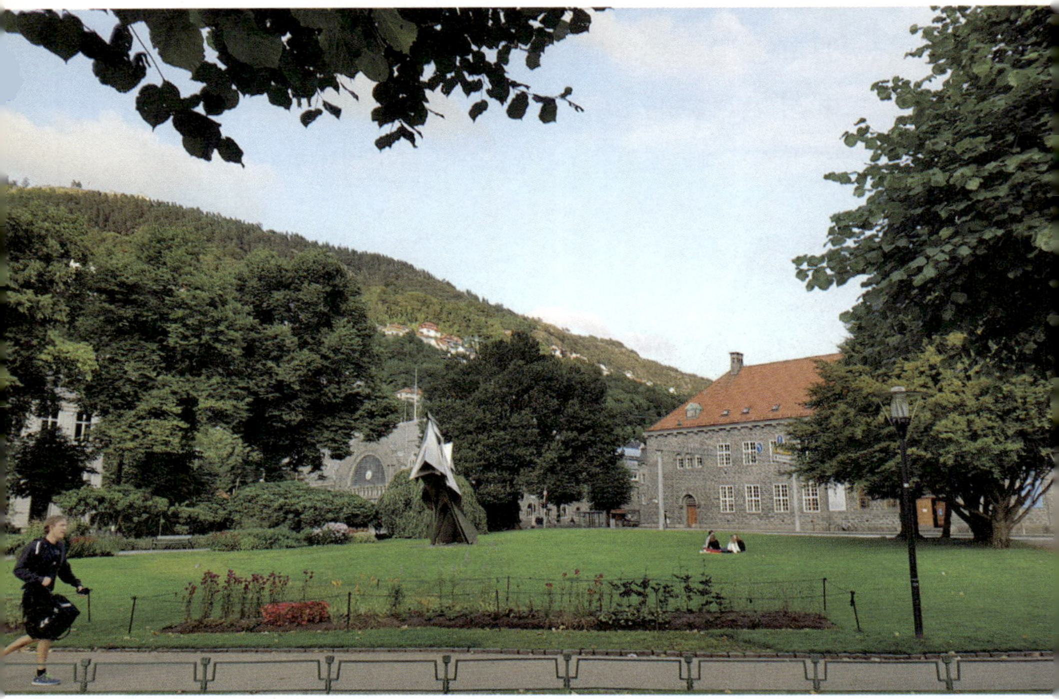

#18. 다시 오슬로로 향하다

　유럽 산책 그리고 그 이야기. 서방 견문록. 만약 책을 쓴다면 그 이름으로 무엇이 좋을지 생각해 본다. 그리고 연수 기간 일 년 동안 유럽을 경험한 책을 발간한다는 것은 어떠한 의미인지에 대해서도 고민해 본다. 그리고 만약 인세가 발생한다면 이를 좋은 곳에 기부하고 싶다는 생각을 했다. 아주 잠시. 건설 회사의 업이 환경과 무관하지 않으므로, 투명하게 자금을 운용하는 환경 단체가 있다면 기부처로 괜찮지 않을까. 그렇게 이런 저런 생각을 한다. 여행이 주는 또 다른 즐거움이다. 의식의 흐름과 생각의 흐름은 내가 어찌할 수 없는 것이니 그렇게 흘러 흘러 나의 생각이 어딘가에 도달하기까지, 나는 그저 자유로이 느끼고 유영할 뿐... 그리고 그것을 써내려갈 뿐... 그뿐이다. 글을 쓰는 행복이 바로 거기에 있지 아니하겠는가. 나의 의식의 흐름과 생각의 흐름을 바라보고 적어보는 것. 즐거운 일이다.

　방금 페이스북에서 '성공한 사람이 행하는 비효율적으로 보이는 습관'에 대한 글을 읽었다. '일기, 낮잠, 산책, 수다, 일단 해보는 것'이 바로 그것이다. 전반적으로 내가 좋아하는 나의 습관과도 비슷해 보였는데, 이 중 내가 자칫 놓칠 수 있는 게 '수다'라는 생각이 들었다. 그리곤 어떻게 창의적으로 '수다'를 일상에서 습관화할 수 있을지에 고민해 보았다. 역사적으로 유명한 인물들은 다 저마다의 수다 상대가 있었다고 하는데, 스티브잡스의 워즈니악, 존 레논의 폴 메카트니, J.R.R 톨킨과 C.S 루이스가 바로 그 수다 대상이었던 수다 친구였다고 한다. 나에게 일상의 수다 상대는 과연 누구일까. 창의력과 상상력에 제한을 받지 않고, 그냥 즐기듯 인생을 논하고 나의 생각을 공유할 수 있는 그런 일상 속의 수다 친구를 한 명쯤은 만들어야겠다. 그와 함께 일상 속 다양한 사람들과 다양한 수다를 떠는 '습관'을 '실천'하는 것에 대해서도 생각해 보았다. 돌이켜 보니 회사 내에서도 H 과장과 산책이든 일을 하든 별 쓸데없는 이야기를 하면서 즐거워했던 경험이 있고, 또 S 과장과 출장을 함께 하며 비즈니스 아이디어들에 대해 서로 이야기도 해보았던 것 같다. 인니에서의 드론 사업, 야간 운송 사업, 마스크 사업, 교육 사업 등 말이다.

　어느덧 이곳에서의 마지막 날이 되어 짐을 쌌다. 아래 침대에 머문 독일인 엔지니어 친구와 인사를 나눈 후 체크아웃을 하기 위해 리셉션으로 향했다. 그리곤 환상적인 노르웨이 호스텔 조식을 아주 천천히 음미하며 원 없이 즐겼다. 호스텔을 빠져나와 7시 57분 기차를 타고 오슬로로 향한다. 노르웨이의 일정은 그렇게 마무리되어 가고 있다. 오늘은 6시간이 넘는 기차 여행이 기다리고 있다. 즐겁다. 어느덧 목요일이고 여행의 마지막 주도 그렇게 화살처럼 흘러가고 있다. 마치 우리네 인생처럼… 기차에 올랐고 이내 출발한다. 어제 잠들며 이미지 트레이닝을 했던 것처럼 6시에 기상하여 씻고 6시 30분에 리셉션에 내려가 체크아웃을 한 후 아내에게 기상 보고를 드린 후 7시에 노르웨이안 브렉퍼스트를 시작하자마자 샌드위치 두 개를 뚝딱뚝딱 만들어 흡입한 후 7시 15분에 호스텔을 나섰다. 약 30분을 걸어 역에 당도한 후 1.5리터 물을 노르웨이에서 구매할 수 있는 가장 저렴한 가격인 8.5크로네(한화 약 1,200원)에 딜을 한 후, 기차에 올라탄 시각이 7시 53분. 화장실을 들러 장거리 여행에 대비한 만반의 준비를 마친 후 객실 쇼핑을 통해 왼쪽 넓은 창가 자리를 확보하였다. 그리고 랩탑을 켜자마자 열차 출발! 이 기막힌 시간 관리는 아마도 사관학교가 내게 준 선물일 것이다. 강철 체력과 굽히지 않는 의지 그리고 유연하면서도 굳센 마인드와 더불어.

#19. 스톡홀름, 스칸디나비아 반도의 최대 도시

스톡홀름으로 향한다. 새벽 4시 30분에 기상하여 씻고 호스텔 앞에 있는 버스 정류장에서 5시 25분에 30번 버스를 타고 중앙역으로 이동했다. 5시 50분 기차는 시간이 되자 정확히 출발한다. 역시 모든 것이 시스템처럼 기계적으로 한 치의 오차 없이 오퍼레이팅되는 북유럽. 어제는 비가 내렸다. 베르겐에서의 아침은 화창했었는데 기차를 타고 오슬로에 당도하니 비가 부슬부슬 내리고 있었다. 그럼에도 불구하고 시내 관광을 강행할까 생각해보았으나 큰 짐을 들고 비바람 속에서 그리하는 것은 큰 의미가 없다 생각되어 일찍이 호스텔로 향했다. 그래 봤자 체크인 시각이 다섯 시경이었으니 너무 빠른 숙소행은 사실 아니었다. 어쨌든, 비를 핑계 삼아 호스텔 리셉션에서 푹 쉬었다. 와이파이가 중간중간 끊겨 다소 불편하였지만, 스칸디나비아반도에서의 첫 맥주도 즐기고 재밌는 유튜브 동영상들을 시청하며 시간을 보냈다. 내가 묵은 Anker Apartment는 제법 규모가 컸는데 시내에 위치한 Anker Hostel과 같은 곳에서 체인으로 운영되고 있는 듯하였다. 거리는 좀 더 멀었지만 시설은 더욱 넓고 쾌적한 느낌이었다. 많은 배낭여행객들이 비가 와서 그런지 리셉션 이곳저곳에 널브러져 제각기 랩탑 또는 모바일을 가지고 시간을 보내고 있었다. 베르겐 호스텔에서처럼 소셜라이징하는 분위기는 아니었지만 그래도 여유롭고 괜찮았다. 오랜 여행에 지친 몸과 마음을 잠시 쉬어 가기엔 더없이 좋은 곳이었다. 어느덧 여행 일기도 막바지로 치닫고 있었고, 유럽을 이곳저곳 유랑하는 많은 배낭여행객들 또한 나처럼 그들만의 여행 막바지 즈음이리라.

　동이 튼다. 스톡홀름은 오늘 비가 예보되어 있다. 하지만 내일은 다행히 맑아질 예정이다. 이제 마지막 삼 일이 남았구나. 일요일 밤 비행기로 런던으로 돌아가야 하니까. 금, 토, 일 이렇게 삼 일이 내게 남아 있다. 하지만 남은 기간 역시 관광을 목적으로 너무 무리하게 돌아다니진 않을 생각이고, 좋은 곳이 있다면 잠시 쉬어 가며 바이킹과 노벨상의 고장 스웨덴을 아주 잠시 느껴보려 한다.

#20. 유럽 산책 그 마지막 밤

여행 마지막 날 밤이다. 오지 않을 것만 같았던 그 밤이 왔다. 한참을 스톡홀름 올드 타운 초입의 다리 앞에 앉아 한 젊은이의 기타 연주를 들었다. 감미로운 연주와 호소력 있는 목소리, 그리고 구도심과 신시가지를 잇는 다리 아래로 흐르는 스칸디나비아반도의 바닷물과 불빛이 나의 유학생 시절 유럽 여행의 마지막 밤을 그렇게 조용히, 떠들썩하지 않게 비춰주고 있었다. 내일이면 다시 영국으로 돌아간다. 물론 밤 비행기여서 레딩에 도착하는 시각은 아마도 월요일 새벽이 될 수도 있겠지만, 어찌 되었든 나의 여행은 내일 끝난다. 9시 30분 비행기를 타기 위해선 아마도 6시엔 공항으로 출발해야 하니 미술관과 바사뮤지움(Vasa Museum)을 둘러보고 여유 있게 시간을 보낼 예정이다.

오늘 날씨는 다행히도 매우 좋았다. 트라이애슬론 국제 경기가 펼쳐져 도시 전체가 축제 분위기였고, 전 세계에서 모인 각양각색의 사람들이 올드 타운인 감라스탄(Gamla stan) 지역과 페리를 타기 위한 항만 주변에서 스웨덴의 눈부신 여름, 그 막바지를 즐기고 있었다. 아침저녁으론 제법 쌀쌀한 것이 마치 한국의 늦가을 느낌이 났다. 낙엽은 없었지만 말이다. 오후에는 스웨덴의 야외 민속박물관과도 같은 스칸센(Skansen)에서 시간을 보냈다. 옛 농장의 건물 내·외부를 그대로 복원해 놓은 곳이었고, 스웨덴 전통 건물, 교회 등을 구릉지가 위치한 곳에 민속 박물관처럼 꾸며 놓았다. 날이 좋아 더욱 좋았다.

　　인터레일 팔찌를 찬 지 어느덧 한 달이 지났구나. 시간이 참으로 빠르다. 영국에 돌아가면 남은 보름 동안 매일 두 시간 운동 그리고 산책, 논문 마무리 및 교수님과의 튜토리얼 마무리, 친구들과 사람들 정리, 유학 비용 정산 등에 시간을 보내게 될 예정이다. 물론 막바지 잉글랜드 에일을 즐기는 것은 당연 최우선순위이다. 긴 여행 끝에 지난 일 년 간 영국에서 동문수학했던 내 정든 친구들이 보고 싶었는데 드디어 돌아가는구나! 처음 계획했던 모든 것들을 일정대로 소화해냈다. 큰 실수 없이 말이다. 중간에 부다페스트에서 1박을 예약한다는 것을 실수로 2박으로

예약한 사건(?)이 있었으나, 리셉션에서 환불이 불가능했던 예약이었음에도 불구하고 1박으로 계산해 주었다. 착한 친구들이다. 사실 1박에 10파운드의 비용인지라 2박 비용을 지불한다 해서 큰 부담이 있는 것은 아니었으나, 어찌 되었든 버짓 트래블러인 유학생 여행자로서는 불필요한 지출은 줄이는 것이 좋으니 잘한 처사였다.

사람은 누구나 살다 보면 실수를 하게 되어 있는데, 따라서 실수를 하지 않

#3. 일상이 여행이 되는, 유럽 도시 기행

으려고 노력하는 것도 중요하지만 그것에 너무 집착하여 매사 노심초사 안절부절하기보다는 일을 꼼꼼히 진행시키고, 만약 실수로 인한 사고가 발생했다면 이를 어떻게 수습하여 해결해 나가는지가 더욱 중요한 것 같다. 지난 1년을 돌이켜 보면 BIM 개인 과제 0점 사건이 그러했고, 베드포드(Bedford) 지갑 분실 사건도 그러했다. 이번 여행에서는 큰 과오 없이 지냈으나 중간에 벌레에 물린 왼쪽 발등이 브라티슬라바에서의 뜨거운 햇살 아래 퉁퉁 부어올라 심각하게 복귀를 고민했었던 부다페스트에서의 첫날 밤이 있었다. 다행히 둘째 날 약국에서 연고를 사서 발라 그다음 날 급속도로 효과를 본 것은 천만다행이라 생각한다. 만약 방치했었더라면 어찌 되었을지는 아무도 모른다. 이제는 건강을 자만해서는 안 될 나이가 된 것 같다. 이번 여행을 통해 보다 절실히 느꼈지만 사람의 몸이라는 것은 결코 방심해서는 안 된다. 항상 들여다보고 관리를 해야 한다.

#21. 다시 영국으로

　스톡홀름 알란다 공항이다. 이제 한 시간 뒤면 영국으로 돌아간다. 긴 여행이 끝나가고 있다. 화사한 햇살이 아름다웠던 7월의 어느 이른 아침 레딩대학교 캠퍼스를 나섰던 일이 바로 엊그제처럼 생생한데, 벌써 한 달이 훌쩍 지나 다시 레딩으로 돌아가기 위해 공항에 왔다. 시간이 정말 빠르구나. 공항은 언제나 약간의 가슴 떨림과 설렘을 주는 곳이다. 늘 그래 왔다. 그 목적이 출장이든, 출장 복귀든, 여행이든, 여행을 마치는 것이든 늘 그래 왔던 것 같다. 한국을 떠날 때는 한국이 아닌 이제 곧 가 볼 나라에 대한 설렘, 그곳에서 한국으로 복귀할 때는 그리운 가족을 다시 만날 수 있다는 즐거움과 설렘이 있었다. 비록 이번 복귀는 좀 다른 의미를 가지지만 어쨌든 현재로선 제2의 집과도 같은 레딩으로 다시 돌아간다는 사실이 그래도 왠지 모를 편안함을 준다. 어느덧 레딩은 나에게 제2의 고향과도 같은 곳이 되었나 보다. 한 달의 여정이 사실 짧다면 짧고 길다면 길다고도 할 수 있는데, 계속되는 여행은 새로운 경험에 대한 즐거움을 주기도 하지만 동시에 심신에 다소 피로감을 주기도 한다. 고마운 여행이었고 유익한 여행이었지만, 이제는 그만 집으로 돌아가 좀 쉬고 싶은 마음이다. 나그네가 쉴 편안한 안식처 그리고 내 집. 그립구나! 내 마음속 그 '집'의 의미가 잉글랜드 레딩의 푸른 숲이 우거진 아름다운 캠퍼스 속에 위치한 웨섹스 홀이라는 사실에 흠칫 놀라면서도, 정든 그곳에서의 삶이 이제 내게는 떼려야 뗄 수 없게 된 인생의 한 장면이 되었다는 생각이 든다.

이제 다시 돌아가면 지난 한 달 동안 내 등 뒤에서 든든히 나와 함께 해주었던 소중한 옷가지들을 코인 세탁기에 맡겨두고, 매일 꾸준히 다시 운동도 하고, 식단도 꾸준한 건강식으로 다시 채워나가고, 그리웠던 친구들도 다시 만나고, 그 그리웠던 친구들과 수영을 다시 하고, 그 그리웠던 친구들과 다시 수다를 떨고, 그 그리웠던 친구들과 마지막 에일을 즐기겠지. 그렇게 2주간의 시간이 또다시 눈 깜짝할 사이에 지나가겠지만, 이제는 가서 마무리를 할 때이다. 몸도, 마음도, 짐도, 사람도 그리고 논문도 모두. 단일 여행으론 가장 오랜 기간 집을 나선 셈인데, 나름 큰 과오 없이, 매우 콤팩트한 짐 꾸러미로 잘 구경하다 돌아간다. 세상 구경. 유럽 구경. 서방 견문록. 그동안 잘 버텨준 청바지와 반바지와 양말들과 특히 신발에게 고맙다는 말을 전하고 싶다. 두 장의 수건 중 한 장은 조기에 작별하였고 마지막 한 장은 끝까지 소임을 다하다 오늘 아침 이별하였다. 네 켤레의 양말 중 두 켤레의 양말에 구멍이 나 마지막 행선지인 스톡홀름에서 작별을 고하였고 빨래를 위해 스위스 호텔에서 가져온 샴푸와 비누는 노르웨이 베르겐에서 역할을 다하고 '안녕' 인사를 나누었다. 인생은 공수래공수거다. 참, 스위스 여행을 끝으로 한국으로 미리 복귀한 캐빈클라인 블랙백과 두 장의 펑퍼짐해진 반바지들, 두 장의 빛바랜 흰색 티셔츠들은 곧 한국에서 다시 만나자꾸나. 한 달간 15일을 사용할 수 있는 인터레일 패스는 15일을 온전히 그리고 36줄의 역사를 담은 채 너덜너덜해졌다. 이 걸레가 되어버린 패스를 다시 보내어 기프트를 받으면 비로소 나의 여행은 'A+'가 된다. 프라하에서 취리히로 가는 야간 열차는 별도 티켓을 구매하였으므로, 이번 한 달간 탑승했던 기차는 총 서른일곱 대가 되는 셈이다. 그리고 다섯 번의 야간 기차까지. 당분간 내 인생에 기차는 없을 듯하다. 마지막에 Fotografiska에서 구매한 한 장의 코끼리 사진과 두 장의 말 사진은 너무도 만족스럽다. 한국에 돌아가면 거실 잘 보이는 곳에 걸어 두어야지. 21시 30분 비행기가 지연이 되어 22시 20분 출발 예정이다. 런던 루턴 공항에는 23시가 넘어 도착할 예정인데, 시차를 고려하면 비행 시간이 3시간이 넘나 보다. 레딩으로 가는 기차가 또 약 두세 시간 소요되니, 아마도 내일 새벽에나 기숙사에 들어갈 수 있을 것 같다. 씻고 자고, 아침 일찍 일어나서 이발하러 다녀와야지. 그리고 다시 씻고 자고, 장 보고. 피곤하다. 쉬고 싶구나. 이제 가자 집으로!

#4

캠퍼스에서의 희로애락,
본학기 시작

#4

드디어! 본 학기가 시작되었다. 프리세셔널 과정이 몸 풀기였다면 이제는 정말 실전이다. 영국뿐만 아니라 세계 여러 나라에서 모인 각양각색의 친구들이 함께 그려 나가는 레딩대학교 캠퍼스 라이프의 시작! 전 세계 모든 인종이 다 모여 있네? 지나간 시간은 두 번 다시 오지 않는다. 두근두근 열심히 공부하고 치열하게 즐기고 후회 없이 경험해보자.

#1. 새 학기, 본격적인 캠퍼스 라이프 시작

두근두근 새 학기가 시작되다

드디어 본 학기 시작 전날 밤이다. 기숙사는 이미 새 학기를 맞이하는 학생들로 가득 찼다. 프리세셔널 기간과는 판이하게 다른 학교 분위기가 느껴진다. 두근! 두근! 프리세셔널 오티 때 경험했던 인터내셔널한 느낌에는 비할 수 없을 정도로 정말 수많은 나라에서 온 다양한 인종의 사람들이 캠퍼스를 거닐고 또 기숙사에 입주하고 있었다. 오 마이 갓!! 이제 정말 시작하는 건가!! 순간 또 엄청난 설렘을 느낀다.

내가 앞으로 내년 여름 논문 학기 시작 전까지 석사 본 과정 9개월간 거주하게 될 기숙사의 이름은 던스덴 크레슨트(Dunsden Cresent)다. 크레슨트(Crescent)는 초승달을 닮은 커브드 곡선의 건축물을 의미하는 듯하다. 이곳저곳에서 크레슨트가 결합된 건물 이름을 많이 들어왔는데, 하나같이 다 곡선이 진 옛 유럽풍의 건물이었다. 던스텐 크레슨트는 식사 제공(Catered) 서비스를 제공하면서 화장실과 욕실이 포함된(En-Suite) 곳으로 레딩대학교에서 가장 비싼 기숙사다. 그래도 런던 시내 렌트비에 비하면 나름 합리적이지만, 내가 이곳을 선택한 이유는, 이 합리적인 가격에 밥도 주고 개인 화장실도 이용할 수 있는 매우 편리하고 경제적인 곳이기 때문이다. 사실 외부에 충분히 더 넓고 좋은 방을 구할 수도 있었는데 학교 기숙사 안에서 영국 친구들과 직접적으로 부딪쳐 보자는 생각에 다소 불편할 수도 있지만 캠퍼스 안에 둥지를 틀었다. 무엇보다 중요한 건 밥값이 학생 카드에 매주 63파운드씩 Top-Up이 되기에 나로선 매우 합리적인 선택이었다. 오늘 저녁엔 드디어 모든 플랫 메이트들을 만났는데 그야말로 다국적군이다. 다이닝룸에 모여 서로의 연락처를 교환하고, 페북 단체 채팅창을 만들었다. 그중엔 푸에르토리코 출신의 미국인도 있고, 히로시마 출신 일본인도 있고, 페로에 아일랜드에서 온 매우 대니쉬하게 생긴 친구도 있고, 옛 소련 영토 몰도바에서 온 법학도 친구, 런던 토박이 흑인 친구도 있었다. 거의 대부분 석사 과정 진학 예정자들이었고, 그래서 더욱 잘 통할 것 같다. 앞으로 좋은 시간과 추억을 함께할 수 있으리라. 무척이나 기대가 된다. 갑자기 다시 두근두근 설렌다. 이제 정말 실전이다. 최대한 많은 사람들을 만나고 대화하자! 실전 영어와 실전 QS(Quantity Survey) 공부 시작!

첫 강의 그리고 새로운 기숙사 친구들

6시에 기상하여 오늘 강의 가이드 확인하고 7시 10분 스포츠파크에서 Spinning을 했다. 매우 상쾌한 기분으로 하루를 시작! 문득 행복감이 몰려왔다. 아침 캠퍼스 등굣길에 만나는 새소리, 바람소리 그리고 청량함을 주는 나무들과 시원한 공기가 좋다. 무엇보다 던스덴 기숙사에서 캠퍼스로 향하는 그 오솔길이 나는 너무도 좋다. 운동을 끝내고 기숙사로 돌아와 샤워를 하고 친구들을 잠시 만나 안부를 물었다. "어제는 잘 잤니?", "기분은 어떠니?", "밥은 무엇을 먹었니?" 서로에 관심을 가져주는 이런 일상적인 대화들이 참 좋다.

이윽고 친구들과 함께 기숙사를 빠져나와 학생 대표와 총장인 바이스챈슬러에 의한 웰컴 세션에 참석했다. 이번 주는 다양한 학과와 동아리 소개 등이 이루어지는 웰컴 주간인데, 그곳에서는 이번 주에 이루어질 즐겁고 흥분되는 일정에 대한 이야기를 들려주었다. 당연히 역사와 전통의 레딩대학교 입학을 축하한다는 인사말과 함께. 학교 학생회인 레딩 유니언에서 주관하는 수많은 활동들에 대한 설명을 듣자 가슴이 뛰었다. 마치 사관학교에서 경험했었던 다양한 커리큘럼을 보는 듯하였다. 세일링과 승마 등 내가 원한다면 사관생도 시절처럼 매우 다이내믹하게 지낼 수도 있겠다는 생각이 들었다. 소개 자리가 끝나고 테니스와 승마 세션에 가보았다. 또다시 두근두근! 이름과 전화번호 등 기본적인 정보를 등록하고 점심 식사를 할 겸 대학원 학과 사무실에서 진행되고 있는 미팅에 참여를 했다. 때마침 배고픈 대학원생들에게 맛있는 샌드위치와 차를 제공해 주고 있었다. 샌드위치 두 쪽을 집어 들고 차를 마시며 그곳에 모인 다양한 전공의 친구들, 교수님들과 대화를 나누었다. 그래, 이렇게 그냥 막 부딪쳐 보는 거다! 토크! 토크! 토크! 이것만이 살 길이다.

첫 강의는 오후 2시부터 시작됐다. 그리고 5시 40분 종료. 영국식 건설적산법에 대한 기본적인 강의였으나 그래도 모두들 꽤 진지했다. 다른 학과에서는 단순히 웰컴 톡의 일환으로 진행한다고 하던데, 우리 학과는 뭔가 다르다는 생각이 들었다. 힘들게 노력한 만큼 내 것이 되고 내 실력에 보탬이 되겠지. 힘내자! 이제 정말 실전이란 생각이 든다. 오늘 하루를 돌이켜 보건대, 점심에 샌드위치 미팅 때 영국인 친구들과의 대화들은 그야말로 무한도전이었다. 특히 로컬 악센트의 영국인들 사이에 둘러싸여 대화를 따라가며 간간이 나의 의견을 제시하는 것들이 사실 아직은 무척이나 버겁게 느껴졌다. 단둘이 대화할 땐 내가 대화를 주도하기도 하고 모르는 것은 물어보기도 하면서 대화의 속도나 내용의 조절이 가능하다. 하지만 단체 대화에선 그게 내 마음대로 될 수가 없으니 사실

늘 도전의 연속인 셈이다. 하지만 필요한 과정이겠지. 그래도 계속 듣고 대화하고 시도하다 보면 나아지리라.

비가 오니 저녁 운동은 가지 않기로 했다. 문득 지난 방학 파리에 두고 온 우산이 그리워지는 날이다. 이제 부슬비 정도는 그냥 맞고 다닌다. 저녁에 올 땐 이슬비 수준을 넘어섰지만 그래도 그냥 맞고 왔다. 우산이 없어서 하나 사야 하는데, '타운으로 나가야 하나' 생각을 하면서 기숙사에 돌아왔다. 친구들은 다이닝 룸에 모여 있었고 나도 그곳에 합류해서 잠시 사라, 루비, 알렉스와 가볍게 대화를 나눴다. 사라는 금발의 페로에 아일랜드 출신 북커버 작가이고, 루비는 푸에르토리코에서 어린 시절 플로리다로 이민을 가서 현재는 미국 국적을 갖고 있는 친구이고, 알렉스는 소련 출신의 그레이 헤어가 멋진 잘생긴 몰도바 변호사다. 참 다양하구나. 내일 아침 함께 Park Eat이라는 기숙사 인근 학교 식당으로 잉글리시 브렉퍼스트를 먹으러 가기로 약속하고 각자 방으로 들어갔다. 모두 대학원 과정 친구들인지라 학부 친구들처럼 천방지축 까불까불하진 않고 상당히 점잖은 편이다. 앞으로 함께할 기숙사 생활 그리고 캠퍼스 생활이 기대가 된다. 다들 참 좋은 사람 같다.

두 번째 수업, 알찬 하루 보내기

이곳에서는 기숙사 같은 층 친구들을 플랫 메이트(Flatmate)라 부른다. 나의 새로운 플랫 메이트들인 알렉스, 루비와 Park Eat에서 아침 식사를 함께하고 수업에 들어갔다. QS 과정의 기본 이론과 영국식 건축적산법에 대한 실제 수업이 진행되었다. 건축기사 공부하던 시절의 적산 느낌이 살짝 나기도 했다. 매우 기본적인 건축물의 공사 시퀀스를 따라가며 QS들이 실제 필드에서 계산하는 방식을 보여주고 설명해 주었는데, 그래도 건설 회사에서 근무했던 경험이 있는지라 이해가 어렵진 않았다. 사실 아직까진 영어가 완벽하게 들리진 않지만 그래도 익숙한 건설용어들 덕분에 나름 따라갈 만했다. 점심엔 학교생활페어에 참석을 하여 아카데믹 영어 과정을 확인했다. 또, 대학원 미팅룸에서 어제처럼 샌드위치를 먹으며 터키에서 온 톨가와 학교생활 서비스 관련 강의를 청강했다. 정말 다양한 강의와 학과 과정이 있는 것 같다. 내가 어떻게 일정을 짜고 효율적으로 움직이느냐에 따라 얻을 수 있는 경험의 양이 대단해질 것 같은 예감이다. 오후 5시까지 진행된 수업을 마치고 친구들과 Park

Eat에서 저녁 식사를 하고 곧바로 스포츠파크로 향하여 Spinning과 요가를 했다. 하루가 무척이나 알찬 느낌이다.

학과 오티에 다녀오다! 보물섬 같은 레딩대학교 생활

오늘 오전엔 학과 오리엔테이션이 있었다. 약 150여 명 정도 참석을 한 것 같다. Msc. Programmes in Construction Management and Engineering 과정에는 7개의 세부 전공이 있다. ① Construction Management(CM), ② Construction Cost Management(CCM), ③ Project Management, ④ Design and Management of Sustainable Built Environments, ⑤ Construction in Emerging Economics, ⑥ Information Management for

Design Construction and Operation, ⑦ Renewable Energy: Technology and Sustainability. 이 중 CM과 CCM전공자가 각각 35명으로 가장 많다고 한다. 오티 중 알려준 AEP(Academic English Programme)라는 어학 과정을 학과 수업 중간중간 빠짐없이 모두 신청을 했다. 불태우는 거지, 뭐.

1시간의 짧은 점심 시간엔 루비와 우연히 만나 점심을 같이 하고 스포츠 페어에 참석하여 골프, 농구, 세일링에 등록을 했다. 어제는 테니스와 승마를 등록했는데, 시간상 전부 할 수는 없을 것 같고 동아리 오티에 참석해 보고 결정하자. 학과 생활과 병행해서 내가 실제 할 수 있는 현실적인 수준으로 스케줄링을 할 생각이다. 사실 그곳에는 상상할 수 있는 모든 종류의 스포츠클럽이 있었다. 홍보를 하고 있는 학부 과정의 친구들은 정말 열정이 넘쳐보였고, 본인의 동아리에 대한 깊은 애정을 숨김없이 드러내고 있었다. 짧은 1년의 석사 과정이지만, 그래도 알차고 보람되게! 생활하자. 학부생들하고도 뒹굴뒹굴하며 말이다. 마치 생도 생활로 다시 돌아간 듯한 느낌을 받았다. 누군가 사관학교는 보물창고라 말했지만, 이곳이야말로 정말 보물섬이라는 생각이 들었다. 내가 하는 만큼, 상상하고 생각하고 말하고 실행하는 만큼 모두 내 것이 된다.

바쁜 하루, 인터내셔널한 던스덴 크레슨트 생활

숨 가빴던 한 주가 끝나가고 있다. 첫 과제를 성공리에 제출하고 나니 화창한 금요일 오후의 잉글랜드가 나를 기다리고 있었다. 수업료와 기숙사 1회분을 납부하고 테니스 코트로 향했다. 정말 오랜만에 제대로 쳐보는 테니스는 너무나 즐거웠다. 멤버 대부분이 브리티시 언더 과정의 친구들로 보였지만, 사실 이곳은 학부와 석사 과정의 차이라든가 나이의 차이가 그렇게 중요해 보이진 않았다. 그저 다 같은 레딩대학교 학생이라는 사실만이 의미 있을 뿐이다. 타운에 나가 25% 할인된 가격인 27파운드에 사라 누나로부터 머리를 손질 받았다. 레딩에서 가장 비싼 헤어샵 중 한 곳이지만, 만족스럽다. 음료수도 주고 머리도 감겨준다. 학교 헤어샵에 있는 모로코 아주머니는 매우 수다스러웠고 내 머리를 매우 우스꽝스럽게 만들어 주시곤 했었는데, 이곳은 적당한 대화를 통해 적당한 수준의 스타일을 만들어 주니 만족스럽다. 헤어샵을 나와 몰 3층에 위치한 애플샵에서 두어 시간을 기다린 끝에 바이러스 같은 에드웨어를 제거하는 데 성공했다. 맥북을 처음 쓰는지라 이것저것 시도하다 광고가 자꾸 뜨는 무언가 마법에 걸려 그간 고생 좀 했었는데 이제 치유가 된 것이다. 앞으로 좀 더 주의를 기울여 사용해야겠다. 학교로 다시 돌아와 던스덴 친구들과 이번 주에 할당된 학생카드 Top-Up 머니를 모두 소진하고 피자 파티를 열었다. 아마도 개인당 5파운드씩은 남았던 것 같은데, 그걸 다 모아 보니 피자 세 판과 피지 드링크 수십 개를 살 수 있었다. 기숙사로 돌아와 옆 동에 사는 이집트에서 온 누아, 이탈리아에 온 데버라를 초대해서 밤이 늦도록 금요일 밤의 수다를 떨었다. 인터내셔널 느낌의 던스덴 크레슨트를 나는 사랑하게 될 것 같다.

월요일의 길고 긴 수업

월요일 오후에는 Understanding cost planning 수업이 3시간

반 동안 진행된다. 그래서 많은 친구들이 오전엔 각자 방에서 휴식을 취하는데 나는 아침을 일찍 먹고 기숙사를 나섰다. 오전엔 학생 카드를 석사과정으로 변경하고, 도서관에서 책을 보고, 점심엔 Eat at the Square에서 맛있는 치킨샐러드를 즐겼다. 월요일 오전의 캠퍼스는 비교적 한산했다. 움직이는 친구들은 그리 많아 보이진 않았는데, 나는 오랜 세월 굳어진 습관 때문인지 월요일 오전에 방 안에 가만히 있을 수가 없었다. 수업이 끝나고 저녁엔 사라, 루비, 알렉스와 Park Eat에서 스테이크를 함께했다. 학생 식당에서 즐기는 합리적인 가격의 스테이크! 좋다. 식사가 끝나고 기숙사로 돌아가 알렉스가 사온 커피를 함께하며 가볍게 이야기를 나누었다. 즐거운 시간이다. 하루하루, 순간순간이 신기하고 즐겁고 행복하다.

영국에서의 첫 그룹 스터디

오늘은 수업이 없지만 영국 친구들과 그룹웍을 진행한 날이다. 이곳은 일주일 정도 강의가 마치 고등학교처럼 쭉 진행되다, 또다시 일주일 정도는 팀을 이루어 그룹 과제를 함께 수행하기도 하고, 개별 과제로 주어진 에세이를 참고 문헌 등을 조사해가며 작성하기도 하는 등 커리큘럼이 다채롭게 구성되어 있다. 하루하루가 같지 않음에 나는 흥미를 느꼈다. 그룹 스터디는 쉽지만은 않았지만 최대한 집중하여 참여하였다. 학과 강의는 교수님들이 비교적 클리어한 발음으로 진행을 하여 그런대로 따라갈 만하지만 젊은 영국 친구들이 그들끼리 빠르게 이야기하는 걸 따라간다는 것은 정말이지 쉬운 일은 아니다. 우리 팀은 다행히 팀웍이 좋은 편이어서 집중해서 두 시까지 모든 걸 끝내고 세 시경 학교 유니언에 있는 펍에서 수제 버거와 맥주 한잔을 함께할 수 있었다. 순간 긴장이 풀어지며 릴랙스한 시간 속에서 친구들과 이런저런 수다를 떨었다. 버거도 너무 맛있었고 시원한 라거는 최고였다.

석사과정 논문 소개 강의

Dissertation and Research 강의. 즉 석사 논문에 대한 일종의 오리엔테이션 강의가 진행된 날이다. 중국인 교수님의 발음은 프리세셔널 과정 때 짝꿍이었던 통의 발음과 너무도 흡사하여 흠칫 놀랐다. 정확한 영어가 중요하지 발음 자체는 그렇게 중요한 것이 아니라고는 하지만, 확실히 듣기에 편하진 않았다. 그럼에도 불구하고 박사 학위를 따고 저렇게 교수가 되어 영국인 학생들 앞에 서서 자신감 있게 스피치를 하고 있다니 대단하단 생각이 들었다. 저녁엔 테니스 동아리 활동에 참여해서 땀을 흘렸다. 영국인 소녀들과 함께하는 즐거운 테니스 시간이다. 이제 요가 시간만큼이나 행복해지려 한다. 이 역시 감사할 일이다. 하루하루 즐겁게 보내자. 어느덧 두 번째 주도 저물어 간다. 오늘 하루도 감사합니다.

도서관, 전공 서적의 보물 창고

아침부터 비가 내렸다. 어제 늦게 먹은 피자로 인해 오랜만에 더부룩함을 느끼며 눈을 떴다. 평소보단 다소 늦게 Park Eat에 가서 늘 그렇듯 잉글리시 브렉퍼스트를 즐겼다. Eat at the Square보다 이곳의 브렉퍼스트가 더 맛있는 것 같다. 비 내리는 도서관에 홀로 앉아 창

문을 두드리는 빗소리를 들으며 나이지리아에서 온 런더너 10년 차 친구인 세군과 함께 2층 코너에 앉아 전공 책을 보았다. 건설 관련 전공 서적이었는데, 원 없이 마음껏 보다 가야지! 아무런 후회가 남지 않도록 말이다. 한편으로 그래도 참 다행이란 생각을 했다. 전공 책을 완벽하게 이해하는 건 아니었지만 그래도 영어로 된 문서를 읽는 것 자체를 좋아하니 말이다. 계속 이렇게 읽어대면 언젠가는 영어 또한 한글처럼 보다 편안하게 느껴지는 날이 오겠지? 오늘은 오픈 데이라 학교 캠퍼스에 손님이 많았다. 그들을 가이드하는 친구들을 보며 나 또한 반드시 그들처럼 되리라 다짐을 해본다. 내일도 도서관에 가서 좋아하는 전공서적을 마음껏 읽어보자.

강의 그리고 일상

아침 요가 후 늘 그렇듯 친구들과 잉글리시 브렉퍼스트를 즐겼다. 지저귀는 새들과 드문드문 다람쥐를 만날 수 있는 이곳의 상쾌한 아침이

너무도 좋다. 하루 중 가장 놓치고 싶지 않은 시간이다. 도서관 1층 카페테리아에서 테이크아웃을 하는 아메리카노 더블 사이즈도 너무도 감사하다. 블랙월이라는 교내 서점에서 Construction Contract 서적을 사고 들뜬 마음으로 도서관에서 졸며 책장을 넘겼다. 열두 시에 AEP Voca 첫 수업에 참석하고, 두 시엔 Agriculture NiKE 강의실로 달려가 PM 수업을 오후 다섯 시 반까지 들었다. 수업 내용은 너무도 기본적이어서 다소 실망하였지만, 그래도 강의 내용을 모두 이해한다는 것에 위안을 삼았다. 이 과정은 강의 자체에 큰 기대를 하기보다는 논문 주제를 잘 정하여 앞으로 1년 농사를 어떻게 지을지, 스스로 관련 전문 서적을 읽고 실력을 향상하는 것에 중점을 두기로 하였다. 그게 맞는 것 같다. 이미 실무를 통해, 그리고 커머셜 연수 과정을 통해 누구보다 많은 내용을 들어오고 공부해 오지 않았는가. 이 기회에 마음껏 전문 서적을 읽고 진정한 전문가로 거듭나기 위한 셀프 스터디 마스터가 되자!

프로젝트 매니지먼트 수업

이번 주는 Project Management 모듈이 진행된다. 강의 내용은 너무도 기본적인 수준에서 진행되어 다소 실망감이 있었지만, 생각을 달리하기로 했다. 비록 베이직한 내용의 강의이지만, 이를 영어로 듣는 것이니 그 점에 의의를 두기로 했다. 사실 나는 PM과 관련된 이론과 실전을 경험해왔기에 강의의 난도가 높지 않은 것으로 느껴질 수도 있겠다는 생각을 했다. 함께 강의를 듣는 대부분의 친구들은 이제 갓 학부를 졸업했거나 건설 관련 전공이 아닌 친구들도 제법 있기 때문에, 그들에겐 이 모듈이 그렇게 쉽지만은 않을 수도 있겠단 생각을 했다. 실제로 옆에 앉은 듀크 지방에서 온 영국인 친구 톰과 이야기를 나눠 보니 그는 나름 난도가 있는 수업으로 평가하고 받아들이고 있었다. 어쨌든 나는 진짜 나에 맞는 심화 공부는 논문 준비를 통해 하리라 다시 한번 생각을 하며 수업에 임했다. 오늘은 EVM(Earned Value Management) 수업이 진행되었는데 한 때 사내 EVM 담당으로 그 분야에만 골몰하고 연구하며 지냈던 시절이 문득 떠올랐다. 세월은 참 빨리도 흐르는 것 같다. 늘 느끼는 바이지만 음지가 양지 되고 양지가 음지 된다. 인생지사 새옹지마, 그러니 슬퍼할 이유도, 자만할 이유도 없는 것이다.

BIM(Building Information Modeling) 수업

BIM Group work day. 일주일간 진행되는 BIM 모듈은 별다른 세부 강의도 없이 소프트웨어 자체 연습 후 그룹웍이 바로 시작되었다. 매뉴얼 또는 동영상을 보고 스스로 과제를 진행하되 궁금한 사항을 물어보아도 바로바로 해결되지 않는 치명적 문제점을 안고 있는 모듈로 보인다. BIM이라는 이름값 덕에 수많은 학생들이 수업에 참여하고 있으므로, 학교 입장에서 비용 대비 수익을 따져보면 매우 훌륭한 비즈니스임에 틀림없다. 하지만 학생들 입장에서는 글쎄... 첫 수업 후 나와 같은 생각을 한 친구들이 많았는지, 둘째 날 중도 포기자도 다수 나온 듯하다.

어찌 되었든 일주간 수업과 실습은 진행이 되었다. 브리티시 친구들과 팀웍을 이뤄 그룹웍을 할 때 좋은 점은 살아있는 브리티시 영어를 접할 수 있다는 점과, 과제의 수행 주체가 그들이 되어 마음의 부담이 다소 덜할 수 있다는 점. 반대로 안 좋은 점은 메인이 되기 어려운 상황에서 오는 심리적 초라함. 약간의 찝찝함? 그리고 다소 빠른 진행으로(우리 그룹만 그런 것인지는 몰라도 그들은 빠른 진행 후 한 잔의 에일을 즐기고 싶어 했다) 최종 결과물의 품질이 오히려 좋지 않을 수 있다는 점 등이 있다. 어찌 되었든 오늘 그룹웍은 우리 조가 가장 먼저 마친 듯했다. 내일 오전 남은 시간에 대한 부담과 차주 월요일 마감일 전까지 있을 뻔했던 부담감은 없어 좋긴 하다. 그리고 수업 후 팀원들과 늘 함께하는 에일은 수업 이상의 즐거움과 배움의 역할을 해주어 때론 매우 고맙기까지 하다. 어느덧 10월의 중턱이다. 원서를 더욱 많이 읽고 보다 치열하게 열정적으로 지내자! 그리고, 무엇보다 중요한 것! 항상 초심을 잃지 말자.

#2. 잉글랜드의 가을과 겨울, 일상의 단상들

산책 & 요가 그리고 정통 훠궈(Hot Pot)

루비와 학교 산책 후 요가를 다녀왔다. 주말 요가는 정말이지 너무도 개운하고 상쾌하다. 활력이 채워지는 느낌이랄까. 루비도 플로리다(Florida)에서 요가를 했었다고 한다. 기숙사 친구와 함께 수업에 참여하니 그 즐거움이 배가 되는 느낌이었다. 요가가 끝난 후 샤워를 하고 화창한 날씨와 아름다운 캠퍼스, 그리고 호숫가 산책을 즐기기 위해 다시 밖으로 나왔다. 너무나도 사랑스러운 이곳 레딩 캠퍼스... 가을 낙엽이 캠퍼스의 분위기를 더욱 멋스럽게 만들어 주는 것 같다.

오늘 점심은 이제는 옛 친구의 느낌이 나 더욱 정겨운 랭귀지 코스 멤버들이었던 베스티, 캔디, 앤 등과 함께 중국 사천 충칭지방에서 유명하다는 훠궈를 함께 만들었다. 어학 과정 동안 유일한 한국인이었던 나를 항상 챙겨주던 이 어린 친구들이 나는 너무도 고맙다. 함께한 음식은 매우 맛있었다. 중국 충칭 지역에서 즐겨먹는 음식이라고 하는데 우리나라의 샤브샤브와 비슷하다는 느낌이 들었다. 와인과 함께하니 더욱 좋구나.

일요일, 요가 그리고 휴식

오전에 도서관에 다녀왔다. 비가 오고 춥기도 하고 아내와 스카이프도 해야 돼서 점심에 복귀하였다. 오후에는 휴식 모드에 돌입했고, 플랫 친구들은 이케아 나들이에 다녀왔다. 저녁 시간엔 요가수업에 참석했는데 선생님이 나오지 않아서 자체 몸 풀기를 했다. 일요일 저녁의 요가 선생님은 젊은 영국인 아가씨인데 매우 친절한 분으로, 설명은 매우 훌륭하나 균형 감각은 다소 부족한 듯 동작 시범을 보일 때면 비틀비틀 하곤 했다. 막상 오늘 나오지 않는다고 하니 아쉬운 마음이 들었다. 헤드스탠드를 몇 회 도전한 후 기숙사로 돌아왔다. 행복하다. 몸 가꾸기 그리고 건강한 습관, 건강한 삶, 건강한 중년 준비. 그러다 문득문득 보고 싶은 축복이가 생각난다. 태어나면 어떤 이름을 지어줄까 행복한 고민을 하다 영드 〈스파크하우스〉 3편을 몰아 보았는데, 순간 거기 나오는 주인공들처럼 영어하고 싶어졌다. 음.. 조만간 되겠지. 나는 할 수 있다.

런던 나들이, 해외 건설 계약 분야의 본산 RICS 방문!

학과에서 친구들과 함께 런던 여행을 다녀왔다. Greeds라는 컨설팅 회사와 해외 건설 계약분야의 최고 권위 기관인 RICS를 방문했다. 아침 일찍 커다란 버스를 타고 런던으로 향했다. 흐린 날의 런던 초입은 오래된 건물들과 함께 한층 구도시의 인상을 뿜어내고 있었다. 점점 시내의 중심으로 들어가고 있음이 느껴졌다. 레딩으로 오기 전 런던 투어를 해 둔 덕이다. 그리하여 당도한 빅밴 인근 지역. 그 유명한 빅밴 바로 뒷 건물이 RICS 본사였을 줄이야. 전 세계 모든 QS, Contract manager의 본산 RICS

방문이다. 감개무량함을 느꼈다. 참으로 아이코닉한 빌딩이긴 하나 의외로 그 규모 자체는 크지 않았다. 지하 1층, 지상 5층 규모인 듯하다. 5층 미팅룸 창밖으로 보이는 빅밴이 눈에 들어와 박힌다. 그 방에서는 시계를 걸어둘 필요가 없다는 인상적인 소개말이 기억에 남는다.

신기했던 런던 투어를 마치고 다시 레딩으로 돌아와 가볍게 식사를 하고 스포츠 파크에서 웨이트와 요가를 하였다. 70kg에 도달했다. 너무 뺐나? 상체를 키우는 운동을 시작해야겠다. 너무 말라도 볼품없을 수 있으니 균형 잡힌 몸을 만드는 게 중요하다. Spinning은 일주일에 두어 번 정도로 줄여 너무 살이 빠지지 않도록 관리해야겠다. 내가 세상에서 가족 다음으로 사랑하는 요가는 매일 하기로 하고! 매일매일이 도전이고, 매일매일 설렌다. 영국 친구들과 대화하는 게 여전히 쉬운 일은 아니지만, 충분히 해낼 수 있다. 이 모든 것에 감사합니다. 다신 오지 않을 이 소중한 1년을 누구보다 행복하고 알차게!

타운에서 플랫 메이트들과 영화보기

금요일은 오전 수업만! 언제나 즐거운 금요일이다. 마음이 따뜻해지는 좋은 가을 날씨였다. 플랫 메이트들과 타운에 나가 〈미스 페레그린과 이상한 아이들의 집〉이란 영화를 보았다. 영국에서의 첫 시네마인가? 자막 없이 영어로만 보는 영화의 느낌은 매우 새로웠다. 약 70% 정도 이해한 것 같다. 아니, 사실 50%... 영화가 끝나고 우리는 맥주와 피자를 함께하며 타운에서의 즐거운 금요일 밤을 보냈다. 즐거운 시간 즐거운 경험 그리고 즐거운 사람들. 고맙습니다.

금요일 저녁, 쓰리튠 잉글리시 펍

언제나 그렇듯 금요일은 즐겁다. 오전엔 도서관에서 책을 읽고 오후엔 로버트의 영어 문법 교실에 참석을 하였다. 오후 3시 수업 종료와 함께 나의 주말은 시작되었다. 얏! 호! 도서관에 가서 사람들 구경을 하며 다시 한번 이곳이 매우 인터내셔널 유니버시티임을 실감하고 기숙사로 돌아와 알렉스, 사라, 루비와 함께 스포츠 파크에 가서 행복한 요가를 했다. 행복한 나는 요가 전도사다.

저녁을 Park Eat에서 함께하고 근처 펍에 가서 에일을 즐겼다. 같은 기숙사에 살고 있는 히데키상이 추천해준 곳인데, 이름이 The Three Tuns이다. 이곳에

가니 영국 로컬 사람들이 정말 많았는데, 학생들이 점령한 불금 냄새 물씬 나는 파티 분위기의 대학가 젊은 펍이 아니었다. 브리티시 로컬 지역 주민

들이 금요일 저녁에 삼삼오오 테이블을 하나씩 차지하고 여유롭게 즐거운 시간을 보내며 에일을 만끽하는 잉글랜드 전통 펍의 정취를 느꼈다. 영국 펍에서 하는 에일은 헤비한 안주와 함께하지 않아도 되어 좋다. 한두 잔의 파인트로도 충분히 기분좋게 즐길 수 있는, 그즈음에서 그칠 줄 아는 술 문화가 너무도 좋다.

옥스퍼드 여행

옥스퍼드에 다녀왔다. 아침 일찍 Park Eat에서 잉글리시 브렉퍼스트를 먹고 루비, 알렉스와 함께 레딩역으로 향했다. 두근두근! 드디어 옥스퍼드에 가보는구나. 〈해리 포터〉와 같은 영화에서만 보아 온 전형적인 영국식 기차를 탔다. 출발할 당시에는 부슬부슬 비가 내리고 있었으나 25분 만에 당도한 옥스퍼드는 햇살이 너무 좋았다. 역시 나는 럭키 가이!! 신이 났다. 매우 오랜 역사를 자랑하는 세계 최고의 명문 옥스퍼드에 내가 왔다. 오 마이 갓! 도무지 실감이 나지 않았다. 옥스퍼드는 1300년대에 설립된 무수히 많은 칼리지(약 90여 개)로 이루어진 유니버시티다. 영국의 저명한 수많은 정치인, 경제인들이 이곳을 거쳐 갔다. 오늘은 운이 좋게도 마침 졸업식이 열린 날이었고, 검정 코스튬을 입은 옥스퍼드 졸업생들이 무척이나 자랑스러운 표정을 지으며 거리를 점령하고 있었다. 한 손에는 와인인지 샴페인인지 모를 병을 들고 거리를 활보하는 그들의 모습이 매우 행복해 보였다. 옥스퍼드는 그동안 생각해왔던 것처럼 상당히 고풍적인 도시였고 아름다웠다. 내 전공이 옥스퍼드 대학에도 있었다면 나는 아마도 이곳을 선택했으리라.

  오늘은 정말 날씨도 쾌청하니 무척이나 좋았고, 그 아름다운 하늘 아래 유서 깊은 옥스퍼드 펍에서 친구들과 맥주와 위스키를 즐길 수 있어 매우 행복했다. 수많은 옥스퍼드 졸업생들이 아마도 이 브리티시 레스토랑에서 잉글리시 파이를 즐기고 에일을 즐겼으리라. 오늘 하루만큼은 나도 그들처럼 옥스퍼드 칼리그가 되어 이 사랑스러운 공간을 그저 만끽했다. 더할 나위 없이 좋다는 표현은 이럴 때 사용하나 보다. 여행은 역시 즐겁다. 그리고 좋은 친구들과 함께하는 여행은 길지 않은 인생 내내 보석처럼 반짝일 추억을 선물해준다.

  옥스퍼드 도서관 앞에 위치한 전통 브리티시 펍의 야외에 앉아 루비, 알렉스와 한가로이 에일을 즐기고 있노라니, 문득 내 사랑하는 아들이 장차 이곳에서 공부했으면 좋겠다는 생각이 든다. 나도 어쩔 수 없는 부모인가 보다. 그러다 또다시 문득, 내가 부모라니, 내가 아빠라니! 믿기지 않는 이 현실에 행복했다. 사실 그 행복감은 이 유서 깊은 명예의 전당 옥스퍼드를 방문한 것보다 더욱 떨리는 일이다. 그리고 일기장에 막상 '부모'라는 단어를 적어놓고 보니 더욱더 가슴이 두근두근한다. 이제 두 달여 뒤면 우리 사랑하는 축복이를 만날 수 있다. 사랑하는 축복이 엄마에게 너무도 고맙고 사랑한다고 꼭 말해주고 싶다. 남편 없이 그

긴 시간을 지내고 있을 아내를 생각하니 문득 눈시울이 붉어진다. 참으로 주책이다. 하지만 어쩌겠는가, 진심이 그러한데. 아내를 떠올릴 때마다 보고 싶어지고, 만나고 싶어진다. 그리고 마지막엔 늘 한없이 미안해진다. 남은 세월 그 누구보다 사랑해주고 행복하게 해주리라 다짐해 보지만, 그래도 지금은 그저 미안한 마음뿐이다.

변혁의 시대

옥스퍼드 여행 다음 날이다. 아직까지 어제 그 두근거림의 여운이 가시질 않는다. 오늘 아침엔 비가 왔으나 낮엔 밝은 햇살이 비쳤다. 여유로운 일요일이다. 이 한가로운 주말, 나는 도서관 2층 녹색 파티션으로 둘러싸인 책상에 앉아 유튜브를 보고 있다. 좋다. 녹색 파티션 저 너머로 파란 하늘과 하얀 구름이 여유로이 떠 있다. 오래된 책 내음과 배고픈 내 안의 소리는 한결 나의 모습을 이 시대의 배고픈 지성 코스프레를 하게 만들어 준다. 문득 허기짐을 느낀다. 아마도 곧 이를 참지 못하고 나는 Park Eat으로 걸어가겠지. 그리곤 친구들에게 연락해서 점심을 함께 하자고 하겠지. 내가 이곳에 6월 14일에 도착하였으니 어느덧 네 달이라는 시간이 흐른 셈이다. 너무도 행복한 시간인지라 붙잡아 두고도 싶지만, 사랑하는 축복이와 축복이 엄마를 어서 만나고 싶은 생각에 시간이 빨리 흘렀으면 하는 마음도 동시에 존재한다.

얼마 전 회사 사이트에 들어가 보니 기존의 직급 체계가 단순화되고, 그 외에도 다양한 변화가 있음을 알게 되었다. 사실 무척이나 놀랐지만 한편으로 생각해 보면 변화는 늘 그렇듯 위기이자 기회이니 이를 어떻게 잘 활용할지 그리고 앞으로 이 격변의 세월 속에서 어떻게 생존 전략을 수립하여 살아갈지 등의 생각으로 순간 머리가 복잡해졌다. 이제는 정말 확실한 실력을 바탕으로 자신의 정확한 역할을 조직 내에서 수행하며 더불어 주변 사람들에게도 신망받는 토탈 커리어 매니지먼트가 필요한 시기가 오고 있는 것 같다. 기존처럼 고과자에게만 인정받으면 무리 없이 승진하던 시대는 이제 종말을 고하고 있다. 하지만 늘 그렇듯 위기는 곧 기회이고, 이 변혁의 시대에 잘 적응하여 거센 파도의 흐름에 잘 올라탄다면 괜찮으리라.

하루하루 시간은 흐르고 있다. 한시도 허투루 보낼 여백은 존재하지 않는다. 수신제가치국평천하. 항상 유념하고, 내 자신을 수련하고, 단련하고, 가족을 사랑하여 행복하게 만들고 보살펴 장차 큰일을 할 토양을 만들어야 한다. 이제 밥 먹으러 갈 시간이다. 오늘은 닭다리와 누들이다.

장군 발표 그리고 이박사님 장가가는 날

장군 발표가 있는 날이다. 생도 2학년 시절 하훈 훈육관께서 사단장으로 진급하셨다. 그분께서 당시 하훈(하계군사훈련, 사관생도들이 여름에 약 6주간 받게 되는 군사훈련, 대신 방학이 3주로 매우 짧다. 요즘엔 4주라 들었다) 때 해주셨던 말씀이 아직도 생생하다. 고등학교 친구들 중 의사, 변호사도 있고 사업가도 있지만 항상 본인이 리더였고 지금도 그러하다고. 사관학교는 국가를 위해 위기의 순간 목숨을 바칠 수 있는 진정한 리더를 양성하는 교육기관이고 그만큼 가치가 있는 길이라고. 엄격하고 분주했던 사관학교 생활로 인해 한창 몸과 마음이 힘들었던 스물한 살의 나에게 훈육관님의 그러한 말씀은 큰 위로와 힘이 되었었다. 조국을 위해 헌신해오신 그 분의 노고와 희생에 깊은 감사를 드린다.

어제는 내 고향 친구 이박사님이 장가가는 날이었다. 중요한 일임에도 불구하고 어제 일기에 적지를 못했네. 이월애 친구들 결혼식 사회는 내가 그동안 도맡아 했는데 참석하지 못해 아쉬울 따름이다. 멀리서나마 친구의 행복을 기원한다.

다가오는 겨울

지난주는 논문 리서치 관련 강의와 Procurement 등에 대한 개관이 이루어졌다. 하나의 그룹웍이 있었고, 다시 한번 개성이 강한 인터내셔널 인력들 간의 커뮤니케이션과 코웍의 상당한 어려움을 절감할 수 있었던 좋은 기회였다. 겨울이 성큼 다가와 해가 많이 짧아졌다. 오후 4시면 어둑어둑해져 5시면 밤이 된다. 밝은 햇살이 이곳에서는 정말 소중한 듯하다. 힘찬 한 주의 시작이다. 일기는 저녁에 쓰는 건데, 아침 일기가 나에겐 더 적합한 걸까? 아침에 생기는 엄청난 에너지와 조급증 그리고 충만한 집중력으로 무엇이든 할 수도 있을 것 같은 긍정 에너지를 생각하면 나는 사실 아침이 더 맞을 수도 있겠다. 저녁엔 식사하고 운동하고 들어와서 씻고 아내와 스카이프를 하고 나면 왠지 하루가 다 끝난 것 같아 더 이상 무얼 하고 싶지가 않으니.

시간은 정말 빨리 흐른다. 벌써 한 달 반 뒤면 첫 학기가 끝나고 사랑하는 가족을 만나러 한국에 가게 된다. 매우 설레는 반면, 그간 무엇을 이루었나 하는 걱정도 드는 것이 사실이다. 내 마음속 조급증은 그렇게 나를 종종 괴롭히고 있다. 하지만 여유를 갖자. 1년 4개월이라는 시간이 짧다면 짧을 수도 길다면 길 수도 있는 기간인데, 그 기간 동안 나는 나름 최선을 다하고 있는 것이니 조급증은 떨쳐버리자. 순간순간 최선을 다하고 시간관리를 스마트하게 그리고 효율적으로 해내는 것. 그래서 최대한 많이 느끼고 배우고 경험하는 것. 그것만이 내가 지금 해야 할 일이다. 이번 주는 Construction Economics 강의가 이루어진다. 흥미로운 모듈이니만큼 열심히 임하자. 아자아자 화이팅!

미국 대선 그리고 트럼프

도널드 트럼프 대통령 당선 직전. 자고 일어나니 또 한번 그렇게 세상은 바뀌었다. 주식시장은 요동치고 환율도 급변하고 있다. 브렉시트에 이어 트럼프 당선. 올해는 세계사에 길이 남을 다이내믹한 사건들이 연이어 발생을 하는구나. 이곳의 날씨는 한국의 초겨울 날씨의 그것과 비슷하다. 내가 좋아하는 수능 날씨. 영국의 가을은 한국보다 길구나. 아침저녁으론 많이 쌀쌀하지만, 그리고 5시면 해가 지지만 그렇게 나쁘진 않다. 이번 주 수업은 Construction Economics인데 '매우 흥미로운 주제들로 강의가 진행이 되고 있어 하루하루 행복하다…'라고 자기 최면을 걸어본다. 축복이 탯줄이 풀려 정말 다행이다. 33주인데 다리는 36주 아이들만큼 길다고 한다. 정말 고맙다. 아빠 다리는 아직 2년은 더 자라야 할 것 같은데, 넌 다행히 엄마를 닮았나 보구나. 건강하게 엄마 배 속에서 잘 놀다가 나오렴. 축복이를 만날 그날이 너무도 기다려진다. 생각만으로도 가슴이 뛴다. 나는 과연 아빠가 될 준비가 되어 있는가? 어떤 아빠가 될 것인가. 이제 그런 진지한 고민과 준비가 필요한 때가 되었다.

오랜만에 쓰는 일기, 방신부 방문기

정말 오랜만에 쓰는 일기. 주말 동안 고향 친구 로만 가톨릭 교구 방구리 신부님이 다녀갔고, 그전에 과제 해결과 수업 참여 등으로 바쁜 나날들을 보냈다. 그렇게 바쁘게 지내다 보니 어느덧 한 달이 남았다. 한국에 돌아가기까지 이제 한 달. 금요일 밤에 도착한 방신부는 오자마자 배고프다고 징징거렸고 우리는 레딩 시내에 있는 수제 햄버거 집을 찾아 맥주와 함께 회포를 풀었다. 광천 성당에서 성경 공부를 하던 두 촌놈이 유럽의 중심에서 이렇게 맥주를 마시고 있다니… 세상은 참 오래 살고 볼 일이다. 그러면서도 삶은 즐거운 일로 가득할 수 있겠다는 생각을 했다. 그렇게 오랜만에 기분 좋게 취한 우리는 던스덴 크레슨트 내 기숙사 방까지 검정색 영국 택시를 타고 돌아왔다. 사실 방구리가 이곳에 오기로 결정한 것은 지난 추석 무렵이었다. 한국은 명절인데 나는 영국에 덩그러니 외로움을 느끼고 있었고, 로마에 있던 방구리 역시 그러했었다. 그날 방구리는 영국행 비행기를 예매했고 나는 방구리를 위해 아마존에 침낭을 주문했다. 그래도 바티칸에서 근무하시는 우리 한 신부님인데 바닥에 재울 수는 없어서 내 침대를 과감히 내어주고 나는 카펫 위 침낭에서 애벌레처럼 잠이 들었다. 그냥 그렇게 모든 게 좋았다. 다음 날 일어나 화창한 토요일엔 런던투어를 했다.

가을의 런던은 정말 너무도 아름다웠다. 특히 내가 사랑하는 하이드파크(Hyde Park)와 그린파크(Green Park)의 가을은 너무도 아름다워 감탄이 절로 나왔다. 이 세상에 태어난 것에 감사를 외쳤다. 하이드파크에 들어선 후 조금 걷다 보면 호수가 시작하는 곳에 자리 잡은 카페가 있는데 이곳의 아메리카노와 스콘은 내가 정말 애정하는 메뉴다. 바깥 날씨가 조금은 쌀쌀했지만 우린 호수 옆 테라스에 앉아서 영국의 아메리카노와 스콘을 즐겼다. 정말 환상적인 맛이었다. 영국식 정통 스콘은 너무 퍽퍽하지도 너무 쫀득하지도 않으면서 특유의 따뜻함을 품고 있는데 자칫 우울할 수도 있는 싸늘한 영국 날씨의 쓸쓸함을 한방에 날려주는 마법같은 존재다. 진한 풍미의 아메리카노와 함께라면 금상첨화다. 이곳의 스콘을 나는 오래도록 잊을 수 없을 것 같다.

그렇게 호숫가에서의 여유를 즐긴 후 우리는 버킹엄팰리스(Barkingham Palace)와 빅뱅(Big Ben), 런던아이(London Eye)를 구경하고 내셔널 갤러리(National Gallery) 인근 레스토랑에 다시 진입을 시도했다. 그곳에서 우린 스테이크와 Cod&Chips 그리고 와인을 주문했다. 육즙이 적절했던 미디움레어의 립아이 스테이크는 매우 좋았다. 곁들인 와인 한 병은 그 풍미를 더해주었고, 우린 10분도 되지 않아 한 병을 다 비웠다. 그렇다. 낮술의 시작이었다. 런던 중심가 한복판에서 광천 출신 촌놈들의 행복한 낮술의 향연. 우린 두 번째 병을 빠르게 비우고 너무 배가 불러 좀 걷기로 하였다. 레스토랑을 나오자마자 바로 옆에 있는 베트남 음식점을 발견하였는데, 우린 그 유혹을 견디지 못하고 바로 또 진입하였다. 이만하면 식신 원정대 수준이다. 그곳에서 우린 베트남 쌀국수와 이것저것 그리고 사이공 맥주를 시켰다. 마치 '그동안 운동을 하고 식단을 조절해왔던 노력들이 바로 오늘을 위해서였구나' 하는 생각이 들 정도로 우린 그렇게 맹렬하게 먹고 마시고 웃고 떠들었다. 행복했다. 친구와의 낮술은 늘 행복하지만 특히 더 행복했던 것 같다. 이후 우리는 내셔널 갤러리에서 그림을 좀 구경하고 타워 브리지(Tower Bridge)를 보러 다시 출발했다. 그곳까지 가기 전 두 곳의 펍을 거쳐 영국 전통 에일을 마시며 마치 도장 깨기처럼 조금씩, 느리게 전진했다.

 그렇게 우린 런던에서의 하루를 정말 후회 없이 치열하고 알차게 보낸 후 패딩턴 역에서 레딩으로 향하는 기차에 탑승했다. 레딩역에 내려 다시 검정색 영국 택시를 타고 기숙사로 돌아와 마침 우릴 기다리고 있었던 플랫 친구들인 알렉스, 루비, 사라와 새벽 한 시까지 수다를 떨었다.

역시 수다스러운 약장수 스타일의 방신부는 특유의 한국 악센트로 유창한(?) 영어 실력을 뽐내며 신자(?)들을 홀렸다. 자랑스럽다 내 친구! 그렇게 우리의 토요일 밤은 깊어 갔고, 나는 다시 침낭 속 애벌레가 되어 행복한 잠자리에 들었다. 이제 마지막 날, 일요일엔 비가 왔다. 요 며칠 날씨가 좀 좋다 싶었다. 역시 영국 소개에 비가 빠질 순 없지. 우린 레딩대학교의 자랑 잉글리시 브렉퍼스트를 함께한 후, 우산을 쓰고선 시내에 나가 다시 타이 레스토랑에서 또 푸짐하게 한 상을 거하게 즐겼다. 선택했던 모든 것들이 매우 맛있어서 만족스러웠다. 이번 여행은 식신 원정대로 영원히 기억될 듯하다. 비록 짧은 시간이었지만, 먼 곳에서 벗이 찾아온다는 것은 어찌 기쁘지 아니한가! 좋은 시간이었다. 행복했던 시간이었다. 나도 그렇지만 우리 한 신부님도 먼 로마 땅에서 늘 건강하고 덜 외롭게 잘 지내길, 기도해 본다.

축복이 생각

　두 달 뒤면 축복이를 만나는데 이 생각만으로도 가슴이 벅차다. 하늘이 주신 내 인생 최고의 선물. 인생을 순리대로 살아가는 것으로 인한 행복. 그리고 희로애락. 그러한 인생. 이번 주는 수업이 없다. 하지만 두 개의 에세이와 11월 초에 있을 시험 준비, 그리고 논문 프로포절 준비 등으로 시간을 보내야 한다. 여유로움 속 분주함을 느낀다. 그리고 분주함 속 여유를 찾는다. 천천히 서둘러라. 옛 로마 황제 아우구스투스의 말이 생각이 나는 요즈음이다. 시간 관리, 사람 관리 그리고 무엇보다 중요한 나 자신 관리. 단 1초의 시간도 그 어떠한 황금과 바꿀 순 없다.

인생이란…

최순실 게이트가 대한민국을 뜨겁게 달구고 있다. 대한민국 국민으로서 부끄럽다는 것이 중론이다. 나 역시 그러하다. 이래저래 혼란스러운 시국이다. 나라도, 회사도 심지어 전 세계도. 현존 최강 파워를 자랑하는 미국의 대선은 코미디와도 같고 영국은 브렉시트행 기차에 탑승하여 내년 3월 Article 50조 발효를 목표로 달리고 있다.

우연히 헨리비즈니스 스쿨에서 교수로 일하고 있는 이모 군의 페북을 보았다. 몇 주 전 베스티가 이 사람 아느냐고 물어보았던 바로 그 인물이었다. 한국의 한 외고 출신에 명문대에서 학부를 마치고, 대기업에서 근무하다 퇴사 후 동대학원에서 석사를 하고, 이곳 비즈니스 스쿨에서 박사를 한 후 현재 교수로 재직 중인 듯하다. 이러니 마치 파파라치 같군. 세계 속 훌륭한 한국인을 알게 되면 가슴 벅차고 그렇게 자랑스러울 수가 없다. 우연히 그의 여동생으로 추정되는 한 박사님의 페북도 방문하게 되었는데, 그녀 역시 잉글랜드의 한 대학에서 교수로 활동하는 듯하다. 대단하고 훌륭한 남매다. 일면식은 없으나 그들을 응원해본다.

어느덧 내 나이도 결코 적지 않은 나이가 되었다. 나는 어찌 살아갈 것인가. 내게 주어진 일 년의 시간 동안 분초를 소중히 아껴 쓰되 넓은 시야로 트인 사고를 하며 다양한 기회를 열어 놓자. 나는 어떤 길을 가고 있는가. 과연 잘 살아왔는가. 잘 살아 가고 있는가. 내 인생의, 내 커리어의 Final Goal은 무엇인가. 위기는 기회이고 해뜨기 직전이 가장 어두운 법. 절망 속에서도 기회는 있으니 이를 놓치지 말아야 할 것이다. 그러기 위해서는 평소 잘 준비해야 한다. 기회가 왔을 때 바로 잡을 수 있도록 말이다. 이래저래 마음이 심란하다. 인간은 평생, 고뇌하는 존재인가 보다. 그래... 이런 게 인생이겠지... 사랑하는 사람들이 보고 싶다.

10월의 마지막 날

10월의 마지막 날이다. 오늘 오후엔 논문 관련 강의가 있었다. 한 강사는 브리티시 억양이 너무 심하고 강의 내용에 포인트가 없었고, 다른 하버드 출신의 강사는 너무 빠른 아메리칸 억양을 구사했다. 결론적으로 두 강의 모두 다 100% 완벽히 알아듣진 못하였다. 돌이켜 보면 프리세셔널 기간에, 이곳에 온 지 얼마 되지 않았지만 수요일 Lecture 시간에 정확히 포인트를 짚어가며 진행했던 강의는 참으로 알아듣기 수월했었다. 물론 아직도 내가 많이 부족한 탓이겠지. 끊임없는 노력이 필요하다.

주말 동안 찌든 몸을 정화하고자 스포츠파크에 가서 한 시간 운동을 하고 스카이프를 한 후 이제 잘 시간이다. 이번 주는 논문 관련 그룹웍이 있고 금요일엔 시험이 있다. 이제 11월인데, 당면한 과제도 두 개가 있고, 제법 바쁘구나. 하지만 이것 또한 대학 생활의 일부분이므로 불평하거나 좌절하지 말자. 한국에 돌아갈 그날을 생각하면 흥분된다. 동시에 염려도 인다. 이렇게 시간이 쏜살같이 흘러가는데, 나는 과연 잘 성장하고 있는 것인지. 좋은 성장의 기회를 알차게 보내자. 11월도 화이팅.

#3. 캠퍼스의 희로애락, 첫 학기 마무리하기

캠퍼스의 희로애락

　희로애락, 사람이 사는 곳은 어디든 비슷하다. 그렇게 기쁨, 노여움, 사랑, 즐거움 속에 살아간다. 이곳도 그런 점에선 별반 다르지 않고 난 오늘도 인간의 책무이자 숙명인 희로애락을 느끼며 살아간다. 늘 바삐 걷던 캠퍼스를 이번 주는(수업이 없는 주간인지라) 느리게 걸어 보았다. 주변이 보였다. 내 주변을 걷고 있는, 전 세계에서 모인 친구들의 옷과 표정과 걸음걸이가 보였다. 그들도 결국은 이곳을 지나쳐 가는 것이겠지. 그 순간의 모습을 가만히 바라본다는 것은 감사할 일이다. 누군가에겐 매우 중요한 시간, 누군가에겐 너무도 절망적인 시간, 누군가에겐 한없이 행복한 시간인 바로 지금. 그들과 이곳을 가만히 바라볼 수 있는 여유는 참으로 감사할 일이다.

　한국은 지금 절망과 분노의 시기를 지나고 있다. 있을 수 없는 일을 목도한 국민들의 참담한 심정은 이곳에서도 느껴지고, 나 역시 그러하다. 지난번 사드 관련 초선의원들의 방중 사건 때 잠을 못 이룰 정도로 가슴이 답답했던, 그 기억과는 비견할 수 없을 정도의 크나큰 절망감이다. 그래도 한 달  뒤면 한국에 가고 사랑하는 가족들을 만날 수 있다는 것은 참으로 감사할 일이지만, 그리고 상상만으로도 행복하지만, 또 눈앞에 놓인 나의 과업들을 생각하면 마음이 그렇게 편치만은 않다. 이런 게 인생인가 보다.

그래도 어제보다 나은 오늘, 오늘보다 밝을 내일을 생각하며 긍정적으로 살아야 하겠지? 항상 감사하는 마음으로, 실제로도 그러하고, 순간순간이 내겐 너무도 축복이고 감사할 일이다. 이 세상 사람들 마음이 어제보다 조금은 행복한 오늘이었으면 좋겠다.

기말고사 기간 그리고 촛불

　11월 말의 레딩 시계는 바삐 돌아간다. 일요일 오후 네 시의 레딩 도서관은 매 층이 어지럽다. 수많은 랩탑과 수많은 학생들. 각양각색의 인종과 각양각색의 공부를 하는 친구들이 한데 모여 있다. 내가 좋아하는 자리에 아침 일찍 출근한 덕분으로, 나는 편안히 이 시간들을 즐긴다. 한국의 시계 역시 바삐 돌아가는 듯하다. 주말 동안 진행된 촛불집회는 3.1 운동 이후 역사에 기록될 시위로 평가되고 있는 듯하고, 사람들의 마음도 많이 어지럽겠다. 세상은 그렇게 어지러운 곳인가 보다. 그래도 하루하루 감사하며 살 일이다. 문득 윤동주 시인의 시구가, 시가 쉽게 쓰이는 것에 대한 자성이 생각이 난다. 시는 쉽게 쓰이는데, 논문은 쉽게 쓰이지 않는구나. 나는 무엇을 바라, 다만 홀로 침전하는가. 3주 뒤면 한국에 간다. 바삐 살지어다. 나의 시계가 그 누구의 그것보다 빠르게 흘러갈 수 있도록.

12월 초 그리고 Contract Law 주간

격랑의 11월 말이 지나가고, 점차 안정을 찾아가고 있다. 집에 돌아갈 날이 다가오고 있다. 영어도 쉽지 않지만, 이젠 한글 작문도 쉽지 않음을 느낀다 하면 오버일까? 다음 주는 내 관심 분야인 Contract Law 모듈 주간이다. 물론 베이직한 이론의 나열이겠지만. 그래도 값어치가 있다. 무엇보다 영어 수업이니까 집중하자. 논문 프로포절은 이게 답인지는 잘 모르겠으나, 일단 방향 잡고 진행 중이다. 서둘러 마무리해야지. 내년에 본격적으로 논문 쓸 때가 오면 많이 변경될 것이란 생각이 든다. 그리고 무조건 내년 초반부터 논문 준비를 해야지, 그렇지 않으면 후반에 힘들어질 듯하다. 내년 스케줄을 보니, 1,2월은 매우 바쁠 것 같다. 그래도 논문은 잊지 말고 반드시 일찍 착수해야 한다. 리플렉티브 포트폴리오(Reflective Portfolio)도 마찬가지다. 일단 쓰고 보는 전략이 필요하다. 특히 일반 에세이들과 리플렉티브 포트폴리오는 더욱 그러하다. 그렇게 해서 일을 좀 정리해 나가야 시간 관리가 원활하게 될 것 같다.

곧 우리 사랑하는 축복이가 태어난다. 생각만으로 가슴이 벅차다. 새로운 가족이 찾아오는구나. 하늘이 주신 사랑하는 우리 축복이. 어서어서 조심히 그리고 건강히 오렴! 가족과 함께하는 따뜻한 연말연시가 벌써부터 기대된다. 매일 한국행 비행기에 오르는 상상을 한다. 많이 보고 싶은가 보다. 모든 것에 감사하다.

첫 학기 마무리

첫 번째 학기가 끝나간다. 이번 주가 마지막이고 사라는 내일 새벽에 떠난다. 그리고 실비아도 기숙사를 이번 주 금요일에 옮기게 되어, 오늘 우리는 작은 작별 파티 아닌 파티를 열었다. 그새 정이 들었는지, 아쉬운 마음이 들었다. 기네스 한 잔과 스네이크 바이크 한 잔을 하며 처음 우리 만났을 때, 그리고 처음 Park Eat에서 술을 마시면서 춤춘 이야기, 레딩 시내에서 맥주랑 피자 먹으면서 영화 본 이야기 등 밤늦게까지 수다를 떨었다. 많은 플랫 메이트 중에 그래도 가장 오랜 시간을 함께 보낸 사라, 루비, 알렉스는 더 애틋하다. 에일도 함께 엄청 마셔 댔던 것 같다. 어느새 겨울이다. 이번 주가 마지막인 Park Eat에는 산타 복장을 한 친구들과 드레스를 입은 여학우들이 캐롤을 들으며 맥주를 마시고 있다. 평화롭고 낭만적인 분위기다.

나에게도 이번 주는 영국에서의 올해 마지막 주간이다. 다음 주 월요일에 드디어 고국으로 돌아간다. 고국이라고 표현하니 무언가 비장한 느낌이 들기도 하는데, 과거 독일 광부나 간호사들에 결코 비할 바는 아니지만, 그래도 해외에 체류하는 이들에게 언제나 조국은 그리운 곳인가 보다. 6개월간, 그리고 특히 지난 3개월간 참으로 많은 일이 있었던 것 같다. 진한 유학 생활이다. 모든 것에 감사할 일이다. 이것 또한 곧 지나가고, 언제 그랬냐는 듯이 일상으로 돌아가겠지만 말이다. 매사에 감사할 일이다. 범사에 감사하고, 내 바로 옆에 있는 모든 사람을 사랑하며 베풀며, 그렇게 진한 사람의 내음을 풍기며 그렇게 살아가야겠다. 우리 모두는 연약한 인간이고, 쉽게 유혹에 빠지고, 쉽게 절망하고, 쉽게 외로워하는 동물이니까. 서로 보듬고 사랑해주고, 관심 가져주고, 배려해주고, 그렇게 살자.

출국 전, 드디어 첫 학기의 마지막 밤

떠나기 하루 전날 밤이다. 어느덧 6개월이 훌쩍 흘러 집에 갈 날이 오다니. 마치 출장의 마지막 날 밤 같다. 모든 것이 꿈만 같다. 고맙게 마지막 주말까지 알렉스가 곁에 있어줬다. 우리가 사랑했던 기네스와 함께. 고마운 친구다. 오늘 늦게 도착한 루비도 마찬가지. 먼저 떠나며 서프라이즈 선물을 남긴 사라도 그렇고. 좋은 친구들이다. 내일 아침 6시 기상해서 7시 레딩 출발, 그리고 8시까지 히드로 공항에 도착하여 바로 수속 예정이다. 이것은 마치 워게임 그리고 일종의 이미지 트레이닝 같구나. 9시에는 경찰서 및 버스회사에 전화하여 지난 주말 비스터 빌리지(Bicester Village)에서 분실한 내 지갑을 찾기 위해 전화로 신고를 할 것이고, 9시 50분에 한국에 가져갈 물건을 사기 위한 쇼핑 후 11시 출국! 헬싱키를 거쳐 화요일 아침 11시 한국 도착!! Fantastic!

지난 6개월간 나는 과연 얼마나 성장하였는가. 나의 영어와 지식은? 그리고 글로벌 마인드는? 사실 잘은 모르겠다. 그냥 하루하루 집중하고 충실했던 것 같다. 그것으로 됐다. 하지만 분명한 건 누구보다 다양한 경험을 하였고, 그 경험은 무척이나 소중하였다는 것. 허투루 삶을 허비하진 않았다. 내년에 다시 시작될 영국 생활은 논문의 압박이 물론 있긴 하지만, 보다 액티브하게 좌충우돌 부딪히도록 하자. 더 많은 로컬 사람들을 만나고, 더 많은 대화를 하면서 말이다. 그게 남는 거다. 도서관에서 책만 파는 건 나중에 현업에 돌아가서도 충분히 할 수 있는 일이다. 그러므로 보다 많이 여행하고 많은 사람들을 만나고 많은 대화를 하는 것이 정답이다. 앞으로 3주간의 휴가 동안 물론 마냥 쉴 수는 없겠지만,

틈틈이 에세이도 쓰고 다음 주엔 특히 논문 프로포절을 마무리해야 한다. 순간순간 최선을 다하자. 가족이 늘 내 삶의 최우선순위에 있다. 6개월간 그래도 수고했다는 말을 내 자신에게 해주며, 올해의 영국 일기는 여기서 마무리합니다. 모든 것에 감사합니다.

그렇게 보고 싶던 축복이를 만났습니다

설레고 또 두려웠던 영국에서의 첫 학기를 무사히(?) 마쳤다. 영어 아마추어도 할 수 있구나. 하느님 감사합니다. 그리고 이제 드디어! 꿈에도 그리던, 늘 보고 싶고, 그립고, 만나고 싶었던 사랑하는 나의 아내와 내 인생 최고의 선물, 우리 축복이를 만나러 간다. 일 년 중 가장 좋아하는 계절, 겨울. 이제는 12월의 겨울을 더욱 좋아할 이유가 생겼다! 반드시 아이가 나오기 전에 한국에 도착해야만 한다! 미션 파서블! 나는 할 수 있다!

#배부른 아내와 아이 아빠 코스프레

배부른 아내와 함께 집 근처 호암미술관에 다녀왔다. 다행이다. 출산 전에 한국에 도착하게 되어서... 집에서 20분도 채 걸리지 않는 거리에 이토록 좋은 공간이 있었다니. 아내, 그리고 축복이와 그 좋은 공간을 한참을 거닐고 또 거닐었다. 공작새도 보고 나무도 보고 잔디도 보고, 날은 다소 차가웠지만 전시된 미술품들도 보고 예쁜 찻집에서 차도 한잔하고 좋았다. 문득 아내의 배를 바라보았다. 언제 이렇게 배가 불렀는지. 철부지 어린 시절부터 근 30여 년을 알아온 아내인데 정작 가장 중요한 시기에 함께 있어 주지도 못하고, 임신 후 이렇게 몸이 변해가도록 곁에서 지켜주지 못했다. 문득 미안하고 안쓰러우면서도, 대견하고 사랑스럽다.

#축복이와의 첫 만남

새벽 네 시 반 아내가 깨운다. 때가 왔음을 직감했다. 이불을 박차고 일어났다. 도저히 마음이 진정되지 않아 온갖 설레발을 쳤다. 담대하고 차분한 아내는 덤덤히 '씻어' 하고 명하셨다.(아내는 분만실에서의 정돈된 남편의 모습을 원했다. 떡진머리와 민낯 그리고 체육복 차림으로 아이 분만을 기다리는 아빠의 모습이 아니었음 좋겠다고 늘 말씀해 오셨다) 긴박한 순간, 바로 욕실로 향했다. 3분도 채 안 되어 샤워를 끝내고 나와 옷을 입었다. 물만 묻혔다. 눈곱 떼고. 발을 동동 구르며 허둥지둥... 옷도 어떻게 입었는지 기억이 나지 않는다. 우왕좌왕 나홀로 호들갑에 한소리 듣고 집을 나섰다.

정확히 5시에 분당 차병원에 도착했다. 7시 무통 주사를 맞았다. 그사이 근처 편의점에 잽싸게 들러 김밥과 훈제 계란을 확보한 후 아내가 혼자 들어가 있는 동안 다시 잽싸게 섭취하였다. 그래, 이렇게 잽싸게 행동하는 거야. 오늘은 특히... 언제 밥을 먹게 될지 모르고, 어쩌면 생으로 굶을 수도 있으니까. 그렇게 오전 동안 아내 곁에 앉아 눈을 감고 차분히 기도를 드렸고, 12시 30분 드디어 진통이 시작되었다. 담대하고 차분한 아내는 오전 내 침대에 누워 거래처 이곳저곳에서 오는 카톡 메시지들을 상대해 내고 있었다. 대단하다. 엄마는 위대하다. 내 아내는 더 위대하다.

본격 진통이 시작된 후 50분 뒤인 13시 20분, 내 인생 지금까지도 없었고, 앞으로도 없을 순간이 다가왔다. 살면서 이렇게까지 떨린 적은 없었다. 내 인생 가장 커다란 축복의 순간, 마침내 아이의 울음소리가 들렸고 이윽고 13시 20분 간호사 선생님의 말소리가 들려왔다. '아이 건강하게 태어났고 아이 아버지 확인하시겠습니다.' 커튼 너머로 울리는 소리에 눈물이 왈칵 쏟아졌다.

그렇게 나는 내 아이를 처음으로 안아보았고, 떨리는 목소리로 '축복아' 하고 불러보았다. 이름을 부르면서도 눈물이 흘렀다. 그리고 정말 너무도 신기하게도 우리 축복이는 그 말을 듣자마자 눈을 떴다. 우와... 이때 또 한 번 너무도 감격스러워 눈물을 쏟았다. 아이와 산모 모두 너무도 건강하였고 너무도 감사하였다. 이 순간만큼은 세상 그 누구보다 행복했다. 세상의 그 어떤 것을 준다 하더라도, 그 어떤 금은보화와 억만금을 준다 하더라도 바꾸지 않으리라. 소중하고 행복한 순간이었다. 그리고 그 순간 내 삶에 대한 태도와 목표는 완벽히 바뀌었다. 지난 30여 년간 견지해왔던 나를 중심으로 한 세계관은 송두리째 무너졌다. 가족 중심의 삶으로 내 삶의 주안이 넘어가는 순간이었고, 내 인생이 완전히 뒤바뀌는 순간이었다. 위대하고 감사한 생명의 탄생. 그 순간 나를 그곳에 있게 하신 하느님께 감사드렸다.

#올해의 마지막 날, 굿바이 병신년

다사다난했던 올 한해의 마지막 날이다. 그리고 지금은 다가올 희망찬 새해를 맞이하기 한 시간 반 전이다. 돌이켜 보면 너무도 감사한 올 한해, 내 인생에 절대 잊지 못할 한 해이다. 입사 6년 만에 과장으로 승진을 하였고, 영국 유학을 시작하였으며, 세상에서 가장 큰 축복이자 선물인 우리 건우를 맞이하여 행복하고 아름다운 가정을 완성하였다. 올해 12월 어느 날 우리 가족에게 하느님의 축복이 신의 은총으로 꿈처럼, 그렇게 찾아왔다. 세울 건, 클 우. 뜻을 크게 세우고 굳건히 세워져 나라의 큰 일꾼이 되길, 간절히 바라는 마음으로 건우의 앞날을 축복한다. 그리고 우리 가정에 찾아온 우리 아이에게 너무도 고마운 마음을 전한다. 건우를 보며, 나의 유년시절, 소년 시절, 청년 시절을 다시금 바라볼 수 있겠지. 너무도 감사할 일이다. 그저 아이가 건강하길 바랄 뿐이다. 그리고 누구보다 마음 따뜻한, 멋진 남자로 성장하길 아버지로서 간절히 기도한다.

　다음 주 금요일이면 이 행복을 잠시 접고, 다시 영국으로 돌아간다. 이 세상 그 무엇보다 중요한 가치는 가족이라는 사실을 다시 한번 뼈저리게 느꼈다. 나 없는 동안 내가 세상에서 가장 사랑하는 두 사람이 무탈하고, 행복하고, 건강하길 바랄 뿐이다. 3주간의 방학이 이리도 빨리 지나가는구나. 그래도 건우가 엄마 배 속에 있던 순간, 건우가 세상 밖으로 나오는 순간, 건우가 눈을 뜨고 점차 성장하는 순간을 잠시나마 함께할 수 있어 감사할 따름이다. 곧 다시 다가올 영국 생활, 굳센 마음으로, 많은 것을 경험하길 바라며, 항상 초심을 잃지 말자.

#5

논문 그리고 글쓰기

#5

꿈만 같았던 첫 만남을 뒤로하고 다시 길을 나섰다. 작년 6월 공항으로 향할 때와는 사뭇 다른 느낌이다. 늘 고맙고 미안한 아내와 갓난쟁이 아이를 남겨 두고 떠나는 마음이 편치가 않다. 소중한 시간을 기회비용으로 활용하는 만큼 보다 집중해서 유학 생활을 마무리해보자고 다짐을 해본다. 두 번째 영국행은 참 슬프구나.

#1. 다시 영국으로, 두 번째 학기의 시작

영국 도착, 나의 첫 비즈니스 클래스

집을 나선 지 24시간을 훌쩍 넘겨, 약 27시간 만에 레딩 기숙사 내 방에 들어왔다. 긴 여행이었다. 처음 타보는 비즈니스, 45만 원을 추가 지불했지만 그럴 만한 충분한 값어치가 있었다고 생각한다. 비즈니스 클래스를 타는 기분이란… 단순히 허세가 아닌, 성공한 느낌이 무엇인지 알기 위한 일종의 수업료라 생각한다. 남은 9개월의 여정을 최선을 다해 전진하라고 나에게 주는 일종의 선급 선물인 셈이다.

어찌 되었든 나는 다시 돌아왔다. 1월의 영국은 역시 비가 내리고 있었고, 운 좋게 히데키와 루비가 주방에 있어 카드가 없음에도 기숙사에 일찍 들어갈 수 있었다. 비행하는 내내 이런 저런 영화도 보았지만, 줄곧 우리 축복이 사진을 보며 웃다 울다… 안쓰럽다고 생각하지 말자. 자꾸 그러면 정말 서로 안쓰럽고 불쌍해지는 거니까. 아빠가 굳건하게 서야지. 무럭무럭 자라길, 사랑으로 자라나길 진심으로 바란다. 주말 동안은 정비하고, 적응하고, 책 좀 보자. 모든 것에 감사하다.

레딩의 새해, 경쟁력 그리고 미래에 대한 생각

레딩 휴식기, 이곳은 다시 영국이다. 알렉스와 장을 보러 학교 앞 인디 안샵에 잠시 다녀오며 느낀 영국 풍경은 역시… 영국이다. 바로 어제까진 한국에 있었는데, 어느덧 정신을 차려 보니 다시 영국이다. 시간은 정말 언제나 빠르고 쏜살같이 지나간다. 우리네 삶이 늘 그러하듯 말이다.

놀랍게도 나는 마치 언제나 이곳에 있었던 사람처럼 바로 적응을 한 것 같다. 모든 것이 그저 자연스럽고 마치 고향에 온 것처럼 편안한 느낌이다. 사실 사랑하는 내 가족이 아직도 눈에 밟히고, 특히 우리 건우가 너무너무 보고 싶은 건 어쩔 수 없지만… 한국에 잠시 통화를 했는데 건우 기침이 심해져 걱정이다. 목욕 후 감기에 걸린 모양이다. 제발 아프지 않길… 어서 낫길 바란다, 우리 아가.

다음소프트 송길영 부사장이 말한 미래의 직업. 대기업 관리직은 사라지고, 더 나아가 월급쟁이 직업군은 사라지고 개인의 브랜드와 전문성을 가진 프리랜서만이 살아남는다. 더 이상 대기업 임원을 인생의 목표로 삼지 말라. 전직은 5년 전부터 준비하라. 맞는 말이다. 나의 전문성은 무엇인가. 스펙이 아닌 나의 전문성, 차별성, 프로페셔널 스킬은 무엇인가. 사관학교 출신의 리더십? 대형 건설회사 관리 경험? 대기업 출신? 해외 건설 계약? 클레임 전문가? 무엇 하나 확실한 게 없구나. 그렇다면, 나는 어떤 분야에서 전문성을 쌓고 나의 브랜드를 만들고 싶은가. 지난 12년간 건설업 한길을 걸어왔다. 그리고 그에 더하여 4년간의 사관생도 시절과, 5년간의 장교 생활은 확실히 나에게 리더십이란 실체와 타이틀을 안겨주었다. 그 후 약 7년간의 대기업 생활은 스마트한 직장인으로서의 명함을 주었다. 하지만 경쟁력 있는 전문성을 지닌, 나만의 확실한 실력까지 갖추게 해주었다고 보긴 어렵다. 2년간의 현장 기사 생활, 3년간의 본사에서의 경영 혁신 경험, 약 1년여의 해외건설관리 경험 그리고 2년여의 연수. MBA와 영국 QS 석사 학위. 남들에 비해 많이 뒤떨어진다고 보이진 않지만, 그렇다고 나의 한칼이 무엇이라고 아직 말할 수 있는 단계는 아닌 것 같기도 하다. 내 나이 어느덧 서른여섯이고... 학위를 마치고 돌아가 약 5년간 현업에 집중하면 확실히 이 분야에 중심을 잡는 전문가로 성장할 수 있을 거라 어렴풋이 기대해 본다. 내 나이 마흔이 되었을 때 과연 나의 브랜드는? 해외건설계약 전문가?

다음소프트 송길영 부사장은 말했다. "조직의 후광이 없어도 어디서든 일할 수 있는 나의 전문성을 길러야 한다. 회사를 도구로 보아라. 회사에 없어도 먹고살 판인데 회사가 돈을 준다는 마인드셋을 길러야 한다."(이 대목에서 아내가 떠올랐다. 그녀는 어느덧 그렇게 된 듯하다. 패션업계의 한 길을 걸었고, 창업 경험과 직장 경험, 그리고 프리랜서 경험을 모두 갖고 있는 그녀는 확실히 직장인이 아닌 직업인임에 틀림없다.) 그는 또 말한다. "기업 자체가 목적이 되면 망한다." 맞는 말이다. 조직 내에서 나의 확고한 브랜드와 전문성으로 어쩌다 보니 하이포지션에 링크되는 것은 부차적인 결과로 보아야 하고, 그걸 궁극의 골로 보면 아니 된다. 가장 경계해야 할 부분이다. 관리만 잘하고 스스로 일할 능력이 없는 이는 반드시 도태될 것이다. 누구도 넘어설 수 없는 나만의 전문성을 바탕으로, 사람을 관리하여 더 큰 시너지를 내는 보다 큰 전문관리자만이 살아남을 수 있다. 나는 단순 스페셜리스트로 살고 싶진 않으니까. 일단 전문성을 갖추면, 리더십과 커뮤니케이션 능력으로 큰 조직을 이뤄 큰 성과를 이뤄낼 자신은 있다. 사실 이 부분, 즉 관리 부분도 말이 쉽지 절대 쉬운 것은 아니다. 한 길을 걸어온 많은 전문가 그리고 대가들이 취약한 부분이기도 하다. 나는 감사하게도 이 능력을 군 조직에서 배웠다고 생각한다. 물론 사회에서의 리더십과 조직 관리 능력은 군에서의 그것과 정확히 일치한다고 볼 순 없지만. 하지만 할 수 있다. 문제는 다시 돌아가 전문성이다. 나만의 확고한 전문성. 해외건설계약관리 전문가. 영어로 원활한 의사소통 능력을 갖추고, 계약, 법리, 현업 사례 등에 능통해야 한다. 아울러 성과도 함께. 늘 고민하라! 회사에서 잠시 떨어져 실력을 키울 시간이 이제 약 8개월여 남았다. 집중하라! 한눈팔 여유란 없다.

잃어버린 지갑을 찾으러 베드포드를 다녀오다

작년 겨울방학 전 쇼핑하다 분실한 지갑을 찾으러 옥스퍼드 인근 베드포드로 향했다. 아침 8시에 기숙사를 나서 9시에 옥스퍼드행 기차에 몸을 실었다. 옥스퍼드에 내려서 X5 버스를 타고 머나먼 베드포드로의 여행을 시작했다. 창밖 풍경이 정말 영국스러웠다. 넓은 목장과 간간이 나타나는 양떼들, 나무, 집, 거리 풍경은 정말 너무 영국다웠다. 을씨년스러운 날씨마저 더욱 영국풍 시골의 느낌을 더해주었다. 작년 출국 이틀 전 로라, 샬롯과 함께했던 비스터 빌리지행 버스에서 잃어버렸던 지갑을 드디어 찾았다. 감개무량하다. 돈도 모두 그대로 있었다. 영국이 선진국이기 때문인가 아님 운이 좋았기 때문인가. 두 요인이 모두 작용했다고 보인다. 정말 감사할 일이다.

건우 입원

건우가 아파 입원을 했다고 한다. 모세기관지염. 다행히 심한 것은 아니어서 금요일엔 퇴원을 할 것으로 예상된다. 하지만 많이 신경 쓰이고 마음 아프고 걱정되는 건 사실이다. 어느샌가 삶의 주안이 나에서 건우로 바뀌어 가고 있음을 느낀다. 정지시켜 놓은 카드를 해결하고, 우체국에서 택배를 부치고, 택배를 부치기 전 건우에게 카드를 써서 동봉하고, Student Support Centre에 가서 BIM Individual Assignment 해결을 위해 힘썼으며, Construction Contract Law 첫 번째 온라인 시험을 보았다. 당면한 숙제들은 많이 해결한 듯하고, 내일은 두 번째 시험을 위한 공부와 시험을 병행해야지. 저녁엔 닭다리를 먹고 운동을 했다. 삶의 루틴을 다시 되찾고 있다. 화이팅! 뉴스를 검색하다 버락 오바마가 퇴임식 마지막 연설에서 그의 아내에게 한 이야기가 너무도 인상적이어서 이곳에 남겨본다.

You have been not only my wife and mother of my children, you have been my best friend. You took on a role you didn't ask for and you made it your own with grace and grit and style and good humour. You made the White House a place that belongs to everybody.

― Barack Obama, in his final speech

카작 친구들과의 파티

지난주는 Contract Law 책을 읽고 시험을 보고, 도서관에서 보냈다. 금요일 밤은 카작 친구들 집에 초대받아 보드카와 식사를 하고 큐클럽을 갔다. 흥겨운 이 친구들은 한국인들과 많은 부분 닮아 있다. 외모도, 술을 좋아하는 성향도, 시원한 성향도, 몽골인의 기질도 있는 듯하고. 토요일은 하루 종일 휴식을 취하다 저녁에 베스티 기숙사에 초대되어 프리세셔널 올드 친구들과 타이 푸드를 즐겼다. 나의 페이셜 마스크 선물을 다들 좋아해주어 기뻤다. 일요일인 오늘은 9시 성당 미사를 보았다. 성가를 부르고 기도를 드리면 마음이 편안해진다. 미사를 마치고 알렉스와 팔머에 가서 치즈베이컨 버거와 에일 두 잔을 하고 들어왔다. 주말 동안 푹 쉬었다. 다음 한 주도 한번 힘차게 달려보자. 하루하루 소중하고 감사하다.

레딩의 일상, 꼬인 실타래 풀어가기

한 주가 또 흘렀고, 다시 일요일 밤이다. 청소를 하고 빨래를 해서 한결 방이 정돈이 되었다. 방에는 작은 조명만 켜두었다. 은은한 불빛 아래 이승환의 발라드가 흘러나오는 편안한 밤이다. 밖은 아직 추운 겨울이지만 안은 매우 따뜻하다. 내가 정말 좋아하는, 그런 계절이다.

이런 마음의 여유를 갖고 레딩에서의 첫 번째 겨울, 그 시간들을 즐겼었다면 좋았으련만… 모든 것은 나의 마음에 달려있다. 하루하루 바쁘게 정진하지만 그래도 길을 잃지 않으려 노력한다. 엉켜있던 실타래가 하나씩 풀려가고 있는 느낌이다. 잃어버린 지갑을 되찾았고, BIM 개인 과제 오제출 문제도 해결되었다. 실수를 하지 않는 것이 더욱 중요하겠지만, 그 실수에 좌절하지 않고 해결하기 위한 노력에 집중하는 내 모습을 보았다. 그리고 그 과정을 즐기는 흥미로운 경험도. 금요일 밤엔 알렉스와 그 동료들과 함께 Park House에서 에일을 즐겼고, 토요일 밤엔 정말 오랜만에 페로에 아일랜드 친구 사라, 몰도바 친구 알렉스, 파라과이 친구 모리쪼와 Park Eat에서 회포를 풀었다. 다 좋은 인연이다. 피부색이 다르고, 머리색이 다르고, 자라온 배경이 판이하게 다른 전 세계 이곳저곳에서 모인 인연이 한자리에 앉아 공통의 주제로 대화를 하고, 웃고 마신다는 것은 무척이나 경이로운 경험이다.

다음 주는 Contract Law 개인 과제와 온라인 테스트에 집중할 차례다. 내 전공 분야인 만큼, 힘들더라도 즐겁게 집중하자. 오늘 성당 미사는 참으로 좋았고, 다음 주에는 이스터(Easter) 연휴 동안의 여행 계획을 세워보자. 남는 건, 영어 그리고 여행 경험이다.

"하루하루 감사합니다. 아들과 아내와 어머니가 보고 싶습니다."

#2. 일주일 일기, 잉글랜드의 봄 그리고 좋은 사람들

일주일간의 일상

　일기가, 매일 쓰는 일기가 아닌 일주일에 한 번을 쓰는 일기가 되어 가고 있다. 비가 내리는 일요일 저녁이다. Contract Law 과제를 제출했고, 시험을 모두 마쳤다. 지난주 Design Management 과제를 포함하여, 이제 공식적으로 지난 학기 모듈에서 부여되었던 모든 과제와 시험은 종료되었다. 마음 한편이 시원하나, 내일부터 다시 수업 시작이다. Construction Cost Engineering, QS 수업의 정수. 열심히 즐겁게 임하자.
　지난 한 주는 Contract Law 에세이와 시험을 진행하며, 저녁엔 운동하고 계란 먹고, 밤엔 건우와 스카이프를 하고 그렇게 보냈다. 특별할 것 없는 일상이지만 행복하다. 매사에 감사하다. 한국은 설 명절이었는데, 링싱유로부터 hongbao 선물을 받았다. 중국 풍습엔 명절 때 빨간 봉투(hongbao)에 돈을 넣어주는 전통이 있다고 한다. 금요일엔 언제나처럼 알렉스와 Park House에 가서 로컬 에일을 석 잔 반 마시고 복귀했다. 요즘 부쩍 이상해진 루비는 갑자기 짠! 하고 나타나서 금요일엔 "hang out" 하자더니, 우리가 운동 끝나고 씻고 나오니 금세 마음이 변해서, "hang on"한 후 방으로 들어가버렸다. 참으로 다양한 세상. 다양한 사람들이 살고 있다. 한국은 내일 대체 휴일이라고 한다. 그래도 캠퍼스가 북적이고 친구들도 있고 하니, 지난 추석만큼 몸서리치게 외롭진 않다. 그리고 건우도 있으니… 요즘은 스카이프와 구글 포토로 건우 보는 즐거움에 사는 듯하다. 함께 있다면 얼마나 좋을까…

기숙사에서 열공 모드

오늘도 어김없이 일주일 일기를 쓴다. 이번 주는 Construction Cost Engineering 수업이 일주일간 매우 짜임새 있게 진행되었다. 10개의 소과제를 수행하고, 3개의 그룹 과제를 수행하다 보니 어느덧 일주일이 훌쩍 지났다. 많은 친구들과 대화할 수 있어 좋았고 수업 내용도 유익했다. 전반적으로 만족스러웠다. 주말엔 과제를 하고 동영상을 보며 그렇게 보냈다. 기숙사를 옮길까 한다. 좀처럼 잠을 이루기가 어려운데 환경을 한번 바꾸어 줄 필요가 있는 것 같다. 사라, 실비아 등 이미 친구들이 한차례 기숙사를 옮겼고, 알렉스와 루비는 스포츠파크와 파크하우스 등에서 언제든 만나면 되니, 이곳에 더 머물 이유는 없는 듯하다. 무엇보다 내 남은 유학 생활, 보다 집중하기 위해 완티지 홀로 옮기려 한다. 새로운 기숙사엔 내 친구 토마스도 있고, 영국 영어를 보다 자주 접할 수도 있고, 케이터 홀이고, 호그와트처럼 생긴 그곳에 해리가 가는 건 어쩌면 자연스러운 것일 수도. 메일은 일단 보내 놨고, 내일 학교에 가면 알아보자.

벌써 2월이다. 작년 이맘때쯤 난 자카르타에서 막 복귀하여, 매우 설레는 마음으로 영국 유학을 알아보고 있었지. 인사팀 면담을 하고, 영국 유학과 선진사 연수라는 두 가지 카드 중 영국 QS석사 유학을 선택하고 IELTS 학원을 다니고, 한참 설렜던 시절이었다. 지금의 나는? 이곳에 온 지 8개월이 흘렀고, 영어는 물론 많이 익숙해졌지만 아직 완벽하다 할 순 없고, 강의는 2개 모듈만이 남아 있다. 이제 내게 남겨진 시간은 8개월 남짓. 정말 반 왔네. 영원한 건 없다. 이것 또한 지나가리라. 그러므로 크게 좌절할 필요도, 마음 아파할 필요도 없다. 인생은 찰나이다. 생각보다 인생은 짧다. 매 순간 최선을 다하여 감사하는 자세로 진지하게, 하지만 유머를 잃지 않고 그렇게 살아가야 한다. 매일의 순간순간은 우리를 기다려주지 않고 지나가므로.

큐클럽 그리고 브레이 원스타 미슐랭

금요일 저녁 일주일 일기를 쓴다. 베스티, 링싱유와 함께 Hotpot 파티를 하고 큐클럽에 다녀왔다. 기숙사로 돌아오는 길에 눈이 왔다. 가득 쌓이는 눈은 아니었지만 가로등에 비춰지는 눈은 언제나 그렇듯 아름답다. 토요일엔 브레이(Bray)라는 동네에 있는 미슐랭 원스타 Haston의 "The Hinds Head"에서 매우 브리티시한 런치를 즐겼다. 인당 10만 원 정도에 그 정도 경험이면 훌륭했다. 알렉스에겐 다소 부담이 되었을 것 같다는 생각이 지금 든다. 영국-일본 혼혈 여성인 아이린의 강력한 추천으로 가본 그곳은 아늑하고 무척이나 영국스러워서 마음에 들었다. 특히 두 번째로 향했던 Haston 소유의 펍은 내가 좋아하는 장작 냄새 나는 낮은 천장 그리고 어두운 분위기의 영국 정통 느낌이 그대로 살아있는 공간이었다. 너무 좋았다. 이런 곳을 다닐 때마다 드는 생각이 있다. 이 순간 사랑하는 아내와 함께 있다면 얼마나 좋을까. 좋은 장소, 좋은 시간, 좋은 사람. 해외에서 만나는 친구들도 물론 다 좋은 사람이지만, 그래도 아내와 사랑하는 내 가족이 나에겐 가장 좋은, 소중한 사람들이다.

  토요일 저녁엔 앤, 팬 등이 초대하여 중국 Yuanxian을 함께 먹었다. 퓨전 누들과 함께. 차이니스 뉴이어는 통상 2주가 진행되는데 그날이 마지막 날이었고, 마지막 날엔 우리나라 새알처럼 생긴 Yuanxian을 먹는다고 한다. 고맙고 귀여운 친구들이다. 일요일엔 성당에 다녀와서 휴식 모드, 그리고 운동, 〈Big School〉이라는 British Comedy를 하루 종일 시청했다. 2월도 어느덧 중순으로 접어들고 있다. 시간은 참으로 빨리도 흐르는구나. 곧 건우를 보러 갈 날이 오겠지. 생각만으로도 벅차오른다. 두 개의 모듈이 남았고, 이제 논문과 포트폴리오를 서둘러 시작해야 한다. 시작이 반이다. 3월 한 달은 이 두 가지 과제에 집중하려 한다. 4월 이후 날씨가 좋아지면 논문 진행 속도를 고려하여 되도록 많은 도시와 나라를 틈나는 대로 여행해 보자. 영어는 보다 정밀하게 다듬어 정확하게 구사할 수 있도록 공부와 실전을 병행하고, 치열하게 공부하자! 항상 초심을 잃지 말고, 노력하자. 집중하고 또 집중하자. 절대 나태해지면 아니 된다. 나는 할 수 있다.

#3. 새로운 기숙사, 마지막 학기 그리고 논문

호그와트로 이동, 런던 초단기 투어 가이드

석사 과정의 꽃! 드디어 논문을 시작했다. 아직 코스웍이 다 끝난 것은 아니지만. 나의 마지막 한국행 비행기 티켓이 이 논문에 달려있다 생각하니 순간 등골이 오싹해진다. 머리 깎고 절에 들어가는 심정으로 임하자! 논문에 보다 집중하기 위해 해리 포터의 호그와트 마법 학교처럼 생긴 레딩 대학교 최고의 전통을 자랑하는 기숙사 완티지 홀로 둥지를 옮겼다. 하지만... 이런... 훌리건들이 너무나 많다. 인생은 참... 선택의 연속이로구나.

기숙사를 옮기고 새로운 시작을 맞이했다. 날이 좋은 지난주 금요일 오후였다. 정든 던스덴 크레슨트를 떠나 100여 년 역사를 자랑하는 호그와트 완티지 홀은 무척이나 고풍스러웠다. 네이티브 브리티시 학생들이 많이 살고, 그리 조용하지는 않은 곳이다. 시설 자체로단 보면 던스덴보단 못하지만 그래도 괜찮다. 보다 제대로 영국인들의 삶을 경험할 수 있는 좋은 기회라 생각한다. 지난주 모듈은 International Construction 과정이었다. 로저 교수가 Inventor가 되어 중국, 홍콩, 워싱턴과 스카이프를 연결하여 강의를 진행하였고, 상당히 많은 영감을 얻을 수 있었던 유익한 모듈이었다. 다음 주는 Financial Management, 드디어 마지막 모듈이다. 그 뒤엔 논문에 집중!

  오늘은 MBA 동기인 우경 누나가 파리 출장 중 런던에 놀러 와서 반나절의 초단기 속성 투어를 했다. Flat Iron의 스테이크와 와인을 시작으로 하이드파크의 스콘과 아메리카노, 버킹엄 팰리스, 그린파크, 빅밴, 런던아이를 찍고 타워브릿지가 보이는 리버템즈 강변에서 에일과 피시 앤칩스를 즐겼다. 6시간 투어치곤 제법 알차고 괜찮았다. 요즘 한창 유행인 한 달 살기 여행에 대한 역발상으로 이 같은 초단기 투어를 제작해도 괜찮겠다는 생각이 들었다. 꽨스레 욕심나는 비즈니스 아이템이다.

본격적인 논문 준비

  힘든 하루였다. 봄 날씨가 무척이나 고마웠지만, 힘든 하루였다. 돌이켜 보면 뭐 또 그렇게 힘들다 할 것은 없었지만. 11시에는 논문 수퍼바이저인 플로랑스 교수님과의 첫 미팅이 있었다. 클레임 매니지먼트 자체에 전문성을 갖고 있는 교수가 아닌 건 알고 있었지만, 클레임을 게임으로 표현하며 시공사가 발주처를 상대로 더 많은 수익을 위해 트릭을 쓴다는 견해에는 도저히 동조할 수 없어 왜 그렇게 생각하는지 물었다. 순간 폴 교수님은 논리를 잃고 흔들렸다. 그 후 "Credible"이라는 용어에만 집중하며, 클레임은 "Credible"할 수 없는데 왜 자꾸 "Credible"한 클레임 매니지먼트를 언급하느냐며 신경질적인 반응을 보였다. 안타까웠다. 휴... 결론은 "Credible"한 클레임 매니지먼트가 아닌 "Accuracy"한 클레임을 위한 Process 구축. 뭐 이렇게 하나씩 조율해 나가는 거 아니겠는가. 석사 논문의 길이 참으로 험난하도다.

동화 같은 잉글랜드의 코츠월드를 아내와 함께 거닐다

Construction Cost Management 석사 과정의 모듈 강의가 모두 끝났다. 끝난 김에 여행 동아리 친구들과 베를린에 4일간 다녀왔고, 아내

가 영국을 일주일간 여행하다 돌아갔다. 아내와 함께했던 7일간의 영국 여행은 정말 즐거웠다. 내가 그동안 공부하고 운동하고 웃고 울고 해왔던 캠퍼스도 함께 거닐고, 사랑하는 호숫가 오리들 구경도 하며 아름다운 잉글랜드의 코츠월드(Cotswold)에도 다녀왔다. 런던에서의 마지막 이틀도 더할 나위 없이 행복했던 시간이었다. 함께하는 와인과 에일 한 잔이 그렇게 소중할 수가 없었다. 문득 이 유학 생활을 아내와 함께했었더라면 얼마나 좋았을까 생각했다. 매순간을 함께 나누고 아름답고 좋은 것을 함께 볼 수 있었을 텐데. 문득문득 느꼈던 외로움 대신 충만함만 가득했을 텐데.

그렇게 오랜만에 만난 아내를 다시 한국으로 떠나보내고... 나는 다시 도서관에 앉아있다. 바로 논문 작업에 착수하기가 어려워 '세계 명문대

생들의 공부'라는 유튜브 동영상을 시청했다. 다시금 자극을 받고 이제 4달 남짓 남은 이 시간, 최선을 다해 집중해야 한다. 지금은 정말 다시는 돌아오지 않을 황금 같은 시간이라는 것을 다시 한번 되뇌며, 앞으로 남은 기간 최대한 많이 읽고 쓰고 말하자.

혼돈의 대한민국

대통령 박근혜 탄핵 결정. 외신들은 대체로 대한민국 민주주의 승리라 평가하는 듯하다. 헌법재판소 8명 판사의 만장일치 결정이 있었고 대한민국 헌정 사상 첫 번째 대통령 탄핵은 그렇게 신속히 진행이 되었다. 그로부터 이틀이 지난 후 민간인 박근혜 씨는 삼성동 사저로 옮겼다. 난방과 보안 문제로 이틀간 시간을 지체하다 지지자들에게 웃음으로 화답하며 청와대를 떠나는 모습을 뉴스를 통해 바라보았다. 헌재의 결정에는 사실상 불복하는 의사를 표명하며 떠난 듯하다. 이제는 다시 올바른 리더십이 서야 할 때이다. 과연 누가 그 역할을 할 것인가. 일요일 오후, 나는 다시 도서관에 앉아 있다. 어젯밤에 대니얼과 밤늦게까지 한 술이 약간의 영향을 미쳤으나, 그리 심하진 않다. 도서관엔 많은 학생들이 앉아 있다. 방학을 2주 정도 남겨놓은 지금, 모두 바쁘고 분주해 보인다.

도서관 낭인

토요일 오후, 도서관에 앉아 있다. 논문을 위해 책을 뒤적인다. 책을 읽다 잠에 든다. 주변의 시선을 의식해 곧 다시 깨어난다. 커피와 함께 초코칩을 먹는다. 와챕을 하고, 페북 메신저로 저녁 약속을 잡는다. 옆에 앉았던 친구가 떠나간다. 다시 또 다른 친구가 앉는다. 윤회 혹은 회자정리.

그러다 문득 시계를 보니 어느덧 네 시다. 다섯 시엔 스포츠파크에 가기 위해 나도 이제 곧 자리를 떠야 한다. 좋은 음악이 있음에 감사하고, 아직도 읽어야 할 원서들이 무수히 많음에 감사하다. 사실, 살아있음에 제일 감사하다. 이곳에 있음에 감사하고, 날이 좋아 감사하고, 날이 좋지 않아 감사하고, 날이 적당하여 감사하다. 건우가 잘 커가고 있음에 감사하고 아내가 점점 더 아름다운 여인으로 변해 감에 감사하다.

행복했던 한국에서의 독박 육아

오랜만에 쓰는 일기. Easter Holidays, 봄방학을 한국에서 보내고 헬싱키로 향하는 핀에어 이코노미 맨 뒷좌석에 앉아있다. 2시간 20분 뒤 공항에 도착하고 약 2시간 대기 후 런던행 비행기에 몸을 싣게 된다. 약 2주간의 한국 나들이는 무척이나 행복했다. 요즘 흔히 하는 말로 독박육아를 하고 오긴 했지만, 사랑하는 아들 건우와 모든 시간을 오롯이 보낼 수 있어 좋았다. 아이가 커 가는 소중한 시기에 나의 소중한 시간을 함께했다는 건 참으로 감사할 일이다.

3월 마지막 주 토요일에 출발하여 일요일에 성복동에 도착하였으며, 도착하자마자 건우 백일 사진 촬영에 정신이 없었다. 장인 장모님도 오시고, 세 달 만에 보는 건우는 부쩍 커 있었다. 매일 스카이프로만 보던 아이를 실제로 보니 감회가 무척이나 남달랐다. 그 후 약 12여 일간 거의 모든 시간을 건우와 함께했다. 같이 자고 같이 일어나고, 분유를 타고 분유를 먹이고, 트림을 시키고 놀아주고, 웃게 해주고 춤을 춰주고 노래를 불러주고, 잠을 재우고 다시 같이 자고, 기저귀를 갈아주고, 분유통을 씻고 말리고 살균하고, 그렇게 12일을 보냈다. 참으로 감사할 일이다. 떠나오는 날 아침, 아이를 두고 나오는 마음이 너무도 애잔하여 또다시 눈물을 보이고 말았다. 이제 아빠 얼굴이 조금은 익숙해졌는지 눈을 뜨고 아빠 얼굴이 보이면 해맑게 웃어주는 아이 앞에서 나는 무너져 내릴 수밖에 없었다. 사랑하는 내 아이는 당분간 또다시 아빠의 온기를 느끼지 못하고 음성을 듣지 못하겠지. 그 생각을 하니 가슴이 몹시 아팠다.

어느덧 4월이다. 작년 6월 14일에 영국에 도착하였으니, 근 10개월이 되어 가는구나. 늘 생각하는 바이지만, 시간은 참으로 쏜살같다. 다시 레딩에 가게 되면, 내 시간은 온통 글쓰기로 채워질 예정이다. 이제는 가장 중요한 논문을 진행시켜야 할 때이며, 리플렉티브 포트폴리오와 케이스 스터디, 그리고 두 건의 개인 과제 제출이 남아 있다. 다 해낼 수 있다. 그리고 마지막으로 사람 정리. 정든 친구들과 행복했던 시간을 잘 정리해야 할 때이다. 빠르면 6월 과정이 종료되어 자국으로 복귀하는 친구들이 생긴다. 소중한 인연을 소중하게 잘 마무리하자.

헬싱키에서 런던으로 향하는 비행기 안이다. 아마도 두 시간 이내에 도착하겠지. BRP 카드를 두고 와서 마음이 좀 걸리지만, 괜찮을 거다. 학생증을 두고 와서 좀 귀찮아지겠지만, 괜찮을 거다. 사랑하는 가족을 두고 와서 마음이 아프지만... 이건 좀 괜찮지 않다. 아마 오늘을 떠올리면 오래도록 마음이 아플 것이다.

문득 지금까지 나를 이룬 것들을 떠올린다. 내 나이 서른여섯. 대기업 책임 2년 차. 영국 석사 과정 유학생. 사관학교 출신. 대위 출신. 그리고 현재의 나는 어떤가. 지난 약 6년여 간의 회사 생활 동안 현장과 공정/원가(EVM)와 사업관리, 계약/ 커머셜 분야를 두루 접했다. 본사에서 경험한 공정/ 원가(EVM)와 계약 분야에선 나름 회사 내 전문가로 인정을 받은 듯하다. 실제 실력은 한참 못 미친다고 생각하지만. 능력만큼 인정받지 못하는 평판 혹은 개인 브랜드의 가치도 문제이지만, 회사 내 전문가 혹은 전문가가 되기 위한 과정을 밟고 있다고 평가되고 있음에도 실력이 거기에 따라주지 못하는 것도 문제다. 따라서 결론은 언제나 실력이다. 남은 4개월은 지난 10개월간 다진 기본기를 바탕으로 실력을 쭉쭉 쌓아가는 시간으로 채워가야 한다. 절실하게, 그리고 처절하게. 그래야만 한다.

회사 내 최고 커머셜(계약, 건설관리, 건설경영) 전문가, 나아가 한국 건설 분야 최고 커머셜 전문가, 궁극적으로는 세계적으로 인정받는 초전문가 반열에 오르기. 의식의 흐름이 흐르고 흘러 어느덧 여기까지 왔다. 곧 도착하게 될 레딩에서의 마지막 논문 학기를 후회 없이 보내보자. 나는 할 수 있다.

다시 영국 그리고 논문 수퍼바이저 미팅

논문 수퍼바이저 미팅을 위해 챈슬러 빌딩(Chancellor Buidling)에 왔다. 주임교수인 플로랑스와의 세 번째 만남이었다. 의견이 맞지 않아 다소 힘겨웠던 첫 번째 미팅, 조금씩 차이를 줄여 갔던 두 번째 미팅, 그리고 제법 친해진 오늘 미팅. 우리 플 교수님은 건설계약 분야 전문가는 아니지만, 논문에 대한 통찰과 노하우는 갖고 있는 듯하다. 석사 논문이라는 것이 결국 수퍼바이저를 설득하고 만족시키는 것이 1차 목표이며, 어찌 보면 전부라고도 보인다. 그런 의미에서 나름 잘하고 있다 자평해 본다. 분쟁이 있었으나 포기하지 않고, 상대방과 계속되는 대립을 극복하기 위한 노력. 나의 그러한 노력을 보여주고 상대방의 마음을 되돌리는 작업. 나는 그러한 것에 훈련이 되어 왔고, 또 나름 소질도 있는 듯하다. 또 그래야만 한다. 세상살이라는 것이 다 그렇지 아니한가. 2주 뒤의 네 번째 미팅 땐 더 큰 진전을 이뤄내기 위해 계속 집중하자! 일단 한숨 돌렸으니 이제 포트폴리오 진도를 좀 나가보자. 회의 중·후반에 이야기한 한반도 국제 정세, 나의 커리어, 그리고 플로랑스 교수님의 딸 이야기, 사진 속 나의 아들 이야기까지, 좋은 하루였다.

퀀텀 점프를 위해

URS 빌딩이다. 레고 빌딩으로도 불리던 그곳. 도서관이 리모델링에 들어가 또 다른 리모델링 예정인 이곳으로 도서관 시설이 옮겨왔다. 원래 이 건물의 주인이던 Building & Environment 스쿨은 대운동장 옆 가설 건물인 챈슬러 빌딩으로 올 초에 이사했다. 그곳에서 내 마지막 모듈 수업들을 들었었고. 가건물이지만 새로 지어 그리 나쁘진 않았다. 수퍼바이저 미팅을 하기 위해 어제도 들렀다. 어쨌든, 도서관이 이전하는 바람에 다시 이곳에 왔다. 지난주부터 쭉 논문 준비와 함께 포트폴리오를 썼다. 글이 잘 써지지 않는 것은 함정이지만, 마지막으로 그동안 축적한 내공(?)을 바탕으로 나의 영어 글쓰기를 완성하고자 한다.

4월도 어느덧 마지막 주이니, 5, 6, 7 정말 3개월 남았네. 우와... 이를 어쩐담. 생각을 바꿔보자! 아직도 3개월이나 남아 있다! 집중! 집중! 그릿(Grit)을 발휘해서 지금 이 시기에 퀀텀 점프를 이뤄내야 한다. 나는 할 수 있다. 앞으로의 3개월은 촘촘한 시간표를 만들어 지켜나가는 생활을 해야 한다. 그래야 할 수 있고, 그래야 이룰 수 있다. 그냥 어영부영 코스를 끝내는 것이 아닌. 진정 내가 그간 1년 3개월간의 수학 과정을 통해 원했던 목표가 무엇이었는지를 재점검하여 그것을 달성할 수 있는 마지막 펀치를 날려야 한다. 쉽진 않겠지만 그래야 한다.

건우는 무럭무럭 잘 자라고 있다. 매일매일 아들이 커가는 모습을 사진과 영상으로 보며 삶의 위안을 얻는다. 어제와 오늘은 제법 크게 울었다. 처음이다. 그렇게 우는 모습을 본 건. 슬슬 낯을 가리기 시작하는 모양이다. 어제는 할머니 그리고 엄마와 단지 내 첫 외출을 하였고, 오늘은 엄마와 두 번째 외출을 하였다고 한다.

한동안 비가 오지 않던 레딩은 이제 점점 작년 여름 그러했듯 낮이 길어지고, 간헐적으로 비가 오는 모양새를 갖춰간다. 방금 무섭게 쏟아지던 우박이 멈추었고 다시 해가 나왔다. 어느덧 저녁 6시 30분이구나. 이제 그만 집에 돌아가자. 가서 운동을 하고 저녁을 먹고 오늘 쓰기로 했지만 다 못 쓴 포트폴리오 이벤트 1을 마저 완성하고 잠들자. 남은 오늘은 그렇게 하자.

나는 글 쓰는 사람, 하루 30분의 힘

　나는 글쓰기, 일기의 중요성을 잘 알고 있다. 8살부터 시작된 나의 글쓰기는 28년째 진행 중이다. 생각의 파편들을 모아보고 생각의 흐름을 그대로 글로 옮겨 적다 보면 마음이 안정되고 무언가 어지러웠던 퍼즐 조각들이 맞춰지는 기분이 든다. 그래서 나는 앞으로도 이 좋은 습관을 계속 유지할 생각이다.

　오늘도 도서관이다. 어제 할당을 채우지 못한 리플렉티브 포트폴리오 작성을 위해 분투 중이다. 이것저것 레퍼런스를 참고하며 말이다. 여름이 오고 있는 것 같긴 한데 영국의 날씨는 아직 차다. 해는 많이 길어졌고, 하늘은 맑지만. 바람이 많이 불고 종종 검은 구름이 하늘을 가린다. 김범준의 《하루 30분의 힘》이라는 책이 베스트셀러로 네이버에 등장했다. 저자는 그동안 직장생활을 하며 셀러던트로서 업무와 공부를 병행해왔고, 공부해온 내용과 경험을 바탕으로 7권의 책을 써왔다고 한다. 시간을 쪼개 대학원에 진학을 하고, 운동을 하고, 회사의 업무를 하고. 이때 드는 생각은, '그게 뭐가 특별하지? 나도 그렇게 해왔잖아.'였다. 오히려 나는 무언가 더 다른 조금은 더 특별한 스토리를 지녔는데 말이다.

　하지만 한 가지 차이점, 작지만 매우 큰 차이점은, 그는 그것을 책으로 엮어 내었고, 나는 10년 전부터 마음속의 꿈으로만 간직하고 있었다는 점이다. 꿈은 실행에 옮길 때 비로소 그 진가를 발휘하고, 이룰 수 있다. 철저한 시간 관리는 생도 생활을 거쳐 5년간의 장교 생활을 통해 프랭클린 플래너의 도움을 받으며 잘해 왔던 것인데, 언제부터인가 그 작업을 막연하게 하고 있는 것 같다. 머릿속 시간 관리, 계획과 실행을 활자화하여 관리하고 체크하는 것이 아닌 내 머릿속으로 어림짐작하는 시간 관리. 한순간도 낭비하는 시간은 없어 보이지만 사실 효율은 무척이나 떨어져 보인다. 메타인지 능력으로 객관화하여 나의 시간을 들여다봐야 하는데, 그렇지 않다 보니 시간이 그저 흘러간다. 많은 것을 이루지 못한 채. 현 상태를 바로잡을 필요성이 있고, 한 시간 단위의 스케줄 관리를 통해 객관적으로 나의 하루를 투명하게 바라보고, 효율을 증진시킬 필요가 있다. 그리하면 바쁜 와중에도 업무와 공부와 저서와 강연 활동을 병행할 수 있다. 저서와 강연 활동은 전문가로서 시작하기도 하지만, 반대로 그러한 활동을 통해 전문가가 되어갈 수도 있다. 저술과 강연 등의 활동을 통해 점점 더 내가 성장하는, 더 범접할 수 없는 전문가로의 발전을 이뤄 결국 선순환을 이뤄낼 수 있다. 시작하지 않으면, 그저 전문가를 꿈꾸는 전준생일 뿐이다. 실행하라, 당장은 책 쓰기부터! 하루 두 시간 글쓰기, 나의 경험과 시간을 그냥 흘려보내지 않고 나만의 콘텐츠로 하나씩 담아내기. 그것에서 오는 행복. 인생에 대한 만족감.

  가끔은 띠동갑 동생 혹은 조카뻘인 어린 친구들이 공부하고 떠들고 밥을 먹는 모습을 보며 우리 아이를 생각한다. 우리 아이도 20년 뒤엔, 아니 어쩌면 그보다 이른 시일에 이곳 학생들처럼 어딘가 낯선 곳에서 혼자 공부하고, 친구를 사귀고, 밥을 먹는 그럴 날이 오겠지? 한 기사를 읽었는데 노후를 준비하며 재무 컨설팅을 새로 하는 부부의 계획 중 자녀

한 명씩에게 적어도 1억씩의 재산은 주고자 하는 계획이 포함되어 있었다. 사실 건우가 태어나기 전엔 그런 생각에 반대를 했었다. 그런데 그 기사와 그 부부의 자녀에 대한 계획을 보고, 문득 건우가 떠올랐다. 우리 아이가 자라서 요즘 흔히들 말하는 이곳 헬조선에서(개인조으로 좋아하는 단어는 아니다), 거친 세상을 살아갈 때 조그마한 힘이라도 되어줄 돈을 물려준다는 게 어찌 보면 당연한 부모의 마음이란 걸 깨달았다. 그러곤 놀랐다. 순간이었지만 내 친구 어머니들을 이해할 수 있었고, 어머니를 그리고 장모님을 이해할 수 있었다. 부모로서 내 아이가 자라서 거친 세상 풍파에 지쳐 좌절하는 모습은 상상하기에도 너무나 가슴 아픈, 그런 것이었다. 그 기사 속 부부는 대한민국을 살아가는 매우 평범한 부모의 모습이었고, 물려줄 재산의 계획이 10억, 20억이 아닌 1억이었기에 어쩌면 더욱 현실적으로 다가왔는지도 모르겠다. 성인이 된 자녀에게 물고기를 잡아주기보단 성인이 되기 전 스스로 물고기 잡는 방법을 깨닫게 해주겠노라 늘 다짐해 왔지만, 막상 부모가 되어 보니, 부모의 마음이라는 게 다 그런 건가 보다. 그래서 모든 부모는 아니겠지만, 그래도 부므는 위대하다. 충분히 공경을 받아야 한다. 다시 어머니를 떠올렸다. 장모님을 떠올렸다.

레딩에서의 로컬 펍 투어

5월의 첫날, 노동절이다, 한국은 황금연휴의 시작이라고 한다. 거제도의 한 중공업 현장에서 타워크레인이 넘어져 6명이 사망하고 다수의 근로자들이 다치는 사고가 일어났다. 근로자의 날에 너무도 안타까운 일이다. 삼가 고인의 명복을 빈다. 안전한 노동 환경의 정착이 시급히 이루어지길…

　지난달 28일, 29일 양일에 걸쳐 로컬 펍 투어를 하였다. 늘 그러하였듯이 영국 로컬 사람들과의 일상에 관한 이런저런 대화는 무척이나 즐거웠다. 앞으로 남은 기간 동안 일주일에 2, 3회는 타운에 있는 올드 펍에 가서 사람들도 만나고 수다도 떨며 잉글랜드 생활을 보다 진하게 해볼 생각이다. 물론 학업도 중요하지만 살아있는 공부가 여전히 목마르다. 리플렉티브 포트폴리오 세 번째 이벤트를 작성하였고, 공정률 50%를 보이고 있다. 마음만 먹으면 이번 주에 끝낼 수도 있을 것 같다. 케이스 스터디도 2000자이니, 크게 걱정할 일은 아닌 듯하다. 오늘은 좀 빈둥거렸고, 내일부터 다시 논문에 집중해서 진도를 나가자. The ale House가 오늘도 11시까지 영업을 하네? 가서 에일 한잔하고 올까, 순간 고민된다.

우리 아들은 무럭무럭 자라고 있다. 오늘은 욕조에서 생애 첫 수영(?)을 했고, 매일매일 영상으로만 보는 거지만 그래도 새롭다. 그 과정을 함께하지 못해 아쉬울 따름이다. 순간순간 건우가 보고 싶다. 그래서 사진과 동영상을 계속 본다. 그리고 하나 추가로 생긴 습관은 건우 나이 또래, 나이라 할 순 없고 개월 수 또는 일자로 비슷한 친구가 있으면 그렇게 쳐다보게 된다. 그리고 건우와 비교해서 얼마나 큰지, 어떻게 생겼는지, 무엇을 하는지를 관찰하게 된다. 나도 모르게 무의식적으로 그러고 있다.

오늘은 이곳 영국도 Bank Holiday라 하여 휴일이다. 따라서 스포츠 파크가 4시에 문을 닫았고 Eat at the Square는 아침만 운영하고 쉬었다. 운동은 내일 해야 하나 보다. 이발도 내일로 미뤄야겠다. 그렇다면 논문을 더 읽을까 아님 펍에 가서 수다를 떨고 올까. 인생은 언제나 그렇듯 선택의 연속이다. 운동 삼아 나갔다 오는 것도 나빠 보이진 않는다. 어제 다녀오려 했는데 갑자기 비가 와서 가지 못했다. 영국 로컬 주민들이 있는 곳이 사실 아직도 두려운 부분은 있지만, 나는 이렇게 생각한다. 지금 그들 속에 들어가 그들과 대화하지 못한다면 평생 할 수 없는 것 아닌가. 그리고 내가 이곳에 있었던 1년이 무의미해지지 않겠는가. 지금 하지 않으면 영원히 못하는 것이다. 물론 악센트와 약어 그리고 그들만의 말하는 방식이 아직도 익숙하진 않지만. 그걸 두려워해선 안 된다고 생각한다. 일단 부딪쳐 보는 것이지. 그렇다고 매일 에일을 마시며 술주정뱅이가 될 순 없고, 그저 한두 잔 정도면 족할 듯하다. 일주일에 두세 번이면 적당하다.

토요일 오후, 책과 함께

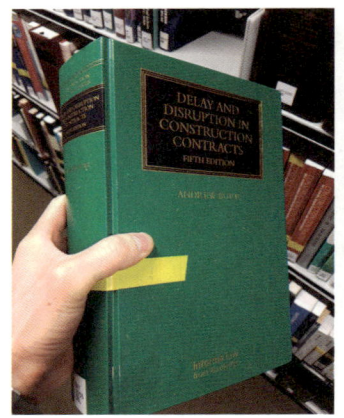 

　토요일 오후, URS 도서관에 앉아 있다. 몇몇은 차를 마시거나 수다를 떨고 있고, 대부분은 시험공부를 하고 있었다. 나는 2주째 도서관으로 출근을 하고 있고 정신 차려 보니 어느덧 5월이다. 비가 오진 않지만 날이 그렇게 화창하진 않은, 소위 날이 적당해서 행복한 그런 날이다. 한국은 황금연휴여서 일주일가량 쉬는 직장인들이 많다고 한다. 네이버 기사에는 대기업 직원들은 '연휴', 중소기업 이웃은 '어휴'라는 헤드라인이... 원래는 어제 런던으로 문화 리프레시를 하러 다녀오고자 하였으나 논문 진도가 많이 나가지 않아 도서관행을 선택했다. 허나 그렇다 해서 진도가 획기적으로 많이 나간 건 아니고, 그래도 무언가 좁혀 가려고 노력 중이다.

　논문 집중기 3개월 차에 접어들었다. 전문 서적과 참고 논문을 최대한 많이 읽고 흡수하고 내 것으로 소화하여 글로 써내야 한다. Spoken

English는, 돌아가서 내가 일하게 될 사람들은 19세 영국 소녀들이 아닌 30, 40대 외국인 특히 영국 남자이므로 전문 용어가 많이 포함된 영국 표준 영어에 다시 집중할 때이다. Contract Law 관련 영상을 다시 유튜브로 시청하여 마무리할 때이다. 지금 단계에서 영국 이디움이나 슬랭에 더 이상 집착할 필요는 없다. 모든 초점을 전문성에 맞추어 결론을 내자. 그렇다 할지라도 토요일 오후는 역시 조금은 지루해지는 것이 사실이다. 어느덧 네 시가 다 되어간다. 이른 저녁을 먹고 스포츠파크를 가고, 기분이 나면 펍에서 에일 한 잔 정도? 런던 문화 일기로 감명받았던 대영박물관과 꼭 가봐야 할 캠든마켓, 현대미술의 필 충만한 테이트 모던을 둘러볼 계획을 갖고 있었는데. 내일이라도 다녀올까.

도서관에 살어리랏다

늘 그러하듯, 도서관이다. 늘 그러하듯, 많은 학생들이 시험 준비를 하느라 분주하다. 일부는 조용하고, 일부는 소란스럽고, 일부는 잠을 청하고, 일부는 간식을 먹는다. 오늘은 대한민국 19대 대통령 선거 날이다. 선거권을 얻은 이후 처음으로 투표를 하지 못하였다. 미리 챙겨 재외국민 투표 신청을 하였어야 했는데 그러하지 못했다. 문재인 씨가 19대 대한민국 대통령이 되었다. 생전 노무현 전 대통령은 문재인을 일컬어 노무현의 친구 문재인이 아니라 문재인의 친구 노무현이라 말할 정도로 그를 높이 평가하였고, 그가 아는 최고의 원칙주의자라 하였다. 문 대통령이 걸어온 길을 하나하나 자세히 알 순 없지만, 가난한 집안의 아들로 자라나 법대를 수석으로 입학하고 4년 장학생을 지내고, 민주화 운동을 하다 구금이 되었으며 구금 도중 사시 2차 합격 발표를 듣게 되었다. 사법연수원 1등의 성적이었으나 운동권 전력으로 인해 2등 졸업, 판사가 되지 못하고 부산으로 낙향하여 노무현 전 대통령과 각종 사건을 수임하며 인권변호사 활동을 한 것으로 알고 있다. 김영삼 전 대통령의 권유로 노무현 전 대통령은 정계에 입문하였으나 문 대통령은 부산에 남아 다른 변호사들을 규합하여 스스로 대표변호사가 되어 계속 인권변호사 역할을 하였다고 한다. 정치를 권유하고 대통령을 만든 책임을 지라며 노 전 대통령의 민정수석으로 임명된 그 순간이 문 대통령의 첫 정치 인생이다. 1년 후 건강 악화를 사유로 공직에 물러나 낙향하였으나 노 전 대통령의 탄핵을 계기로 다시 정계에 복귀, 민정수석, 대통령비서실장 등을 지냈다. 노 전 대통령의 퇴임과 함께 정계에서 물러났으나, 노 전 대통령 서거 후 『운명』이라는 책을 집필하고 북 콘서트를 하던 중 국민들의 염원을 읽고 다시 정계로 복귀했다. 그리하여 결국 대권에 도전하게 된다는 장문의 기사를 읽었고, 그게 다 머릿속에 남아있다. 부디 분열된 나라를 통합하고 많은 이슈로 어지러운 난국을 슬기롭게 극복하는 훌륭한 대통령이 되시길 간절히 바라 본다. 우리에게도 눈물 나게 멋진, 다른 나라 친구들에게 마음껏 자랑할 수 있는 그런 대통령이 되시길 그 누구보다 간절한 마음으로 바라 본다. 대한민국에 그러한 지도자가, 리더가 나와야만 하는 시점이다.

   무럭무럭 자라나는 건우는 하루하루 정말 새롭다. 스카이프와 CCTV, 구글 포토가 아니었다면 내 아이가 자라나는 모습을, 그 감격스러운 순간 순간을 함께하지 못하였을 것이다. 물론 물리적으로는 많이 떨어져 있지만 이 순간 내가 할 수 있는 최선은 그렇게만이라도 내 아이를 자주, 최대한 자주 보며 순간순간 감동을 함께하는 것이다. 건강하고 잘 웃는 아이로 잘 자라나주고 있어 너무도 고맙다. 이 모든 것에 감사한다. 불과 몇 년 전만 해도 상상할 수 없었던 그림이다. 내 어머니가 우리 집에 계시고, 내 아이가 태어나서 나의 어머니와 함께 있고, 사랑하는 내 아내가 그 안에서 행복해하고, 그리고 우리 귀염둥이 나쵸가 있으니 감사할 일이다.

잉글랜드 남부 해안도시 브라이튼 산책하기

주말엔 홍콩에서 온 회계사 출신 샬롯, 콜롬비아 건축도 파블로와 함께 잉글랜드 남부 해안도시 브라이튼(Brighton)에 다녀왔다. 깎아지른 듯한 웅장한 규모의 하얀 절벽이 무척이나 인상적이었던 세븐 시스터즈

(Seven Sisters)와 드넓은 자갈밭 해변, 아담하지만 예쁜 궁전과 소규모 플리마켓이 있어 좋았던 곳. 도시 곳곳에서 진한 바닷가 내음이 느껴졌고, 많은 바다 갈매기들이 특히나 인상적이었다. 동양인을 보면 으레 중국인으로 생각하곤 했었는데 제법 많은 한국 소녀들을 보니 신기하기도 반갑기도 하였다.

한 달짜리 인터레일 패스를 끊었다. 보험료 및 배송료 포함 약 490유로. 이로써 나는 한 달간 유럽여행을 위한 내셔널 기차를 거의 15일간 이용할 수 있게 되었다. 이 말은 약 15개 도시, 15개 국가를 여행할 수

있단 의미가 된다. 생각만 해도 정말 흥분이 된다. 물론 제법 피곤하겠지만, 자유롭게 유럽을 헤집고 다닐 거의 마지막 기회라 생각한다. 더 나이가 들기 전에 이런 기회를 얻게 되어 정말 인생의 행운이라 생각한다. 다행이다. 그리고 감사하다.

비 오는 5월의 영국

아침부터 비가 오는 영국이다. 일찌감치 도서관에 도착하여 내가 가장 좋아하는 4층 창가 쪽 자리에 앉았다. 늘 그러하듯 건우 CCTV를

작동시키고 랩탑 옆에 두었다. 우리 아들 관찰 카메라는 그렇게 또 하루를 시작한다. 논문 literature review를 겨우겨우 초고를 마무리하고, 오늘부터는 Research method와 Case 소개를 쓰려 한다. 그다음엔 Flow Chart를 소개하고 두 개의 Contract을 Flow chart에 대입시킨 결과를 기술해야지. 마지막은 Discussion으로 Differing site condition에 대한 Risk를 각각의 Contract에 어떻게 반영시키는 것이 합리적인 것인지에 대한 제안을 하고 끝내면 된다. 이미 답은 나와 있으니 그걸 잘 요리조리 풀어서 적어야겠다. 그게 논문 아니겠는가.

요 며칠 신경을 좀 썼더니 아침임에도 불구하고 머리가 무겁다. 너무 큰 스트레스는 받지 말고 항상 그러했듯, '나는 할 수 있다, 나는 할 수 있다'를 되뇌며 하루를 시작한다. 내 스스로 '나는 할 수 있다'를 외칠 때는 힘든 상황에 놓여 있거나 골칫거리가 있을 때이다. 나도 모르게 그러고 있는 걸 보면, 지금 상황이 그러한가 보다. 아침 8시 이전에 학교로 출근을 하고 저녁 7시가 넘어 기숙사로 복귀하고. 그 누구도 강제하지 않은 이 캠퍼스에서 나는 거의 1년을 그렇게 살아오고 있다. 물론 논문이 바쁘지 않았을 때는 5, 6시에 종료를 하고 스포츠파크를 가는 생활을 했었지만. 어찌 되었든 학생임에도 회사원처럼 나름대로 규칙적인 삶을 살아가고 있다. 일주일에 두세 번 저녁 타임에 갔었던 펍은 영국 문화와 Spoken English를 위한 선택이었고, 나름 즐거운 시간들이었다. 요즘 가끔 한국말을 할 때 단어가 잘 생각나지 않고, 내 스스로도 자연스럽지 않다 느낄 때가 있다. 신기한 경험이다. 오늘은 하루 종일 비가 예보되어 있다. 빗소리와 새소리를 들으며 논문에 집중하는 하루를 보내

자. 저녁엔 좋아하는 요가 수업이 예정되어 있다. 인생은 행복이다. 순간을 즐겁게 그리고 최선을 다할 것이다. 오늘도 감사합니다.

　비가 시원하게 내린다. 아마도 하루 종일 내릴 기세다. BBC 기상 정보에도 그렇게 나왔듯이. 나는 이렇게 하루 종일 시원하게 비가 내리는 날이 좋다. 가끔은 세상의 모든 잡음을 잠재우고 오롯이 빗소리만 들려주는 이런 날이 그리울 때가 있다. 오늘이 바로 그런 늘이다. 오늘따라 비가 고맙게 느껴진다. 하루 종일 비가 올 것임을 알았지만 아침에 우산을 챙기지 않았다. 한국에선 상상조차 할 수 없는 일이지만. 그냥 그랬다. 학교까지 가는 길에 비가 오지 않아서 그냥 우산을 챙기지 않고 나왔다. 뭐 어떻게든 되겠지. 이곳의 비는 좀 맞아도 된다. 어머, 나 영국 남자?

화창한 런던 나들이

　또다시 감사한 한 주가 시작되었다. 등교하며 커다란 행복감을 느낀다. 도서관 마의 플레이스에 앉았다. 시험 기간이 거의 끝나감에 따라 일찍 도서관에 자리를 잡은 친구들이 눈에 띄게 줄어든 모습이다. 월요일 오전인 까닭도 있겠지만, 한창 때에 비하면 매우 한산한 느낌이다. 토요일엔 런던에 다녀왔다. 대영박물관과 캠든마켓(Camden Market), 그리고 테이트 모던(Tate Modern Museum)까지. 알찼다. 기분 전환도 하였고, 좋아하는 영국 역사도 다시 들여다보고, 캠든마켓에서 어메이징한 램버거도 먹고 하이네켄과 기네스도 좋았다. 가격이 싸지 않았다는 건 함정이지만 그래도 좋았다. 좋은 사람과 함께 왔다면 더 좋았을 것 같다. 아니면 홀로 여행족의 모습으로 분하여 즉석 친구를 만들어 수다를 떨어도 좋았을 뻔했지만, 그러지 않고 조용히 혼자 그 번잡한 공간을 즐겼다. 테이트 모던 앞에서 기타 연주를 하며 매우 브리티시한 어쿠스틱 노래를 불러주던 즉석 공연도 좋았다. 리버템즈를 바라보며 듣는 음악이 더할 나위 없이 훌륭했다.

늘 그러하지만 이런 좋은 곳에 오면 사랑하는 사람이 생각난다. 아내와 함께 이곳에서 맥주를 마시며 이 행복한 시간을 함께한다면 얼마나 좋았을까. 앞으론 우리 건우도 함께하겠지, 그 행복한 시간에. 테이트 모던도 무척이나 좋았다. 사실, 전시회 자체에 별다른 흥미는 없는 편이어서 큰 기대를 하진 않았었다. 그런데 현대미술, 설치미술과 페인팅이 공존한 그곳에서는 그저 바라보는 것만으로도, 그 공간 안에 있는 미술품들을 감상하는 것만으로도 무언가 커다란 영감을 받는 듯했다. 이곳 생활이 마무리되기 전에 한두 번은 더 가볼 생각이다. 실질적으로 5월의 마지막 주다. 엄청난 시간의 흐름, 너무도 빠르다. 5월 31일까진 약 8, 9일이 남아 있는데 이 기간 동안 논문에 집중하여 초안을 완성할 생각이다. 할 수 있다. 충분히. 집중하여 시간을 최대한 효율적으로 활용하자. 나는 할 수 있다. 지금 이 순간이 소중한 이유는, 끝이 있기 때문이다.

금요일 오후 레딩 캠퍼스

화창한 금요일 오후다. 논문 작업을 하고 요가를 하고 Park Eat에서 치킨 요리와 하이네켄을 즐긴 후 내가 좋아하는 The Study에 왔다. 시계는 저녁 8시를 가리키는데 날은 아직 밝다. 캠퍼스 잔디광장에는 삼삼오오 모여 즐거운 시간들을 보내고 있는 사람들이 보인다. 잉글랜드 에일 맥주와 음악이 함께한다. 그리고 좋은 사람이 함께한다. 얼마 남지 않은 시간 동안, 내가 사랑하는 호숫가를 할 수 있는 한 최대한 많이 거닐겠노라 다짐하여 그리하고 있었지만 사실 The Study는 오랜만이다. 시험이 모두 끝난 주 금요일 오후인지라 내부는 불이 꺼져 있고 아무도 없다. 야외 필로티에 오랜만에 앉아 좋은 음악을 들으며 앉아 있는데 바닥이 깔끔히 청소되어 있다. 작년에 여기 왔을 땐 담배꽁초부터 해서 매우 더러웠었던 기억이 있는데, 깔끔히 청소된 이곳에 앉아 있으니 기분이 더욱 좋아진다.

5월도 어느덧 저물어 가는구나. 계절의 여왕 5월의 끝자락. 시험이 끝난 많은 이들은 그 행복을 만끽 중이다. 논문이 아직 남아있는 석사 과정 친구들은 이 아름다운 행복을 온전히 즐기고 있진 못하겠지만 그래도 감사할 일이다. 해가 지고 서늘한 바람이 분다. CCTV를 열어 우리 아들이 자고 있는 모습을 본다. 음악을 들으며 벤치에 누워 하늘을 본다.

학교, 스타벅스 라이프, 그리고 토요일의 요가

토요일 아침 스포츠파크 스타벅스는 10시에 문을 연다. 이른 아침이었던 관계로, 기숙사 인근 베이커리 GREGGS에서 스튜던트 딜로 소시지롤과 치킨바게트, 아메리카노를 3파운드 주고 구입하여 요가 전까지 카페에 앉아 시간을 보냈다. 한국 돈으로 4천5백 원에 그 정도면 그리 나쁘지 않은 딜이다. 2주 뒤면 케이터링 서비스가 끝나게 될 텐데 아마도 자주 애용할 듯싶다. 계란을 엄청 먹게 될 것이고, 우유를 사서 바나 나와 함께 콘푸로스트를 다시 먹겠지. 그래도 괜찮다. 토요일 오전 요가는 너무도 좋았다. 저절로 힐링이 되는 기분이다. 그렇게 마음과 몸을 관리하며 남은 4개월을 건강하게 보내자. 어제까지 빛나던 햇살을 오늘은 볼 수 없지만 그래도 좋은 날이다. 바람이 선선하게 불고 이따금씩 해가 나온다. 좋지 아니한가.

요가를 했고, 마음이 힐링이 되었다. 친구를 새로 사귀었다. 올리버라고, 바이올로지 박사 과정 중인 금발의 영국 남자다. 올리버 오일을 생각하면 잊어버리지 않을 것 같다. 이름은 올리라고도 불린다 했고, 본인 미들네임이 해리여서 내 이름을 잊어버리지 않을 것 같다고 했다. 벤얀 홀(Benyon Hall) 기숙사의 와든 어시스턴스를 하고 있는 그는 무척이나 친절했다. 종종 요가 클래스 때 보면 인사하고 좋을 듯한데 이마저도 얼마 남지 않았구나.

돌이켜 보면 지난 1년. 그리고 앞으로 4개월, 참 길지 않은 시간이었다. 그때 만들어진 인간관계, 경험들이 무척이나 소중하지만. 정말 영원하지 않은, 어찌 보면 스쳐 지나가는 인연들이 될 수도 있는 그런 시간이었다. 돌이켜 보면 그 오랜 시간을 함께했던 고등학교 기숙사 친구들, 사관학교 동료들도 잘 보지 못하고 연락조차 자주 하지 못하고 살지 않던가. 얼마 전 한 지인이 페북에 공유했던 어느 스님의 글귀가 생각난다. 그는 인연의 중요성에 대해 말하며, 스쳐 지나가는 인연과 오랫동안 소중히 여기며 잘 가꾸어 나갈 인연을 구분하고 그에 맞게 살아가야 한다고 강조했다. 우리가 마주치는 인연 중 대부분은 그저 스쳐 지나간다. 따라서 모든 인연을 영원하다 여기며 굳이 많은 에너지를 낭비할 필요는 없다. 그 순간순간에 최선을 다할 뿐이다. 그리 애쓰지는 말자. 어차피 한 발짝 떨어져 먼 우주에서 바라보면 그저 하나의 티끌일 뿐이다. 그저 소중한 내 주변의 사람들과의 인연을 중히 여기고, 서로를 위하며 도우며 의지하며 살아가면 된다. 그게 충만한 인생이고 값진 삶이다.

저녁 시간이 되었고, 센터에서 세안제를 "3 for 2" ("2 for 3"인지 항상 헷갈린다) 조건에 구입했다. "3 for 2"란 2개의 가격으로 3개를 준다는 뭐, 그런 뜻이다. 한국인 두뇌엔 "2 for 3"가 더 맞을 것 같은데... "3개를 위해 2개 값을 지불해라"처럼 말이다. 2개의 값에 해당하는 돈을 지불하라는 개념보다 3개를 너에게 주겠다는 개념을 강조한 것 같다. 영문학 전공자가 아니니 느낌만으로 유추해 본다.

저녁엔 톰과 런던로드 캠퍼스로 밥을 먹으러 가기로 했다. 시간이 남아 완티지 홀 벤치에 앉아 중정 광장과 건물을 바라보며, 약간의 아늑함을 느끼며, 약간의 쌀쌀한 바람을 맞으며 글을 쓰고 있다. 간혹 사람들이 한두 명 오고 가는 모습들이 보인다. 영국에는 우리가 항상 생각해왔던 멋진 신사 그리고 우아한 숙녀들도 많이 있지만, 가끔 보면 혼자만의 삶을 즐기는 외톨이들도 많이 있는 것 같다. 측면에 있는 문에서 나와 완티지 정문으로 나가기 위해 걸어 나가는 영국인(혹은 인터내셔널 학생일 수도 있겠다)들을 보며 '저들도 나처럼 혼자구나' 생각을 해본다. 그러니 나도 굳이 외로워할 필요가 없겠다는 생각과 함께. 타운에 잠깐 다녀왔을 뿐인데, 카작 친구 에이샤가 남자 친구와 함께 있는 모습을 보았고 중국 친구 링싱유가 남자 친구에게 매달려 있는 모습을 보았다. 다 브랜뉴(Brand New) 커플들이다. 홀로인 자에게 커플들의 모습이란... 하지만 대담한 척해야 하는 것은 이 땅을 살아가고 있는 신사의 덕목이다.

잉글랜드의 6월

와, 6월이다!! 어제 알렉스와 점심을 먹으면서도 이야기하였지만, 여름 학기 동안 머물게 될 웨섹스 홀에서 남은 세 달을 보내고 나면 나의 학과 관련 스터디, 즉 레딩에서의 스칼라 라이프는 그렇게 끝이 난다. 이렇게 어느덧 눈 떠보니 마지막을 향해 달리고 있구나.

오늘도 어김없이 도서관에 왔다. 내가 좋아하는 완티지 홀 잉글리시 브렉퍼스트를 야무지게 먹어주고 오는 길에 투데이스 로컬에서 1.5리터 에비앙을 1.4파운드에 구입하고, 스포츠파크에 있는 스벅에서 아이스 아메리카노를 테이크아웃해 왔다. 케이터링 머니가 충분히 남아있는 덕분이다. 이리하고도 약 9파운드가 남아 있고 오늘은 금요일이니 점심과 저

녁 걱정은 없다. 하지만 이것도 다음 주가 마지막이 된다. 그 이후엔... 어떻게 생활한담. 어느덧 마지막 송금을 해야 할 때인가 보다. 얼마를 송금해야 하나. 잔여 기숙사비 900파운드 + 두 달 식비(하루 10파운드 × 60일 = 600파운드) + 도서구입비 (1,000파운드는 써야지) + 한 달 영국여행비 1000파운드 = 3,500파운드. 와, 적지 않은 돈이군. 6월 9일이 영국 대선인데 그 후 파운드가 왠지 또 폭락할 듯싶다. 일주일을 기

다리고 환전할 것인가. 삶은 고민과 전략적 선택의 연속이다.

아침에 쓰는 일기

아침이다. 어쩌다 보니 아침에 자주 일기를 쓰게 된다. 토요일 아침. 시원하게 부는 바람이 기분 좋은 화창한 영국 날씨이다. 내가 가장 좋아하는 URS 도서관 세 번째 방 창가 자리에 앉아 바람과 햇살을 느끼고, 기분 좋은 음악을 들으며 앉아 있다. 순간 인생의 행복을 느낀다. 이런 여유는 참으로 감사할 일이다. 온몸으로 느끼고 감사해야지. 삶의 순간 순간에 집중하고, 그 향기를 맡고, 그 바람을 느끼고, 또 그렇게 살아있는 세포로 살아가야지.

이제는 정말 시험이 다들 끝났나 보다. 도서관엔 아무도 없는 듯하고, 어젯밤은 모두들 달렸으리라. 첫 학기에 많이 놀아댄 대학원생은 학과 숙제들을 마무리하기 위해 조용히 도서관을 찾는다. 오늘 아침 복도에서 만난 한 친구는 얼굴이 시뻘게져서 무언가 애타게 찾고 있었는데, 그 시각이 아침 7시 30분이었다. 밤새 마셔 댄 멋진 젊은이였다. 순간 내 이십 대가 생각이 났다. 그래, 저땐 저러는 거지. 오전 11시엔 내가 가장 좋아하는 요가 수업이 있다. 도서관에 체류할 시간은 약 2시간 정도 남았다. 리플렉티브 포트폴리오 마지막 이벤트를 열심히 한번 써보자꾸나. 파이팅!

인고의 세월, 글쓰기

영어로 글을 쓰고 또 쓰고 또 써야만 하는 인고의 세월이다. 어제, 오늘 무척이나 브리티시한 날씨였다. 비바람이 몰아치고 으슬으슬한, 중간에 해가 잠시 나오다가도 동시에 비가 함께 오는 날씨다. 하여, 방에 머물렀다. 이번 주 논문 1만 자와 드래프트 완료라는 목표를 반드시 달성해야 한다! 수, 목, 금, 토, 일. 5일이 남았지만 나는 할 수 있다! 논문에 대한 압박이 제법 심하다. 하지만 이 또한 지나가리라. 포트폴리오 완성에 대한 부담감, 이 또한 지나가리라. 이 시간들이 나에겐 약이 되어 조금이나마 실력이 향상될 수 있도록 도움이 되겠지. 감사한 마음으로 집중하고, 순간순간을 즐기자. 감사할 일이다. 영어로 내 전문 영역에 대한 글을 읽고 쓰고 말할 수 있다는 것은 무척이나 감사한 일이다. 약간의 부담은 학업의 퍼포먼스를 위해 필요하지만, 심각할 정도로 스트레스를 받을 일은 절대 아니다. 오히려 무척이나 즐거운 마음으로 즐길 일이다.

이런 글을 쓰고 있는 걸 보면, 스트레스를 받고 있긴 한가 보다. 늘 마음은 크게, 여유를 갖고 임하자. 세상을 품는 남자가 되자. 그러기 위한 과정이고, 큰 리더가 되기 위해 기본적으로 전문성을 갖추는 기간이다. 낮에 앞으로 회사 내에서 어떤 리더가 될지 잠깐 생각해보았다. 회사의 성과에 기여를 하고 동시에 팀원들도 함께 성장하며, 인간적으로도 따뜻한 소속감을 느낄 수 있는 팀을 만들어야 한다. 이제는 이러한 고민들을 해야 할 때이다. 그리고 내 사람들을 만들고 키우고 관리해야 할 때이다. 큰 사람이 되자. 큰 리더가 되자. 나는 할 수 있다.

임원 인사

문득 이번 임원 인사를 떠올리면서 든 생각이 있었다. 임원의 반열에 올라선 분들을 보면 한 가지 공통점이 발견된다. 바로 최고경영자를 포함

한 주요 경영진에게 본인의 퍼포먼스를 지근거리에서 보여주었다는 점이다. 본사 출신이 임원이 된 케이스는 이러한 공통점이 있는 듯하다. 현장소장 즉 PM으로서 PD가 되는 방법은 물론 잘되는 현장을 맡아서 손익 개선을 해내는 퍼포먼스를 해내면 된다. 요즘처럼 모든 현장이 현안인 시국에는 그저 손익만 지켜도 충분히 최고의 장수로 평가를 받을 수 있다.

 하지만 본사 조직에서 최고위층으로의 진입은 마치 군이나 국가기관에서의 성공 논리와 유사하다. 직접 돈을 벌어오는 조직이 아니기에, 현장과는 조금 다른 성공 방정식이 필요하다. 첫째, 당시 최고경영진의 주목을 받는 소위 힘 받는 조직의 부장급 수장이어야 한다. 이러한 힘 받는 조직이란 시대에 따라, 또는 CEO, CFO에 따라 시시각각 변하게 되어 있다. 요즘 변화의 속도는 과거의 그것과는 상당한 차이가 있으며, 전통적으로 힘 있는 조직인 재경, 인사를 차치하고서라도 회사의 성장과 혁신을 위해 새롭게 "경영", "혁신", "신사업" 등의 키워드를 사용하며 등장한다. 둘째, 그 힘을 받는 조직에서 회사를 위해 기여한 노력을 명확하게 시각화하여 프레젠테이션을 할 수 있어야 한다. 그러기 위해선 최고 경영진 앞에서 본인이 속하고 이끌어 온 조직의 퍼포먼스를 시연할 수 있는 기회를 반드시 잡아야 한다. 어렵다면 영업을 해서라도 만들어야 한다. 셋째, 그 힘을 받는 조직에서 조직원들의 명망을 얻고 함께 끌고 나가야 한다. 즉 리더로서, 조직 내 인사 최고 관리자로서 잡음이 있어서는 안 된다. 인사팀은 이를 반드시 조사한다. 비단 조직 내뿐만 아니라 조직 외 정치도 반드시 필요하다. 또한 사내에 적을 만들어서는 안 된다. 누군가 나에게 좋지 않은 평을 내리면 이는 돌고 돌아 전사 인사 조직에서 나를 판단하는 마이너스 잣대로 활용할 수가 있다. 빌미를 주어서는 안 된다. 넷째, 누가 보아도 우리 회사의 임원감 또는 임원 이미지라는 생각을 할 수 있게끔 나를 브랜딩화하며 이미지화하여야 한다. 여기에는 임원다운 말투, 걸음걸이, 옷 스타일, 옷매무새, 평소 행동, 일과 시간 내 조직 안에서의 행동, 일과 시간 내 조직 외에서의 행동, 일과 시간 외 조직과 함께 하는 행동, 일과 시간 외 조직 외 타인과 함께하는 행동 모두 해당된다. 다만, 임원다운 모습이 타인으로 하여금 거부감을 느끼게 해서는 안 된다. 항상 단정하고 논리적이고 차분했던 모 상무님은 그 좋은 예가 된다. 마지막으로 가장 중요한 것은, 그리고 가장 기본적인 것은 임원을 달기 전 1, 2년도 매우 중요하지만 약 10년 전부터 이러한 준비를 시작해야 된다는 사실이다. 고과, 전문성, 인맥을 오래전부터 준비해야 한다. 나의 경우는 그 10년의 시작점이, 바로 지금이다.

벌써 1년, 무거운 책임감

오늘도 The Study로 출근하여 논문을 쓰고 있다. 6시에 기상하여 샤워를 하고 준비를 한 다음, 7시에 GREGGS에서 늘 그러했듯 Student Deal로 치킨토마토바게트와 소시지롤 그리고 아메리카노를 단돈 3파운드에 구입하고 따스한 햇살을 맞으며 학교로 향했다. The Study에 도착해서야 학생증을 놓고 왔다는 걸 깨달았다. 어제 운동 끝나고 운동복에서 꺼내지 않았음을 인지하고 외부 테라스에 자리를 잡고 평화로운 아침을 만끽 중이다. 늘 그러하듯, 시간은 정말 화살처럼 쏜살같이 지나간다. 하루하루 그렇게 너무도 빠르게. 어느덧 1년이라니. 바람도, 햇살도 좋다. 오늘 하루도 즐겁게 임하여 성과 있는 하루를 만들자. 논문! 이 또한 지나가니까 즐기자.

저녁이다. 9시 50분. 아직 날이 다 저물지 않았다. 딱 작년 오늘 이 시간, 런던 4구역에 있는 Holiday in something hotel에서 첫날밤을 보냈었지. 오랜만에 한국 모 신문사의 기사를 보았다. 휴직을 권고받은 한 회사원의 이야기가 실려 있었다. 수년간 회사를 위해 밤낮없이 휴일도 없이 뼈 빠지게 일을 해왔는데 덜컥 휴직을 권고받은 우리네 평범한 이웃의 사연이다. 본인의 봉급으로 인해 부모님이 그간 해오셨던 일당직 일을 하지 않으셔도 되었다는 이야기, 주말에 출근하지 않게 되었다는 말에 좋아하는 아이에게 캠핑 장비며 뽀로로 장난감을 사주겠노라 했다는 이야기에 울컥했다. 수많은 댓글이 달렸고, 모두가 느끼는 감정은 비슷했으리라. 남일 같지 않았다. CCTV를 통해 자고 있는 건우를 보았다. 더욱더 무거운 책임감이 느껴진다. 이 아이를 구김살 없이 아낌없이 서포트해주고 싶은데. 그렇게 하기 위해서는 내가 앞으로 30년은 더 안정된 직장에서 보장된 수입을 얻고 성장하여 사회에서 나름의 위치에 올라야 하는데, 요즘 대한민국은 그게 참 많이 어려워 보인다. 한 유명 기업이 늘 외쳐왔던 것처럼, 늘 지금이 최고의 위기다. 내게도 지금 이 순간이 최고의 위기다. 자고 있는 아이를 다시 바라본다. 그리고 그 옆에 함께 자고 있는 아이의 어머니를 본다. 강한 책임감이 밀려온다.

논문 주제

내 논문 주제는 "The balanced risk allocation in FIDIC

Forms of contract under differing site conditions"이다. '밸런스'에 초점이 맞춰져 있다. 마지막 한 달 반 논문을 집필하기에 매우 좋은 장소를 찾았다. 역시나 The Study. 작년 여름에도 사랑했던 곳이고, 지금도 매우 흡족한 마음으로 아침 7시부터 저녁 8시까지 이곳에 머물고 있다. 남은 한 달 반은 이곳이 나의 연구실이 될 터이다.

  문득 드는 생각은 영국인을 만나고 그들과 대화하는 것. 그것 역시 매우 중요한데, 여기서 또 밸런스가 나온다. 밸런스드 라이프. Spoken English와 Written English 사이의 밸런스. 지난 1년간 그 밸런스를 맞추기 위해 무던히 노력했다. 친구들을 사귀고, 영국 친구들과 여행을 가고, 아무도 모르는 펍에 가서 처음 보는 이들과 대화를 하고, 로컬인들이 조금 더 많은 기숙사로 옮겼다. 그러면서도 내 전문 지식을 영어로 쌓아올리는 노력을 위하여 강의를 듣고 에세이를 쓰고 논문을 쓰고 고독한 혼자만의 영어 글쓰기 시간도 보내었다. 브리티시 억양과 그들의 표현을 익히기 위해 넷플릭스를 보고 그들의 정치와 포쉬(Posh) 잉글리시를 익히기 위해 스카이온라인 뉴스를 매일 보고 영국 총리를 비롯 유명인사들의 연설을 듣고 보았다. 항상 LBC 라디오를 듣고, 잘 때도 들었다. 그렇게 지난 1년간 난 밸런스드 브리티시 라이프를 위해 살아왔다. 밸런스라는 말은 상당히 중요하지만 그 정의를 내리기가 결코 쉽지만은 않다. 밸런스의 또 다른 말은 중용, 적절함, 적당함, 균형 등이 있다. 시중에 중용에 관한 책들이 인기를 끌었었던 적도 있었고, 밸런스에 대한 정의와 고찰을 책으로 정리해보는 것도 괜찮은 시도일 듯하다. 관련 문헌은 널려 있으니.

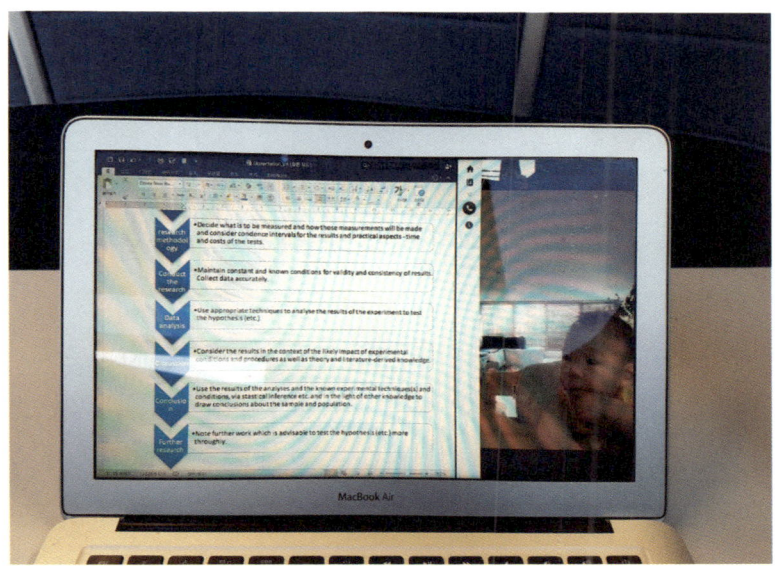

레딩대학교 2년 차, 어느덧...

작년 6월 17일 금요일에 레딩에 왔으니. 1년 그리고 3일이란 시간이 흘렀구나. 미래의 레딩러들을 모집하기 위한 오픈데이가 한창이다. 'Here to help'라는 로고가 새겨진 빨간색 티셔츠를 입은 가이드 학생들이 캠퍼스를 장악하고 있고 슬슬 학부모와 미래의 레딩대학교 신입생들이 보이기 시작한다. 바람이 다소 불지만, 작년 그날처럼 날은 좋다. 오히려 더운 날씨에 시원한 공기를 더해주는 느낌이다.

글을 계속 쓰면 쓸수록 책을 더욱 많이 읽고 싶은 욕구가 솟아난다. 더 좋은 표현, 더 좋은 문장, 더 좋은 생각을 위해 그러한 듯하다. 논문을 쓰면 쓸수록 더 좋은 논문을 계속 읽고 싶어지는 욕구가 생겨나듯이.

읽고, 생각하고, 쓰고, 말하고. 이 일이 적성인가. 완벽한 공부법의 공저인 신영준 박사는 말한다. 이직을 하더라도 현 직장을 병행하며 하라. 나는 이직할 생각은 없고, 좋은 글을 읽고 많은 생각을 하며 좋은 글을 써내고 싶은 욕구가 있다. 이 역시 현 직장을 다니며 해야 할 일이다. 삶의 즐거움이 배가 될 것이다. 나의 자식을 배출해내는 듯한 기쁨과 보람도 느낄 수 있을 것이고 말이다.

요즘 모교 선배의 페북 글을 자주 본다. 선배는 정갈한 표현으로 본인의 생각을 담아낸다. 14년간 군 복무를 하다 작가로서의 삶을 살고 있는 지금 그대로의 생각과 당신의 느낌, 기분 등을 솔직하게 적어 내려간다. 내 속의 글을 써 내려가는 표현의 욕구, 무엇인지 알 것 같다. 본인이 쓴 책이 한 권, 한 권 서로 연계가 되어 이 책은 저 책을 만들어 냈고, 책의 80% 정도 원고가 완료될 즈음이면 또 다른 궁금증과 쓸거리가 그 책으로 말미암아 탄생하게 되는 선순환이 이루어진다. 명확히 이해된다. 쓰면 쓸수록 생각하게 되고, 질문하게 된다. 그리고 그 질문에 답하기 위해 관련 서적을 찾게 되고, 그 분야의 전문가를 찾게 되고, 그러한 사람들과 대화와 토론을 하게 된다. 또, 다시 생각하고, 다시 책을 읽는다. 그러다가 정리된 나의 생각을 나만의 스토리로 풀어내는 것이다. 이 과정에 대한 욕구와 즐거움.

MBA 동기 형 중 한국의 한 명문대 학부를 졸업하고 한 대형회계법인 파트너로 재직 중이신 분이 있는데, 페북에 얼마 전 박사 코스웍을 끝낸 소회를 적어냈다. 이 또한 동기부여가 된다. 나에겐 배우고 공부하고 나를 성장시키는 것에 대한 강한 동기와 욕구가 있는 것 같다. 내 나이 서른여섯이니, 아직 젊다. 현업에서 많은 관련 논문을 읽고 데이터를 모으고 생각을 하다 보면 오히려 박사 논문은 어렵지 않게 쓸 수 있을 것 같다. 석사 논문이 마무리되는 대로 학교와 이야기해보자. 현업에 복귀해서도 해외 논문을 계속 탐독하고, 지금 하고 있는 레이스를 이어 나가자. 궁하면 통하고, 두드리면 열린다. 얻고자 하는 이는 하늘이 돕는다.

또다시 영국의 여름

매우 덥다. 작년과는 또 다른 더움이다. 마치 한국의 여름 같구나. Muggy라는 표현을 쓰던데 라디오에서 계속 들리길래 찾아보니 후텁지근하다는 의미였다. 더위를 피해 내가 자주 가는 그곳에 왔다. RUSU 빌딩 뒤편, 너른 잔디와 이따금씩 불어주는 산들바람이 시원한 나만의 공간. 레딩에서 내가 사랑하는 장소 중 하나다. 이곳에 앉아 평화로이 음악을 듣고 책을 읽으면 세상 부러울 것이 없다.

이번 주 토요일 웨섹스 홀로 이동을 한다. 시간이 참 빠르다. 어떻게 이사를 해야 할지 고민이다. 농업적 근면성을 발휘하여 캐리어 두 개를 끌고 나의 두 다리를 의지해 왕복 작전을 펼칠 것인가. 아니면 아는 형에게 차량 지원을 부탁해볼까. 쓰고 생각해봤는데, 일단 부탁은 해봐서 나쁠 건 없을 것 같다. 지금 해봐야겠다. 같은 과는 아니지만 같은 스쿨 내 디자인을 전공하는 형이다. 머리카락이 긴 그는 카타르 거주 경험이 있다고 했다. 학기 초 스포츠파크에서 몇 번 마주친 적이 있었는데 처음엔 여자인가 했었다. CM 대학원에는 4명의 한국인이 있지만 자주 만나진 않았다. 이곳까지 와서 그다지 길지도 않은 유학 생활에 한국인끼리 몰려 다닌다는 것이 별로 바람직하지 않다는 생각을 서로들 가지고 있었던 이유 때문이기도 하고 또, 나를 제외한 원우님들은(2명은 형이고 1명은 동생이다) 공부와 함께 구직 활동도 해야 되어서 마음의 여유들이 크게 없었기 때문이리라. 그래도 다들 좋은 사람들인데, 기회가 되면 인연을 계속 이어나갈 수 있을 것이다. 언젠가부터 모든 인연들을 반드시 챙겨야만 한다는 관념에서 벗어난 듯하다. 그렇다고 해서 인연을 소중하게 여기지 않는다는 뜻은 결코 아니지만, 모든 인연을 모두 그렇게 각별하게 만들 수가 없다는 사실을 인지했기 때문이리라. 그게 언제인지는 정확히 기억나지 않지만 나이가 들고, 결혼을 하고, 아이가 생기니 조금씩, 조금씩 그리되어 가는 것 같다. 하지만 그중엔 그래도 보석 같은 인연들이 있다. 그리고 아무리 작은 인연이라도 무시하거나 상처를 주어선 아니 된다. 인연의 길이가 짧을수록 안 좋은 기억 외 좋은 기억으로 나를 생각할 수 있게 만들 수 있는 기회는 많지 않다. 한국말도 이렇게 쓰면 어렵구나. 모든 문장은 깔끔하고 명료한 게 좋은 것 같다. 영어도 그러하다. 복잡한 문법과 문장으로 나조차 이해되지 않는 글을 쓰는 것을 경계해야 한다.

  배가 고프다. 한순간 부자 유학생에서 다시 배고픈 유학생으로 돌아간 것 같다. 내가 이 정도인데 다른 친구들은 오죽할까. 학부를 갓 졸업하고 이곳에 온 중국, 태국 친구들이야 아직 어리니까 괜찮을 수 있다. 또, 계속 학생의 신분이었으니까. 그리고 아직 세상의 쓴맛을 잘 모르니까. 부모님 찬스로 잘 지냈던 것 같다. 물론 개중엔 파트타임 잡도 구해서 열심히 산 친구들도 있다. 카작 친구들은 대부분 정부 지원을 받아 학비, 생활비 걱정은 크게 하지 않는 듯 보였지만 그래도 점심마다 Eat at the Square에서 그 비싼(?) 학식을 먹고 항상 커피를 들고 다니는 나를 신기하게 생각했던 걸 보면 그들 주머니 사정 또한 그리 넉넉지는 않았을 테고. 그 외 제법 인생 경험이 많은 루비, 알렉스, 사라, 로라, 아일린, 데보라 같은 친구들 또한 돈을 쓰는 게 마냥 마음이 편치만은 않았겠다는 생각이 불현듯 들었다. 물론 사라는 아빠가 출판사 사장이고, 아일린은 미국계 회사에서 제법 괜찮은 연봉을 받아왔었고, 알렉스는 영국 쉐브닝 장학금을 받고 있어 다소 괜찮았을 수는 있었겠지만 말이다. 어찌 되었든, 다들 좋은 성과를 얻고 좋은 기억을 간직한 채 이곳 생활을 마무리할 수 있었으면 좋겠다. 나 또한 그러하고.

  회사 복귀가 점점 다가온다. 어제 인사팀 예산담당자와 메신저를 했다. 가면 또 적응하겠지만. 이제 꿈에서 깰 준비를 해야 한다. 충분히 값진 시간이었고 많이 성장했으리라 믿는다. 배고프다. 바게트패키지를 테이크아웃해 왔어야만 했다. 가서 배고프면 어떡하냐는 고민을 했었는데,

그게 현실이 되고 말았다. 이곳은 바람도 시원하게 불어주니 참 좋다. 원래 영국은 여름에도 날씨가 변덕스러워 긴팔이 꼭 필요한 곳인데. 요 며칠은 정말 후텁지근했다. 어찌 되었든 좋다. 여기, 이 장소. 그런데 또 혼자다. 작년 여름에도 여기 앉아, 이런 곳에 혼자라는 생각을 했었는데… 1년이 지나 또다시 혼자가 되었다. 많은 친구들을 만나고 어울렸지만, 그래서 그 순간들을 모두 소중하게 기억하고 간직하고 있지만, 어찌 되었든 지금 난 혼자다. 혼자 앉아 있다. 그런데 더 큰 문제에 당면했다. 지금 당장 배가 고프다는 것.

"하느님, 저에게 제가 바꿀 수 없는 것을 받아들일 수 있는 차분한 마음과 제가 바꿀 수 있는 것을 바꿀 수 있는 용기와 언제나 그 차이를 분별할 수 있는 지혜를 주소서."

– 커트 보니것, 《제5도살장》

잉글랜드의 7월

여름이다, 영국의 여름. 내가 좋아하는 영국의 여름! 9시 반이 되어도 하늘이 완전히 어두워지지 않는, 낮에는 기분 좋은 햇살과 선선한 바람이 더위를 잊게 해주는 그런 여름. 나는 영국의 여름이 좋다. 어느덧 7월이다. 논문에 집중할 시간도 얼마 남지 않았다. 무서운 일이다. 벌써 끝이라니. 그러니 잘 마무리하자. 어찌어찌 하다 보니 어느덧 11000자를 썼다. 내용은 빈약할지 모르나 제법 구성은 갖추었다. 인트로부터 다시 훑으며 알차게 보완할 예정이다. 그리하여 Finding과 Discussion에 조

금이라도 더 의미 있는 내용을 실을 수 있도록 다시 한번 고민해 보자.

잉글랜드의 7월은 너무도 아름답다. 어느덧 1년이라니. 내겐 너무도 꿈만 같았던 여행과도 같았다. 인생 자체가 여행일 수도 있겠지만. 너무나도 소중하고 뜻깊었던 1년의 여행이었다. 방학 동안 머물기 위하여 새로 옮긴 웨섹스 홀은 매우 만족스럽다. 방에서 공부하여도 크게 방해되지가 않는다. 사람도 좋고, 풍경도 좋고, 방도 좋다. 벽간 소음이 상당하긴 하지만 이웃들이 다 점잖아 괜찮다. 오히려 내 스카이프 소리가 그들에게 방해가 될까 염려될 따름이다.

레딩대학교 상반기 졸업식

저녁 9시 41분, 아직도 창밖 너머엔 어스름한 빛이 남아 있다. 한국은 이제 새벽 5시 41분이다. 늘 그렇듯 CCTV를 본다. 건우가 분유를 먹고 있다. 요즘 요가하시고 지루박 수업을 다니시고 이제 곧 영어 학습지 공부도 하실 우리 어머니. 갑자기 찾아온 이 행복이 순간 없어질까 두렵다는 그 말씀. 문득 둘째가 생기면 모두가 더 행복해지겠다는 생각을 했다. 건우도, 나도, 아내도, 어머니도. 그러면서 동시에 가족의 든든한 '평생 울타리'가 되기 위한 나의 역할에 대해 생각해 본다. 잡 시큐리티. 글을 쓰는 것. 본업에서 최고의 집중력과 성과를 통해 성취를 보여주는 것이 당연히 우선순위이고, 그 외에 내가 좋아하고 잘할 수 있는 것. 그리고 지속하여 할 수 있는 것. 글로써 콘텐츠를 만들어 내는 것. 그리고 사람들 앞에 서는 것. 나의 이야기를 들려주는 것. 내가 공부하고 집대성하고 개발한 콘텐츠를 많은 사람들과 공유하여 사회에 조금이라도 긍정적인 역할을 하고 내 가정도 지켜낼 수 있는 것. 결론은 다시 글쓰기이고, 그 첫걸음의 중요성에 대해 다시 한번 생각해 본다. 건우가 삼십 대가 되어 아이를 낳을 때까지도 든든한 집안의 울타리가 되기 위한 나의 역할과 노력 그리고 사명감.

오늘은 상반기 졸업식이 있는 날이었다. 런던로드캠퍼스를 다녀왔다.

베스티 외 다수 태국 친구들이 9개월 코스를 마치고 졸업을 했다. 9개월 만에 석사라. 비용 대비 괜찮은 효율이다. 그래도 영국 석사이지 않은가. '내 졸업은 12월인데, 참석하긴 어렵겠지?' 하는 생각을 하며 친구의 졸업식을 다녀왔다. 화창한 날씨가 매우 좋았고, 오늘 졸업하는 전 세계에서 모인 친구들의 모습이 무척이나 다채로웠다. 새삼 영국 내 인터내셔널 스쿨의 면모를 느낄 수 있었다. 타이 친구들은 언제나 그렇듯 잘 웃고 즐거워 보였다. 작년 이맘때 그들을 처음 만났었는데 어느덧 작별이구나. 언제쯤 다시 만날 수 있을까. 각종 SNS 등을 통해 세계는 연결되어 있지만, 그래도 어찌 되었든 작별은 작별이다. 만나고 헤어짐에 익숙해질 나이도 되었지만 아직까지 나는 그것에 서툴다. 새로운 기숙사인 웨섹스에서 만난 친구들도 모두 좋은 사람들이지만 그들과 함께 어울릴 시간은 사실상 한 달 남짓 남았다. 그마저도 논문에 집중하느라 요즘처럼 방에만 머물던 적은 없는지라. 그래도 마지막 논문 집중하기에 괜찮은 홀에 묵어 참 좋다. 이래저래 편리하다. 화장실, 배스룸, 키친이 다 지근거리이고 방 자체도 깔끔하고 좋다. 뷰도 너무 좋고, 집중력이 문제다. 노력하자. 거의 다 왔다.

벅찬 인생

'퇴사 준비생은 담력이 아닌, 실력을 키워야 합니다.'

의미 있는 말이다. 담력이 아닌 실력. 그동안 나는 실력을 통해 담력을 쌓을 수 있었고, 또 그 담력을 통해 실력을 쌓을 수 있었다. 선순환이 되어야 한다. 무모하게 담력으로만 인생을 밀어붙이며 자만하면서 살 순 없다. 실력이 바탕이 된 담력. 그것만이 더 큰 것을 이루어낼 수가 있으며 더 큰 성취, 더 큰 나를 만들어낼 수 있다.

'인생은 숨을 쉰 횟수가 아니라 숨 막힐 정도로 벅찬 순간을 얼마나 가졌는지로 평가된다.'

내 인생에 있어 숨 막힐 정도로 벅찬 순간이 언제였는지 생각해 본다. 초등학교 시절 전교 1등 했을 때. 인근 초등학교 친구들과 즐거운 추억을 쌓았던 초등학교 5학년 여름탐구교실. 중학교 시절 전교 1등 했을 때. 홍성군 국·영·수 경시대회 1등 했을 때. 홍성군 수학과학 경시대회 1등 했을 때. 홍고 교장선생님이 집에 찾아와 3년 장학증서를 주셨을 때. 고등학교 시절 전교 1등 했을 때. 고등학교 1학년 첫 무전여행했을 때. 고등학교 1학년 농구대회 우승했을 때. 한서대 배 고등학교 농구팀 대표가 되었을 때. 한서대 배 고등학교 농구대회 우승했을 때. 사관학교 기초군사훈련 사자굴 행사, 생도 1학년 첫 자전거 국토 종단, 생도 2학년 유격훈련 유격대 복귀 행군 후, 생도 3학년 공수훈련 낙하산이 펼쳐졌을 때. 아내인 당시 여자 친구와의 첫 여행과 첫 키스. 3학년 겨울 기파생도로 선발되었을 때. 신입생도들 맞이하였을 때. 신입생도들과의 사자굴 행사, 생도 4학년 첫 마라톤 완주, 사관학교 졸업식, 첫 소대장 40명 소대원들을 처음 만났을 때. 공사장교 되었을 때. OAC 1등 하고 참모총장 표창 받았을 때. 대대작전장교로서 대대병력 행군인솔을 하던 날. 지금 다니고 있는 회사 입사가 확정되었을 때. 정든 군문을 떠나던 날, 신입사원연수, SVP 연수, 첫 현장 발령받던 날. 서초사옥 본사 첫 출근하던 날. 아내와 결혼하던 날. 서울에 첫 둥지를 마련하였을 때. 아내와 함께 싱가포르, 몰디브 신혼여행. 첫 해외 출장 인도 뭄바이를 갔을 때. MBA 첫 등교. MBA 농구부 주장으로서 연대, 카이스트 교류전에서의 승리. MBA 졸업. 성복동에 첫 내 집 마련, 인도 출장 복귀하여 집에 처음 들어갔을 때. CA 창단 멤버로 CEO와 점심 식사. 글로벌커머셜전문가 과정 연수. 연수 마지막 날 프레젠테이션. 프레젠테이션 끝나고 상 받았을 때. 자카르타 출장 중 인사팀으로부터 영국 유학 통보 받은 날. 축복이의 존재를 처음 알게 된 날. 성복동에서 눈 오는 날 과장 진급 축하 메시지를 받았을 때. 레딩대학교 입학 확정된 날. 축복이 만나러 공항 가는 길. 축복이 나오기 전 아내와 데이트하던 주말. 축복이 첫 울음소리를 들었을 때. 축복이 첫 눈맞춤. 축복이와 함께한 분당 차병원. 축복이와 함께한 조리원. 건우와 함께한 성복동. 건우 100일. 아내가 영국 놀러 온 날. 건우가 처음 뒤집었을 때. 건우가 처음 앉았을 때. 건우가 처음 이유식 먹었을 때. 건우가 처음 떡뻥 먹었을 때.

영국 유학의 마지막 퍼즐

도미닉에게 케이스 스터디 원고를 보내고, 다시 논문에 집중한다. 하나하나 마무리되어 가는 느낌이다. 이런 기분 좋다. 무언가 체계적으로 그리고 일정대로 정리되고 처리되어 가는 느낌. 케이스 스터디는 꼼꼼하게 내용을 채웠을 뿐더러 검토까지 스스로 한 번 해본 에세이인지라 만족감이 더 높다. 물론 아직 많이 부족하겠지만, 학기 초보다는 많이 발전한 느낌이다. 글은 역시 계속 써보아야 한다. 영어는 계속되어야 한다. 쓰면서 문법을 가다듬고, 표현을 추가하고, 그렇게 가다듬어진 글과 표현은 그대로 입으로 나오게 된다. 알게 되니 들을 수 있고, 다시 그것을 말할 수 있게 된다. 선순환이다. 영어의 선순환. 왜 영어의 읽기, 쓰기, 말하기, 듣기가 모두 연결되어 있다고 하는 것인지 지난 1년간 몸으로 깨달았다. 그리고 영어 환경에의 지속적인 노출의 중요성을 느꼈다. 예전에 비하면 더할 나위 없이 좋아진 환경이다. 다만 의지와 실천의 문제일 뿐.

읽고 경험하고 생각한 것을 글로 녹여내는 것의 즐거움. 나만의 콘텐츠를 만들어 낸 후의 행복함, 후련함, 그리고 그 안에서 또 다른 공부가 시작된다. 이 공부가 다시 또 다른 콘텐츠로 이어진다. 또다시 글을 쓰게 되고 책을 발간하게 된다. 발간한 책을 많은 사람 앞에서 이야기할 기회를 얻게 되고 그 과정에서 사람들을 만나게 되고 또 다른 경험을 하게 된다. 또다시 그 경험을 토대로 새로운 지식과 생각을 더하여 나만의 특별한 콘텐츠를 만들어 글을 쓰고 이야기한다. 즉, 선순환. 지식 공유의 선순환이다. 그 안에서 찾게 되는 인생의 즐거움과 진리를 추구하고 깨닫게 되는 과정에서 느끼는 행복함까지! 그리 거창한 것이 아닐지라도 한 스텝, 한 스텝 진행될 때마다 그 안에서 오는 성취감이 매우 클 것 같다. 돌이켜 보면 나는 그러한 성취감에서 행복감을 느끼곤 했었던 것 같다. 어느덧 올해 일기장의 단어 수가 내 논문의 목표치와 비슷해져 가는구나. 다시 논문이다. 1주 안에 끝내고 추가 1주는 개선, 그리고 제출, 그리고 여행, 그리고 정리, 그리고 복귀, 그리고 또 새로운 시작과 만남.

다시 논문에 집중한다. 오랜만에 비가 와서 시원하다. 오늘은 기숙사 방에 머물며 논문을 쓰기로 했다. 어느덧 오전이 훌쩍 지났다. 시간은 번개와도 같다. 윔블던이 한창이다. 전 세계에서 이 엄청난 대회를 보기 위해 몰려드는데, 정작 가까운 곳에 사는 나는 애써 외면하고 있었다. 아직 기회는 있다. 줄을 서서 티켓을 파는 방식이 있기에 오늘 밤 윔블던 채널을 주시하다 여차하면 내일 새벽에 다녀올까 한다. 논문도 중요하지만, 이러한 경험도 무척이나 값진 것이므로. 따라서 오늘 집중하여 논문 진도를 나가야 한다. 유럽 여행 출발 전까지 삼 주가 채 남지 않았다. 여행을 마치고 돌아오게 되면 이 주 내지 삼 주가 남을 테니, 영국 생활이 도합 두 달이 채 남지 않은 것이다. 무엇이 중요한 것인지 다시 한번 생각해야 한다. 끝내야 할 일은 집중하여 빨리 끝내자. 거의 다 왔다.

하루하루 완성되어가는 논문

비가 그치고 도서관에 왔다. 2층에 있는 카페에서 내가 좋아하는 라지 아메리카노를 시켜 내가 좋아하는 방으로 들어왔다. 우연히 가수 이소라 씨가 영국 펍에서 공연한 영상을 보게 되었는데, 영국 펍이 벌써 그립다. 각양각색의 사람들이 맥주 한 잔 시켜놓고 이런저런 이야기를 나누고 있는 왁자지껄한 그런 펍. 약간은 어둡고 벽에 걸린 흑백사진 액자들이 멋스러운 곳. 아일랜드 H91 DP73 골웨이라고 한다. 공연했던 곳을 보는 순간, 영국 펍이구나! 그립다는 생각이 밀려왔다. 아마 앞으로 쭉 이처럼 그리움을 간직한 채 살아가겠지. 가기 전까지 많이 느끼자.

하루하루 논문이 완성되어 간다. 오늘은 4개의 이벤트를 시각화하여 보여주는 다이어그램을 완성했다. 사실 화면을 캡처한 플로우차트에 선만 그려주었을 뿐. 난 참 일을 영리하게 하는 것 같다. 하지만 지금 내가 하고 있는 것은 영작 중노동. 끝이 보이긴 하는데 한 발 한 발 결승선으로 향하는 마지막 보폭이 녹록지 않다. 그래도 소처럼 묵묵히 한 발 한 발 가자. 다소 시간이 걸릴지라도 묵묵히 말이다. 월요일엔 케이스 스터디 제출이 있는데, 계획대로 된다면 월요일부터 당장 2, 3일간은 여유가 생긴다. 왠지 사흘 정도 딜레이가 될 것 같은 불길한 예감이 있지만 말이다. 일단은 목표를 그리 잡고 달려보자. 다음 주엔 운동하고 책을 읽고 펍에도 가야겠다. 정말 끝인가. 아 정산 준비를 해야 하는구나. 여행 준비도 해야겠다. 하지만 하면 되지 않겠는가! 마음의 여유는 늘 잃지 말고, 매 순간순간 살아 있음을 느끼고 감사하라! 내가 이곳 잉글랜드에 살아 있음을 느껴라! 순간순간이 너무도 소중하다. 다신 오지 않을...

내가 사랑한 도서관 라지 아메리카노

또다시 하루가 시작되었다. 감사할 일이다. 날씨는 흐리지만 시원했다. 도서관에 왔다. 지난주 무더웠던 날씨에 비하면 매우 선선하고 공부하기도 좋다. 내가 영국의 여름을 사랑하는 이유이기도 하다. 도서관엔 카페 libro가 있다. Library에서 따왔나 보다. 이곳 커피를 나는 가장 좋아한다. 항상 라지 아메리카노를 시키는데 2파운드가 조금 넘지만 학생 할인가는 1.8파운드, 거기에 학생 카드로 결제하면 추가 할인이 되어 1.53파운드에 이처럼 맛있는 풍미의 커피를 즐길 수 있다. 한동안 모닝커피를 멀리하고 물 1.5리터를 오전 중에 해치웠었는데, 마지막 논문 스퍼트 기간엔 나에게 선물을 주기로 하였다. 그냥 커피를 마시는 걸로! 벌써 7월 중순이다. 오늘도 화이팅! 나는 할 수 있다.

요즘 관심있게 보고 있는 한 작가가 있다. 싱가포르국립대 공학박사 출신인데, 귀국 후 삼성디스플레이에서 책임엔지니어로 근무 중 빅보카 등을 출시하며 작가이자 인생 공부 멘토로 활동을 시작한 분이다. 얼마 전 개념 주례사를 통해 대중에 본격적으로 이름을 알렸다. 우연히 페북을 통해 그의 글을 보았다. 2년간 어떻게 집중된 삶을 살았는지 말하는 글이었다. 본인이 진정 원하는 일을 선택하여 집중하기 위해 그 외의 것들을 포기한 이야기. 사실 당연한 이야기이지만 사람들의 눈과 귀를 집중시키는 그런 울림이 있는 글이었다. 개념 주례사를 보면서도 느꼈지만 공학을 제대로 공부한 사람이 얻을 수 있는 그런 일목요연한 논리. 중요한 것을 제대로 전달할 수 있는 말과 글의 흐름을 알고 있는 사람이란 생각이 들었다. 사실 '인생 공부다, 열심히 공부하자, 평생 공부하자'는 이런 이야기들은 누구나 다 알고 있는 상식적인 이야기다. 그는 그런 다소 식상할 수도 있는 이야기를 그의 저서 활동과 비즈니스로 연결시켜 많은 사람들의 멘토가 되었다. 그중에 울림이 있는 이야기가 몇 개 있었는데, 자신이 좋아하는 일에 오롯이 집중하기 위해 지인들과의 저녁 식사마저 포기하고, 딸과 식사를 하고 딸이 잠든 8시부터 새벽 3시까지 최대한 집중하여 최대한 많은 성과를 이루어 냈다는 사연이 바로 그것이다. 무언가를 성취해내려면 그런 '절대 시간'이 반드시 필요한 것 같다. 나만의 콘텐츠를 집대성해내려면 말이다.

이제 복귀가 두 달 남짓 남은 상황에서, 어떻게 하면 회사 업무와 가정 생활을 잘 이어갈 수 있을까 고민해 본다. 그 와중에 어떻게 나만의 지식과 경험을 콘텐츠화시켜 낼 것인지에 대한 그민이 필요한 시점이다. 그가 페북에 그간 업로드해 놓은 글을 죽 보고 있노라니 어마어마한 생산량을 느낄 수 있었다. 엄청난 에너지로 상당히 많은 일들을 하고 있는 야망가이자 행동가라는 느낌을 받았다. 책을 출간하고 초기에 직접 마케팅을 위해 '졸업 선물과 저자 사인해드립니다' 등의 글이 적힌 자체 제작 티를 입고 교보문고 등지에서 호객 행위를 할 정도였으니 말 다했다. 그렇듯 치열해야만 무언가 해낼 수 있나 보다. 나는 그리 살아왔는가? 그만큼 처절하게 무언가를 이루기 위해 진심을 다해 본 적이 있던가. 지속적인 자극은 많은 도움이 된다. 요즘은 주변의 그런 지식형 비즈니스를 하는 분들이 많은 자극이 된다.

금요일 저녁, 나는 잉글랜드에 있다

금요일 저녁이다. 캠퍼스에서 내가 가장 좋아하는 너른 잔디 앞 야외 테이블에 앉아 랩탑을 열고 음악을 듣는다. 바람이 분다. 시원한 바람이 분다. 두 시간 정도 더 집중을 하다 알렉스를 꼬셔내서 Park House에서 한잔하고 들어가야겠다. 문득 The Study에서 공부를 하던 작년 이맘때가 생각났다. 아, 생각의 꼬리는 내 밀크 초콜릿 과자에서 시작되었다. 문득 이 과자를 생각하니 어제 아지아가 주었던 한국 과자 버터와플이 생각이 났고, 그 버터와플은 RUSU Building에 있는 Seoul Shop을 떠올리게 했으며, 상당 기간 그곳에 가지 않았음을 기억하게 했다. 작년에 한국에서 오면서 바리바리 싸왔던 햇반과 김과 마른 반찬들이 떠올랐고, 그걸 하나하나 아껴 먹던 시절이 기억이 났다. 아껴 먹었던 것까진 아니지만 하나하나 먹어 없어질 때마다 한국의 흔적이 없어지는 것 같았고, 아내가 보내준 한국의 기억이 사라지는 것 같아 쉽사리 먹지 못했다.

다 지난 일이다. 어느덧 1년이 지나 이제 돌아갈 날을 앞두고 있으니 인생이란 참... 이렇게 정신없이 하루하루를 살다 보면 언젠가 이 인생이란 여행에도 작별을 고해야 할 시점이 분명 오겠지. 그땐 내 주변에 누가 있을까. 내 사랑하는 아들이 문득 떠오른다. 그러고 보면 점차 삶의 중심이 내 아이로 옮겨가는 것이 어쩌면 당연한 것일지도 모르겠다. 다시 논문을 쓰자. 오늘은 즐거운 금요일이고, 나는 잉글랜드에 있다.

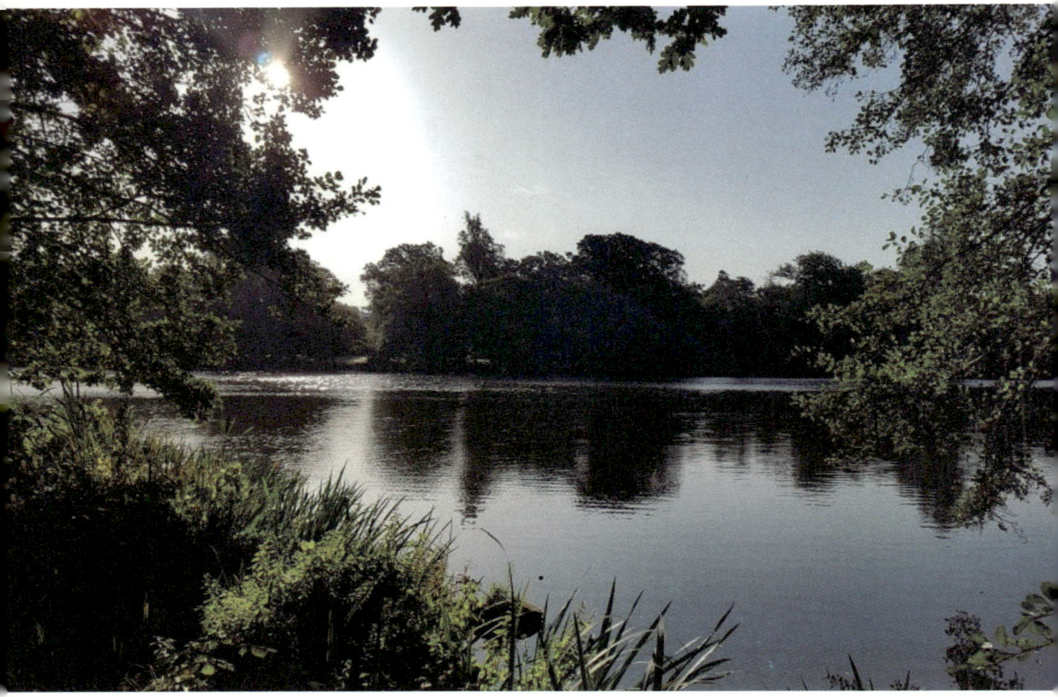

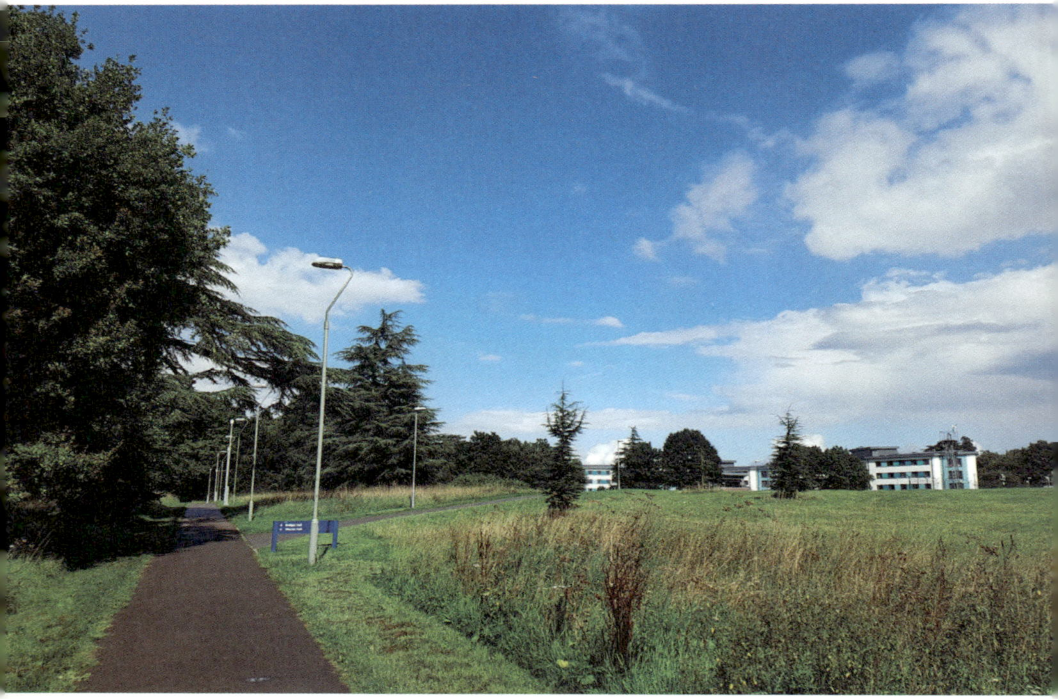

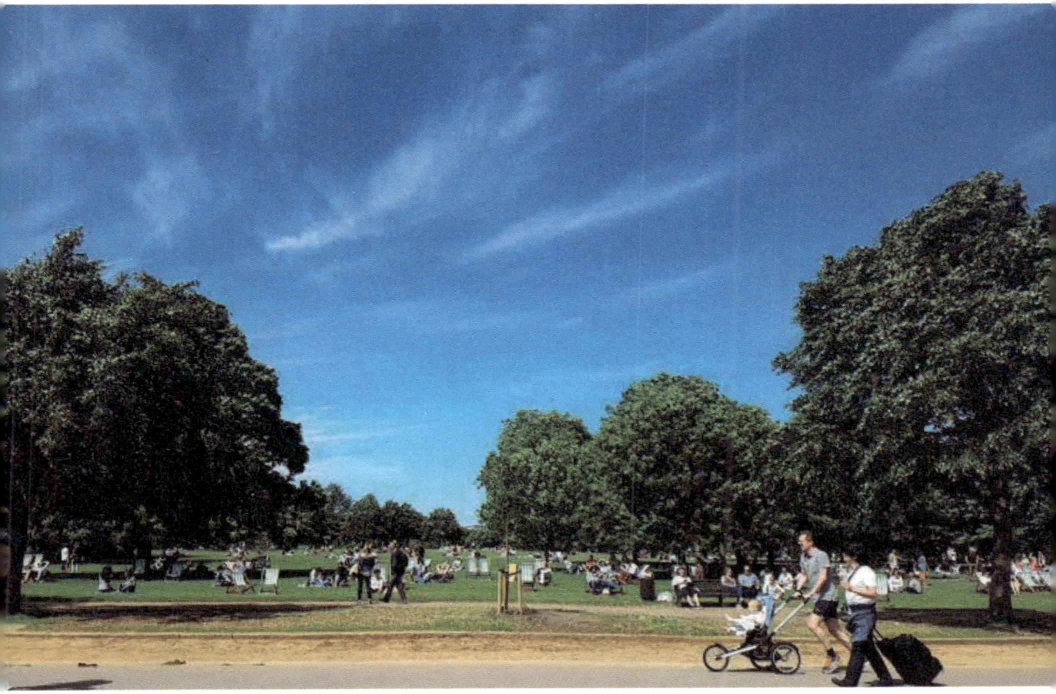

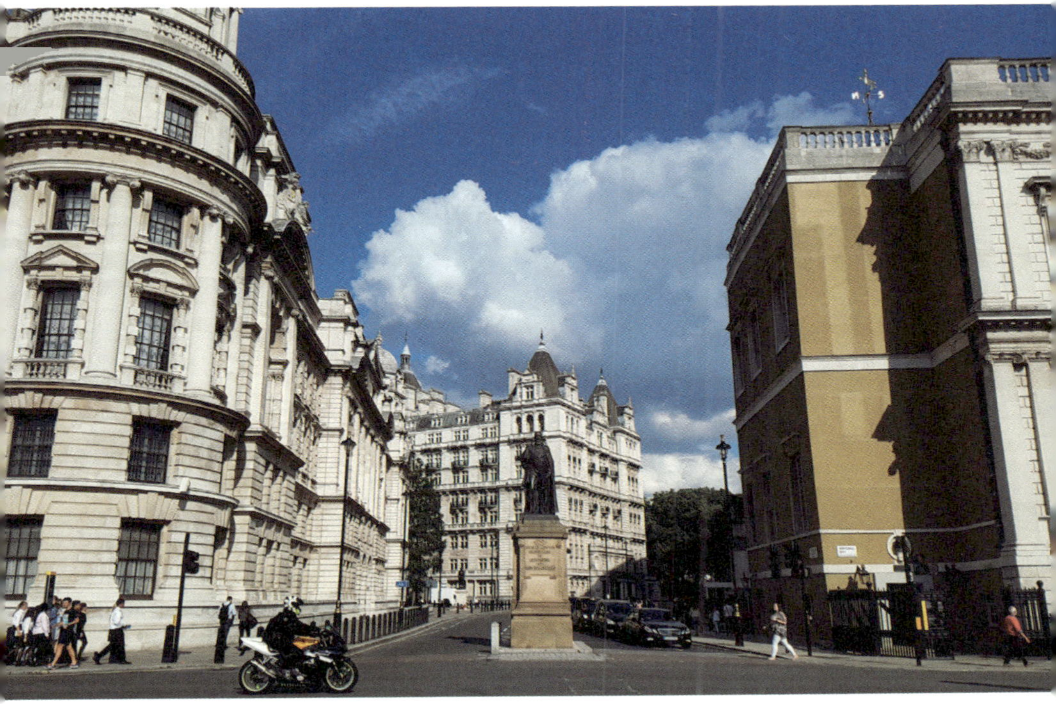

#6

영국 유학기, 그 이후

#6

눈 깜짝하니 1년 4개월이란 시간이 흘렀다. 30여 년간 토종 한국인으로 살아온 나에겐 결코 쉽지만은 않았던 여정이었다. 주위 많은 사람들의 도움으로 어찌어찌 시작을 했고, 생활을 했고, 마무리를 했다. 참으로 감사할 일이다. 그렇게 나의 영국 유학 일기는 기분 좋은 마침표를 찍었다. 무사히 귀국할 수 있게 도움 주신 많은 분들께 감사의 인사를 전합니다.

#1. 유학 끝 그리고 한국

한국에 들어온 지 이틀이 지났다. 마지막 비행은 이제 곧 가족을 만날 수 있다는 두근두근 설렘과, 길다면 긴 하지만 짧게만 느껴진 유학생활에 대한 아쉬움과, 국적기가 주는 뭔지 모를 아늑함과, 경제적 클래스가 주는 특유의 불편함이 동시에 함께 했던 시간이었다. 하지만 돌이켜 생각해보면 11시간의 비행시간 동안 그래도 두려움보다는 설레는 마음이 더 컸던 것 같다. 런던 히드로 공항에 일찍 도착하여 남은 파운드화를 소진하고 통신사에 전화하여 계약 해지를 한 후 공항검색대를 통과하였다. 그리곤 영국에서의 마지막 노을을 감상하며 히드로 공항에 운항 대기 중인 대한민국 국적기를 마주하였다. 설렜다. 드디어 가는구나! 이제는 정말 마지막이구나! 어쩌면 첫날부터 생각해왔던 그 마지막의 순간이 바로 지금이구나! 그렇게 나는 예정 시간보다 약 30분가량 이른 오후 2시에 대한민국 국토에 랜딩하였다.

고국의 내음을 느끼며... 싯벨트 해지 사인이 울리자 다시 설레었다. 공항에 마중나온 아내와 함께 차를 탔고, 오랜만에 보는 성복동은 그대로였다. 아파트, 도로, 차, 사람, 심지어 공기까지. 집에 들어가 사랑하는 건우를, 꿈에도 그리던 내 아이를 만나는 순간, 나도 모르게 뜨거운 눈물이 흘렀고 가슴이 쿵쾅거렸다. 오랜만에 보는 아빠가 낯설어서인지 아니면 잠투정을 하는 것인지 나를 보자마자 울어대는 건우를 잠시 달래고 재웠다. 그렇게 내 아이와 6개월만에 재회했다. 잠에서 깬 건우는 조금은 익숙해졌는지 내가 던져준 공을 재미나게 가지고 놀았다. 그렇게 한참을 아이와 행복한 스킨십을 하였고, 나는 너무 늦지 않게 온 것에 대해 진심으로 다행이란 생각을 했다. 더 늦기 전에 아빠의 자리가 필요한, 사랑하는 내 아이에게 그렇게 나는 다시 돌아온 것이다. 가슴이 먹먹해짐을 느꼈다. 사랑하는 아가야, 축복아. 이제 다시는 그렇게 오랜 시간 떨어져 지내지 말자꾸나. 너의 미래를 위해 부모 곁을 떠나야만 하는 그 때가 오기 전까지, 항상 함께하고 대화하고, 부대끼며 그렇게 행복을 나누며 살자꾸나. 주말이 왔고, 성복동 집, 광교 이마트, 방배동 민서네 집, 죽전 신세계 백화점 등 내게 허락된 시간의 전부를 사랑하는 아내와 건우와 함께했다. 자칫 사소하게 느껴질 수도 있지만 내겐 너무나도 소중한 시간이었고, 꿈에도 그리던 내 사랑하는 가족이 곁에 있었다.

내일은 정말 오랜만에 출근을 하는 날이다. 화요일부터 예비군 훈련에 참여해야 하는 상황인지라 이번 주 출근은 내일뿐이겠지만, 나름 설레고 떨린다. 오랜만의 회사와 직장 동료들. 서초 사옥에서 판교로 이전을 하고 채 3개월이 되지 않아 영국 유학길에 올랐던지라 아직도 판교 사옥은 내게는 다소 어색한 공간이다. 하지만 발령받은 부서가 유학 전 근무하던 부서이고, 부서원 역시 이런저런 업무 연이 있는 이들이므로 전혀 새로울 것은 없는 상황이지만, 늘 그렇듯 새 출발엔 떨림이 있다. 그것이 가벼운 떨림이든지, 무거운 중압감이든지 간에 다 우리네 살아가는 모습이 아닐는지.

기존 프로젝트들의 부실화로 인한 회사의 수익 악화 그리고 그로 인해 최근 몇 년 사이 불어닥친 대규모 그리고 상시 인력 효율화 작업, 극심한 수주 가뭄으로 인한 회사의 비전 상실 등은 상당한 부담감으로 다가오지만, 늘 그러하듯 위기는 기회이고, 이 기회를 잡기 위해 준비해온 사람만이 하늘의 별처럼 높이 솟아 빛날 수 있다. 따라서 오늘의 암울한 현실에 좌고우면할 일은 결코 아닐뿐더러 오히려 악전고투하여 낭중지추의 면모를 보여주어야 할 때이다. 그리하면 반드시 필승할 것이니 나는 그렇게 나의 길을 가자! 잘나가 보이는 사람에겐 반드시 시샘하는 무리가 따르는 것은 동서고금의 이치이고 피할 수 없는 운명과도 같은 것이니 늘 삼가고 겸손하되, 내 할 일과 할 말이 필요한 상황이 오면 단호히 나를 드러낼 필요가 있다. 이제는 그러해야 할 때이다. 매니저로서 단순 관리자를 뛰어넘어 진정한 리더로 성장하기 위한 대장정을 이제 시작해야 할 때이다. 선후배 동료들을 인격적으로 대하고 나만의 넘볼 수 없는 전문성을 지니며 회사의 리더급 인재로서 큰 그림을 그려 내고 성과를 창출해 낼 수 있는 사람이 되어야 한다. 서른여섯의 나이, 커리어의 중간에 서 있다. 돌진하여 내 것으로 취하자. 그런 사람이 되자. 그보다 중요한 그 근본엔 사람이 있다.

#2. 짧은 휴식 그리고 또 다른 시작

한국에서의 첫 연휴가 끝나간다. 매 순간순간이 행복했다. 어떻게 지나갔는지 문득 지나고 난 뒤에야 그 소중했던 시간들에 대해 생각을 하게 된다. 사랑하는 가족과 원 없이 내 시간을 보낼 수 있어 너무도 좋았다. 우리 아이는 그 사이 또 많이 성장하였고, 부모로서 우리도 성장을 했으리라 생각을 한다. 처가를 먼저 다녀오고, 광천 외갓집을 방문하고, 큰어머니가 계신 요양원을 다녀오고, 아버지가 잠들어 계신 추모공원을 다녀오고, 방배동 민서네를 다녀오고, 잠실 롯데 아쿠아리움을 다녀오고, 상계동 처할머니 댁을 다녀오고, 성복동 성당에서 아버님 추도 미사를 드린 후 용인 한국 민속촌에서 유진 형님, 변호 형님 가족들과 즐거운 시간을 함께하고, 가평 펜션을 다녀오고, 건우와 첫 수영을 함께하고, 구의동 처 작은아버님 댁을 다녀오고, 이월애 친구들을 초대하여 집에서 식사를 하고, 그렇게 보냈구나.

이제 다시 일상으로 돌아가야 할 시간이다. 내게 허락되었던 이 모든 시간과 기회들에 대해 감사한다. 아이를 키운다는 것, 아이와 함께 나도 성장을 한다는 것. 자라나는 아이는 온몸에 갖은 상처를 아로새기며 인생을 배워가고, 자라나는 아이를 보살피는 부모는 온 가슴에 갖은 상처를 되새기며 다시 한번 인생을 배워간다. 그렇게 서로 어른이 되어 간다. 가족이라는 울타리는 삶이 아무리 힘들고 아파도 앞으로 전진할 힘을 주는 최후의 보루이다. 든든한 안식처이자 살아갈 이유이다.

말레이시아 한 초고층 현장에서 메일이 날아왔다. 사전에 이야기가 되었던 협력사 클레임 대응에 관한 지원 요청이다. 아마도 3주 출장이 될 예정이고, 현장에서 판단하여 출장이 더 길어질 수도 있을 것이다. 8개 협력 업체 클레임에 대한 권한 분석 및 대응이므로, 중하고도 제법 많은 일이 예상된다. 개인적으론, 연수 후 현업 복귀용으로 안성맞춤인 프로젝트라는 것, 과장으로서의 첫 출장이라는 점에도 의미가 있다.

   다만, 한 가지 걸리는 것은 우리 아이와 가족이다. 또다시 장기간 자리를 비우게 되는 만큼 아빠의 존재를 이제 막 알아가는 건우에게 너무도 미안해진다. 그리고 어머니와 건우 엄마에게도 미안한 일이다. 하지만 어찌하겠는가. 이것이 내 일이고 인생인 것을. 어쩔 수 없다 애써 위로해 보려 하지만 내 아이에게 그리고 내 사랑하는 아내에게 너무도, 너무도 미안하다. 아비로서 그리고 남편으로서 같이 있어줘야 할 시간에 그러지 못한다는 것은 참으로 안타까운 일이다. 이리 될 줄 알고 지난 추석 그리도 나의 모든 시간을 건우와 그리고 사랑하는 내 아내와 함께하려 발버둥쳐왔나 보다. 하지만... 그럼에도 충분치 않음을 알고 있다.

에필로그:
우리가 이어져 있던 시절을 그리며

전 세계 사람들이 자연스럽게 연결되어 있던 시절, 저는 영국 잉글랜드에 위치한 레딩이라는 아름다운 캠퍼스타운에서 공부를 했습니다. 영국 유학 도중 한국에서는 사랑하는 아이가 태어났으며 그렇게 제게는 평생 갚아야 할 원죄가 생겼습니다.

하지만 그렇다고 해서 언제까지나 마냥 미안해만 하며 주저주저할 여유는 제게 없었습니다. 어학연수 한 번 경험해 보지 못한 삼십 대 토종 한국인의 처절한 영국 영어 정복기 그리고 영국 석사 학위 취득기는 눈물 겨웠습니다. 반드시 정해진 기한 내 코스웍을 마치고 논문을 완성하여 학위를 따야 한다는 절박감은 생각보다 무거웠습니다. 사관생도시절보다 더한 정신 무장과 시간 관리를 해가며 잠을 줄이고 수업을 듣고 교수님을 만나고 사람을 사귀었던 것 같습니다. 그렇게 저는 지난 1년여의 시간 동안 지구 반대편 머나먼 땅 영국에서 좌충우돌 부딪치고 또 부딪쳤습니다. 인생은 참으로 아이러니한 것 같습니다. 그렇게도 기다려왔던 캠퍼스의 낭만 그리고 유학 생활인데 막상 그 상황을 마주하는 저의 감정과 심리상태는 그다지 평온하지만은 않았으니 말입니다.

하지만 그럼에도 불구하고 제가 마지막까지 그 시간들을 잘 보낼 수 있었던 것은 그러한 저를 묵묵히 그리고 든든히 지지해 주었던 사랑하는 아내, 그리고 아비의 부재 속에서도 건강히 잘 태어나 준 고마운 우리 아이 축복이 덕분이 아닌가 생각을 합니다. 유럽에서 생활하며 유럽을 여행했던 경이로운 경험은 아마 평생 잊지 못할 인생의 보물이 될 것 같습니다. 언젠가 우리 사랑하는 아이가 자라 함께 여행을 할 수 있는 나이가 되면 다시 한번 그 땅을 찾아보리라 다짐을 해 봅니다. 그리하여 삼십 대의 아빠가 넓은 세상을 경험하며 당시 느꼈었던 벅찬 설렘과 당당했던 위상, 커다란 포부를 우리 아이도 느끼게 해주고 싶습니다. 꼭 그렇게 되기를 간절히 희망해 봅니다.

마지막으로 좋은 기회를 준 회사와 직장동료들, 그리고 사랑하는 아내와 어머니 그리고 건우를 비롯, 많은 도움과 관심 가져주신 주변 모든 분들께 다시 한번 감사의 마음을 표합니다.